»Verschlafe die eine Hälfte des Lebens, dann erlebst du die andere Hälfte doppelt.« Altes chinesisches Sprichwort.

Den antiken Griechen war der Schlaf ein Gott. In unseren Tagen fristet er ein eher trauriges Dasein. Oh ja, man errichtet ihm kostspielige Kultstätten, aber die Opfer, die ihm gebracht werden, sind äußerst knapp bemessen: gerade so viel, wie eben nötig ist, und oft nicht einmal das. Und dann die Unsitte, an einem Ort, der dem Schlaf geweiht ist, seinen Erzfeind aufzustellen, seinen natürlichen Gegner: den Wecker, der ihm allmorgendlich sein Recht streitig macht.

All denen, die sich statt dessen lieber noch einmal umdrehen würden, liefert diese Anthologie ausreichend Schützenhilfe aus berufenem Munde. Dichter und Philosophen, Schlafexperten und solche, die das Bett zum Zentrum ihres Lebens erklären, ergreifen Partei für die Liebhaber des Schlafs, die sich als Schlafmützen und Faulpelze diffamiert sehen.

Unter vielen anderen plaudern Marcel Proust, Erich Kästner, Thomas Mann, Hermann Hesse, Fernando Pessoa, William Shakespeare, Jean Paul, Tania Blixen, Max Frisch und Charles Dickens aus der Schule des Liegens, erzählen vom berühmten Viertelstündchen, von total verpennten Typen, geben Tipps, wie man schlaflosen Nächten entgeht und wie man wieder aus der Kiste kommt.

Der Sinn dieses Buches ist nicht nur, eine unterhaltsame oder anregende Lektüre vor dem Schlafengehen zu liefern; die hier versammelten Texte zeigen auch, dass der Schlaf einen nicht unwesentlichen Teil unseres Lebens ausmacht, dem wir vielleicht zu wenig Beachtung schenken.

insel taschenbuch 2657
Die Kunst des Schlafens

Die Kunst des Schlafens

BETT-LEKTÜRE FÜR SCHLÄFER
UND SOLCHE,
DIE ES WERDEN WOLLEN

HERAUSGEGEBEN VON
GÜNTER STOLZENBERGER

INSEL VERLAG

Umschlagabbildung: Henri Matisse, Der Traum, 1935.
Musée Nationale d'Art Moderne, Paris.
© Succession H. Matisse/VG Bild-Kunst, Bonn 2000

insel taschenbuch 2657
Erste Auflage 2000
Originalausgabe
© Insel Verlag Frankfurt am Main und Leipzig 2000
Alle Rechte vorbehalten, insbesondere das der Übersetzung,
des öffentlichen Vortrags sowie der Übertragung durch Rundfunk
und Fernsehen, auch einzelner Teile.
Kein Teil des Werkes darf in irgendeiner Form
(durch Fotografie, Mikrofilm oder andere Verfahren)
ohne schriftliche Genehmigung des Verlages
reproduziert oder unter Verwendung elektronischer Systeme
verarbeitet, vervielfältigt oder verbreitet werden.
Hinweise zu dieser Ausgabe am Schluss des Bandes
Vertrieb durch den Suhrkamp Taschenbuch Verlag
Umschlag nach Entwürfen von Willy Fleckhaus
Satz: MZ Verlagsdruckerei GmbH, Memmingen
Druck: Nomos Verlagsgesellschaft, Baden-Baden
Printed in Germany

1 2 3 4 5 6 – 05 04 03 02 01 00

Inhalt

Vorwort

Der Schlaf ist eines der unerforschten Dinge unseres Lebens. Zwar rückt man ihm schon seit Jahrzehnten mit Apparaten und Elektroden auf den Leib, aber jenseits der Empirie ist er uns noch weitestgehend ein Geheimnis geblieben.

Niemand weiß genau, warum wir schlafen. Rein biologisch gesehen – so die Wissenschaft – gäbe es eigentlich keinen Grund dafür. Menschlich gesehen gibt es aber einen sehr guten Grund: Der Schlaf ist eine tolle Sache! Man muss dazu noch nicht einmal auf das Träumen zu sprechen kommen, oder gar auf so ungewöhnliche Zeitgenossen wie Nachtwandler. Denn schon das Schlafen an sich ist eine ausgesprochen abenteuerliche Angelegenheit.

Davon legen viele Schriftsteller/Innen aus allen Ländern und aus allen Jahrhunderten beredtes Zeugnis ab. Sie loben ihn als Wohltäter, und sie verfluchen ihn, wenn er nicht kommen will. Sie berichten von den Tricks, die sie ersonnen haben, um ihn herbeizulocken, von innigen Beziehungen zu ihren Betten und wie sie es schaffen, aufzustehen – früher oder später. Dass es dabei nicht immer ernst zugeht, beweist, dass der Schlaf auch seine komische Seite hat.

Im Spiegel seiner hier versammelten Liebhaber zeigt sich der Schlaf als ein sensibles Wesen, das trotz all der Macht, mit der er uns überfallen kann, doch einer gewissen Zuwendung und Pflege bedarf. Es entsteht so ein facettenreiches Plädoyer für jenes Drittel unseres Lebens, das wir im Bett verbringen müssen oder dürfen.

Der Sinn dieses Buches ist nicht nur, unterhaltsame oder anregende Lektüre vor dem Schlafengehen zu liefern; nicht nur, schlaflosen Lesern Geheimtipps zu geben oder die Zeit zu vertreiben. Der Sinn ist auch, zu zeigen, dass der Schlaf einen nicht unwesentlichen Teil unseres Lebens ausmacht, dem wir vielleicht viel zu wenig Beachtung schenken.

»Dies frühzeitige Aufstehn . . .
macht einen ganz blödsinnig.
Der Mensch muß seinen Schlaf haben.«
FRANZ KAFKA

Für die Liebhaber des Schlafs

Nur Mut!

Was machen mit diesem »angebrochenen Tag«? Ich tat das
Beste, was man, sobald diese Frage überhaupt auftaucht,
tun kann: ich warf mich aufs Bett und schlief. Man sollte im
Leben, ganz besonders aber auf Reisen viel häufiger davon
Gebrauch machen, als es geschieht. Warum unterbleibt es?
Weil die wenigsten unter uns mit dem Philistrismus vollständig gebrochen haben und immer neunhundertneun-
undneunzig unter tausend wie eine ewige Kükeneierschale
die Vorstellung mit sich herumtragen, daß man um zehn
oder elf zu Bett gehen und um sechs oder sieben aufstehen
müsse. Wenige haben den Mut, zu essen, wenn sie hungern,
noch wenigere den Mut, zu schlafen, wenn sie müde sind.
Alle haben wir eine Neigung, uns zum Sklaven der Stunde
und der Überlieferung zu machen.

Die köstlichste Gabe der Natur

Wenn ein Mensch den Scharfblick mit dem Adler, den Mut
mit dem Löwen usw. gemein hat, ist es euch je eingefallen,
ihn ins Tierreich zu versetzen? Wenn aber einer mit dem
Siebenschläfer u. a. den Winterschlaf, die köstlichste Gabe
der Natur, gemein haben will, so würdigt ihr ihn um eine
Stufe herab. Wißt! daß der Winterschlaf die einzige, allen
Bewohnern der Erde natürliche Weise ist, den Winter hin-
zubringen, daß überhaupt der Schlaf die wichtigste Bestimmung des Menschen auf Erden ist. Die Nacht ist, wie niemand leugnet, dem Schlafe bestimmt, und auch am Tage
besteht ja unser meistes Glück in Träumen. Es war eine

Zeit, wo alle Geschöpfe der Erde in großen Höhlen, in den Armen der Mutter, noch den Winterschlaf hielten, auch die meiste übrige Zeit des Jahres verschlummerten und nur an einigen schönen Frühlingstagen hervorgingen. Damals waren die Menschen noch wirkliche Erdenbewohner, sie wohnten *in* der Erde und streiften nicht bloß wie jetzt auf der Oberfläche derselben hin, wo sie mehr den fremden Gestirnen angehören. Dies war die goldene Zeit, die selige Kindheit der Welt, die besonders auch insoferne der Kindheit gleicht, als man in dieser die meiste Zeit verschlummert. Unter diesen sanft schlafenden Menschen zeigten sich aber bald einige Mutwillige, die, wenn sie von Zeit zu Zeit erwachten, nicht unterlassen konnten, die ihnen zunächst Liegenden zu stoßen oder zu kneipen, bis auch diese geweckt wurden. Nun entstand eitel Hader und Streit, man stieß in der Hitze auch an die übrigen, bis endlich ein allgemeines Erwachen die Folge war. Auch die Tiere wurden aufgeschreckt und machten es den Menschen im Kampfe nach, und selbst die Elemente blieben nicht in Ruhe. Die bisher stille Luft wurde durch die plötzliche ungeheure Bewegung des Menschengeschlechts und das fürchterliche Geschrei in Unruhe gebracht, und es entstanden schreckliche Stürme. Die Erde zitterte unter dem Stampfen der tobenden Menge, so wurden Erdbeben erregt, und die unterirdischen Wohnungen, dieses selige Paradies, stürzten zusammen. Aber nicht groß genug war den wilden Streitern die Erde, sie machten auch das Meer zum Schauplatz ihrer Feindseligkeiten; hiedurch und durch die neuerweckten Stürme wurde der Ozean aus dem Gleichgewicht gebracht, und die Wellen brachen ins Land herein. Von dem Feuer nichts zu gedenken, wie die Menschen dasselbe in ihre wütenden Kämpfe verwickelten.

So war die ganze Natur aus ihrer Ruhe gestört und die Unschuld der frommen Schläfer verloren. Man hatte sich des Schlafes entwöhnt, und nur wenige Stunden der Nacht über behauptete er seine Rechte. Aber frühzeitiger Tod war die Strafe dieser naturwidrigen Lebensart. Nur wenige treue Kinder der Erde, die Siebenschläfer, Murmeltiere, Hamster, die wahren Autochthonen – denn die Menschen sind wohl nicht Urbewohner der Erde, sondern aus irgendeinem Himmel oder einer Hölle eingewandert –, nur diese zarten Lieblinge der Mutter, die auch ihrem Busen stets am nächsten lagen und ihren Winken immer gehorsam waren, nur diese blieben der alten Sitte des Winterschlafes getreu. Und sollt es nicht unser aller eifrigstes Streben sein, zu dieser Naturgemäßheit und damit zur goldnen Zeit zurückzukehren? Denn wo ja auch nachher noch Glück auf Erden blühte, da war es durch den süßen Schlaf: so waren die Bewohner des idyllischen Arkadiens nichts anders als – faule Schäfer.

CHRISTIAN MORGENSTERN

Stör' nicht den Schlaf der Liebsten

Stör' nicht den Schlaf der liebsten Frau, mein Licht!
Stör' ihren zarten, zarten Schlummer nicht.

Wie ist sie ferne jetzt. Und doch so nah.
Ein Flüstern – und sie wäre wieder da.

Sei still, mein Herz, sei stiller noch, mein Mund,
mit Engeln redet wohl ihr Geist zur Stund.

Süßer Schlaf

Daß täglich die Nacht sinkt, daß über Qual und Drangsal, Leiden und Bangen sich allabendlich stillend und löschend die Gnade des Schlafes breitet, daß stets aufs neue dieser Labe- und Lethetrank unseren verdorrten Lippen bereit ist, aufs neue stets, nach dem Kampf, dies milde Bad unseren zitternden Leib umfängt, damit er, gereinigt von Schweiß, Staub und Blut, gestärkt, erneuert, verjüngt, fast unwissend wieder, fast mit der ursprünglichen Tapferkeit und Lust daraus hervorgehe – Freund! ich habe das immer als die gütigste und rührendste der großen Tatsachen empfunden und anerkannt. Wir treten, Geschöpfe des blinden Dranges, aus neidloser Nacht in den Tag und wandern. Die Sonne sengt uns, wir schreiten auf Dornen und spitzem Gestein, unsere Füße bluten, unsere Brust keucht. Entsetzen, wenn die glühende Straße der Mühsal ungeteilt, ohne vorläufiges Ziel, in greller Unabsehbarkeit vor uns läge! Wer hätte die Kraft, sie zu Ende zu gehen? Wer sänke nicht in Entmutigung und Reue dahin? Aber die heimatliche Nacht ist eingeschaltet, vielmals, vielmals, in den Passionsweg des Lebens; jeder Tag hat ein Ziel: mit Quellgemurmel und grüner Dämmerung wartet unser ein Hain, wo weiches Moos unsere Füße tröstet, wonnige Kühle unsere Stirn mit Heimatsfrieden umwehen wird, und mit umfangenden Armen, rückwärts sinkenden Hauptes, mit offenen Lippen und selig brechenden Augen gehen wir in seinen köstlichen Schatten ein . . .

Man sagt mir, daß ich ein ruhiges Kind war, kein Schreihals und Störenfried, sondern dem Schlummer und Halbschlummer in einem den Wärterinnen bequemen Grade zugetan. Ich glaube es, denn ich erinnere mich, den Schlaf und das Vergessen geliebt zu haben zu einer Zeit, da ich noch kaum etwas zu vergessen hatte, und ich weiß wohl zu sagen, durch welchen geistigen Eindruck die stille Neigung zuerst zur bewußten Zärtlichkeit angefacht wurde: Es war damals, als ich das Märchen vom Mann ohne Schlaf vernommen hatte, – die Geschichte jenes Mannes, welcher der Zeit und seiner Hantierung mit so törichtem Eifer anhing, daß er dem Schlafe fluchte. Da gewährte ihm ein Engel die schreckliche Vergünstigung: Er nahm das physische Bedürfnis des Schlafes von ihm, er hauchte auf seine Augen, daß sie wie graue Steine in ihren Höhlen wurden und sich niemals mehr schlossen. Wie dieser Mann sein Verlangen bereut, was er ausgestanden als einzig Schlafloser unter den Menschen, wie er, ein trauriger Verdammter, sein Leben hingeschleppt, bis endlich der Tod ihn erlöste, endlich die Nacht, die unzugänglich vor seinen steinernen Augen gestanden, ihn zu sich und in sich genommen, – ich wüßte es im einzelnen nicht mehr zu erzählen, aber ich weiß, daß ich am Abend jenes Tages kaum erwarten konnte, in meinem Bette allein gelassen zu werden, um mich an die Brust des Schlafes zu werfen, daß ich nie inniger geschlafen habe als in der Nacht, nachdem ich jener Geschichte gelauscht.

Seitdem habe ich stets in den Büchern mit Genugtuung angemerkt, was sie zum Lobe des Schlafes zu sagen wußten, und so recht nach meinem Herzen war es zum Beispiel, wenn Mesmer die Möglichkeit betonte, daß der Schlaf, in dem das Leben der Pflanzen besteht und aus dem das Kind in den ersten Lebenswochen nur erwacht, um Nahrung zu sich zu nehmen, vielleicht der dem Menschen natürliche, ursprüngliche Zustand sei, dem Zweck des Vegetierens am unmittelbarsten entsprechend. »Könnte man«, meint der geniale Scharlatan, »nicht sagen, daß wir nur wachen, um zu schlafen?« Das ist vorzüglich gedacht, und die Wachheit ist sicherlich nur ein Kampfzustand zum Schutze des Schlafes. Hält nicht auch Darwin dafür, daß sich der Geist nur als Waffe im Daseinskampf entwickelt habe? Eine gefährliche Waffe! Die sich, wenn keine äußere Not unsere Sicherheit bedroht, nur allzuoft gegen uns selbst wendet. Wohl uns, wenn sie ruht, wenn die grelle und zehrende Flamme des Bewußtseins die Welt um uns und in uns hinlänglich abgeleuchtet und wir unserm eigentlichen und glücklichen Zustand uns wieder überlassen dürfen!

Allein wenn es die Not ist, die uns weckt, so ist es doch sie nicht, die uns eigentlich dem Schlaf entfremdet. Willst Du mir glauben, daß ich die Schlaflosigkeit aus Gram und Sorge nicht kenne? Die rechte Inbrunst ist in meinen Schlaf wohl erst gekommen, als das erste Lebensalter der Freiheit und Unantastbarkeit vorüber war und die Widrigkeit des Lebens in Gestalt der Schule meinen Tag zu entstellen begann. Ich habe nie köstlicher geschlafen, als in gewissen Nächten zwischen Sonntag und Montag, wenn nach einem geschützten Tage, an welchem ich mir und den Meinen hatte gehören dürfen, der nächste wieder mit fremdem und hartem Ungemach drohte. So ist es geblieben: Nie schlafe ich tiefer, nie halte ich süßere Heimkehr in den Schoß der Nacht, als wenn ich unglücklich bin, wenn meine Arbeit mißlingt, Verzweiflung mich niederdrückt, Menschenekel mich ins Dunkel scheucht ... und wie, frage ich, kann es anders sein, da doch Kummer und Pein unmöglich unsere Anhänglichkeit an den Tag und die Zeit zu verstärken imstande sind?

Du wirst lächeln, wenn ich dir sage, daß ich jedem Bette, in dem ich irgend einmal eine längere Zeit geschlafen, eine genaue und dankbare Erinnerung bewahre – jedem einzelnen, von dem kleinen Gitterbettchen mit grüner Gardine, das mein erstes war, bis zu der gewichtigen Mahagoni-Lagerstatt, in der ich geboren worden bin und die durch eine Reihe von Jahren in meinen Junggesellenquartieren aufgeschlagen stand. Jetzt habe ich ein leichteres Bett, ein englisches, weiß lackiertes, das Kopf- und Fußende anmutig durchbrochen, und darüber hängt in weißem Rahmen jenes französische Bild, das *Marche à l'étoile* heißt und in seiner hinsterbend blauen, schwimmend musikalischen Stimmung der schönste Alkovenschmuck ist, den ich mir denken kann . . . Du wirst lächeln, sage ich, – und doch, welchen außerordentlichen Rang nimmt unter dem Hausrat das Bett ein, dies metaphysische Möbelstück, in dem die Mysterien der Geburt und des Todes sich vollziehen, dies duftige Linnengehäuse, worin wir, unbewußt und mit emporgezogenen Knien wie einst im Dunkel des Mutterleibes, wieder angeschlossen gleichsam an den Nabelstrang der Natur, Nahrung und Erneuerung an uns ziehen auf geheimnisvollen Wegen . . . Ist es nicht wie ein Zaubernachen, der über Tag verdeckt und unscheinbar seinen Winkel einnimmt, und in dem wir jeden Abend hinausschaukeln auf das Meer des Unbewußtseins und der Unendlichkeit?

ERICH KÄSTNER

Lob des Einschlafens

Man gähnt vergnügt und löscht die Lampen aus.
Nur auf der Straße ist noch etwas Licht.
Man legt sich nieder. Doch man schläft noch nicht.
Der Herr von nebenan kommt erst nach Haus.
Man hört, wie er mit einer Dame spricht.

Nun klappt man seine Augendeckel zu,
und vor den Augen tanzen tausend Ringe.
Man denkt noch rasch an Geld und solche Dinge.
Im Nebenzimmer knarrt ein kleiner Schuh.
Wenn doch die Dame in Pantoffeln ginge!

Man legt den Kopf auf lauter kühle Kissen
und lächelt in den dunklen Raum hinein.
Wie schön das ist: Am Abend müde sein
und schlafen dürfen und von gar nichts wissen!
Und alle Sorgen sind wie Zwerge klein.

Der Herr von nebenan ist froh und munter.
Es klingt, als ob er ohne Anlaß lacht.
Man hebt die Lider schwer und senkt sie sacht
und schließt die Augen – und die Welt geht unter!
Dann sagt man sich persönlich Gute Nacht.

Wenn bloß der Schwarze dieses Mal nicht käme!
Er steigt ins Bett und macht sich darin breit
und geht erst wieder, wenn man furchtbar schreit.
Man wünscht sich Träume, aber angenehme,
und für Gespenster hat man keine Zeit.

Man war einmal ein Kind, ist das auch wahr?
Und sagte mühelos: »Mein Herz ist rein.«
Das würde heute nicht mehr möglich sein.
Es geht auch so, auf eigene Gefahr . . .
Man zählt bis dreiundsiebzig. Und schläft ein.

LUDWIG HOHL

Schlaffest

In jenem Lande ist eine Stadt, deren Namen ich nicht nennen darf aus Gründen, die aus dem Folgenden klar werden,
in der alljährlich ein Schlaffest abgehalten wird.

An dem bestimmten Tag tritt kein Fremder in einen um
die Stadt abgesteckten Kreis hinein, in der Stadt selber sorgt
eine kleine Polizeitruppe, welche noch wacht, dafür, daß

alle Geräusche ruhen. Der Tag beginnt damit, daß keine Glocke vom Turme tönt. Dann wird ein Morgenessen gereicht, als letzte Mahlzeit, und zwar schon um sechs Uhr morgens (so früh zum Zwecke des bessern Einschlafens), dann wird durch einen Umzug durch die Straßen, Umzug schweigender Preis- und Oberschläfer, das stumme Signal gegeben zum allgemeinen Hinübergleiten.

Von diesem Moment an darf, bei einer Strafe bis zu 1000 Gulden und zehn Tagen Arrest, kein Bäcker mehr etwas verkaufen oder den Teig anrühren, kein Schuster mehr den Hammer ergreifen, kein Apotheker mehr eine Pille drehn. (Nur die drei Oberstadtapotheker sind ausgenommen, davon später.)

Die (nicht die Bewachungs-, sondern) Beschlafungstruppe macht ihre Runde und sorgt dafür, daß alles befolgt werde. (Sollte zum Beispiel einer singen, würde er abgeführt.)

Nun schläft man aber nicht in Betten, oder doch am wenigsten in Betten und vielmehr überall: besonders auf Teppichen bei offenen Fenstern, in Gärten, im Hausflur, auf Dächern. Um die Bürgermeisterei herum lagert sich die Oberschlaf-Festtruppe, sehr geschmückt und in Schlafkleidern, auf die mannigfaltigste Art auf schon vorhandenen Polstern oder Decken, auf mitgebrachten prächtigen Fellen, verzierten Federbetten.

Um 8 Uhr wird das Signal gegeben in Gestalt eines extremen, schnell sich verbreitenden Duftes vom Kirchturm aus, daß das absoluteste Schlafen beginnt. (Säuglinge sind mit ihren Müttern oder Pflegerinnen aus der Stadt entfernt worden; über ein Jahr alte Kinder sind im Spital versammelt und durch starke Medikamente zum Schlafen gebracht.)

Die Oberstadtapotheker, in der Kirche versammelt, liefern der diensttuenden Truppe verschieden schwere Schlafmittel für die verschiedenen – aber stets seltenen – Fälle von Schlafrebellion.

Selten sind die Fälle des Nichteinschlafens: Denn der Schlaf übt eine ansteckende Wirkung aus, so groß, wie du, lieber Leser, dir kaum vorstellen wirst. Dazu kommen die schweren, betäubenden, in Wolken sich niederschlagenden Düfte vom Kirchturm.

Die Diensttruppe trägt Gummischuhe und redet nicht.

Bald schlafen alle, außer einem Viertel der Diensttruppe (und den drei Oberstadtapothekern), acht Mann, dem Elite-Schlaf-Viertel, das sich den Magen ganz mit starkem Kaffee gefüllt hat, um den schweren Kampf gegen das allgemeine festliche Dahinwallen zu bestehen. Von diesen 8 Mann steigen 4 auf den Kirchturm, um die Blütendüfte werfenden Festapparate zu überwachen, die andern vier schleichen in der Stadt herum.

Es ist klar, daß man keine Fremden empfängt, – und die Mehrzahl am besten allein dadurch abhält, daß man Namen der Stadt sowie Datum des Festes verschweigt. Kommen welche zufällig an die genannte Umzäunung (es werden stets nur wenige sein, denn die Stadt ist klein und nicht berühmt), werden sie von mit Hellebarden bewaffneten Wächtern zurückgewiesen unter verschiedenen Begründungen: bald, es werde Viehmarkt abgehalten, bald, hier herrsche die Cholera.

Es wären noch mancherlei Details zu erwähnen.

Das Fest dauert bis acht Uhr abends.

THOMAS WILLKE

Der Schlaf der Tiere

So ungewöhnlich das für uns Menschen, die wir in sicheren Häusern in bequemen Betten liegen, auch erscheinen mag: Schlaf ist eine gefährliche Angelegenheit. Er bedeutet: Alle Körperfunktionen werden heruntergefahren, die Muskeln erschlaffen, das Gehirn nimmt nur wenig von dem auf, was ihm Augen und Ohren mitteilen. Ein Schläfer ist in der freien Wildbahn eine leichte Beute für jeden Räuber. Andererseits scheint Schlaf aber so wichtig für das Überleben zu sein, daß sich die Tiere Strategien zugelegt haben, um jeden Tag mehrere Stunden »abschalten« zu können.

Einer der beliebtesten Tricks ist es, sich an entlegene Orte zurückzuziehen, an denen man nicht gefunden wird. See-Elefanten sind darin wahre Meister. Sie tauchen einfach ab: Luft holen und dann runter bis in Tiefen von etwa 800 Meter. Hier legen sie sich auf den Meeresgrund und schlafen. Ein sicheres Plätzchen, denn Haie haben Schwierigkeiten, ein am Boden liegendes Opfer anzugreifen. Allerdings sind See-Elefanten lungenatmende Säugetiere. Nach einer Viertelstunde wachen sie wieder auf und schwimmen zur Wasseroberfläche, um Luft zu holen. Dann geht es wieder hinunter in die Tiefsee für das nächste »Viertelstündchen«. Dieser Schlafrhythmus ist den riesigen Robben so in Fleisch und Blut übergegangen, daß sie ihn sogar an Land beibehalten. Auch beim Schlummern am Strand atmen sie nur etwa alle 10 Minuten.

Mauersegler haben sich für das andere Extrem entschieden. Die eleganten, schwalbenähnlichen Vögel sind die geborenen Flieger. Wenn die Jungvögel ihr Nest erst einmal verlassen haben, werden sie nur zu einem einzigen Zweck noch einmal festen Boden unter die Füße bekommen: um selber Junge in einem Nest großzuziehen. Den großen Rest des Lebens fliegen sie – und sie schlafen sogar im Fliegen. Wie sie das tun, haben Wissenschaftler – aus naheliegenden Gründen – bisher noch nicht erforscht. Schon die Tatsache, daß sie es tun, wurde nur zufällig entdeckt: Im ersten Weltkrieg flog ein Militärpilot in einer Vollmondnacht mit seiner offenen Maschine Patrouille. Er hatte seinen Motor abgestellt und segelte lautlos in 3000 Metern Höhe. In dieser

Nacht traf er nicht auf feindliche Flugzeuge, sondern auf eine Kompanie friedlich schlafender Mauersegler. Bevor er abdrehen konnte, klatschte auch schon der erste Vogel gegen das Flugzeug und fiel in die offene Kabine. So konnte sich der Pilot am Boden überzeugen, daß er wirklich einen Mauersegler im Schlaf überrascht hatte. Weitere Piloten und Radaruntersuchungen bestätigten später seine Beobachtungen.

Andere Vögel sind erdverbundener. Manche ziehen sich in Höhlen oder ins Wasser zurück, aber für die meisten ist ein hochgelegener Ast in einem Schlafbaum der sicherste Platz für die Nacht. Sogar der Pfau und viele andere Hühnervögel, die den ganzen Tag am Boden verbringen und dort Futter finden, sich paaren und brüten, ziehen sich in der Nacht auf einen Baum zurück. Dabei tut es für viele Arten nicht irgendein beliebiger Baum. Auch wenn uns Menschen die vielen Bäume im Wald gleichwertig erscheinen mögen – es muß der persönliche Schlafbaum sein.

Erst hier fühlen sie sich so sicher, daß sie ihren Kopf so weit unter den Flügel schieben, bis die Augen bedeckt sind. Nur so können Vögel wirklich schlafen. Sie sind Augentiere. Ihr wichtigstes Sinnesorgan muß verschlossen sein, sonst sind die Lichtreize zu stark zum Einschlafen. Selbst die geschlossenen Lider scheinen oft noch zuviel Licht durchzulassen. Die Enten am Stadtteich dösen nur, wenn sie lediglich ihren Schnabel unters Gefieder stecken: Sie sind noch wach genug, um bei Attacken von Kindern oder Hunden ins Wasser zu fliehen.

Ein hochgelegener Ast ist zwar ein relativ sicherer Schlafplatz, aber er bringt ein großes Problem mit sich. Im Schlaf entspannen sich die Muskeln, und das Gehirn nimmt viele Außenreize nicht mehr wahr – die idealen Voraussetzungen, um vom Baum zu fallen. Um das zu vermeiden, haben auf Ästen schlafende Vögel im Laufe ihrer

Evolution einen besonderen anatomischen Trick entwikkelt. Von ihrem Becken läuft eine lange, kräftige Sehne über die Kniekehle und die Ferse auf die Unterseite des Fußes bis zu den Zehen. Macht es sich der Vogel nun bequem, dann zieht sein Körpergewicht an der Sehne – und damit auch die Zehen zusammen. Das Tier braucht keinen Muskel anzustrengen und sitzt um so sicherer, je entspannter es ist. [. . .]

Bei unserer einheimischen Amsel hat ein deutsch-polnisches Wissenschaftlerteam ein ganz ungewöhnliches Warnsystem entdeckt. Die Forscher um den Darmstädter Biologieprofessor Walter Kaiser hatten den Vögeln kleine Elektroden auf den Kopf gesetzt, um deren Gehirnströme während des Schlafs zu messen. Sie stellten überrascht fest, daß während der Nacht nicht das ganze Amsel-Gehirn erwacht, sondern nur eine Hälfte. Dazu öffnet die Amsel auch nur ein Auge, nämlich das zu der aufgewachten Gehirnhälfte gehörende auf der anderen Seite des Kopfes. Das Auge und das halbe Hirn überzeugten sich, daß die Amsel in Sicherheit war, während der Rest des Hirns weiterschlief.

Bei Delphinen ist dieses Phänomen noch viel ausgeprägter. Während ihres sieben- bis achtstündigen Schlafs haben sie fast immer ein Auge offen und eine Gehirnhälfte aktiv. Etwa alle zwei Stunden wechseln sie dabei die Seite. Auf diese Weise können sie jederzeit einen Feind entdecken und werden nicht von ihrer Gruppe abgetrieben. »Wahrscheinlich können es sich Delphine und andere Wale außerdem gar nicht leisten, ihr Bewußtsein ganz abzuschalten«, meint Bruce Hecker, Direktor des Aquariums von South Carolina, »denn diese Tiere atmen bewußt.« Während sich Menschen und andere Landtiere keine Gedanken um das nächste Luftholen zu machen brauchen, müssen die Meeressäuger Auftauchen und Atmen immer koordinieren – ein wichtiger Grund, nur »halb« einzuschlafen.

Langschläfer

In unserer liberalen Gesellschaft schont man seit einiger Zeit die Dicken und sagt laut: »Sie können nichts dafür, und es ist nicht unmoralisch, zuviel zu wiegen.« Aber was habe ich (ja, ich!) von dieser Großzügigkeit? Ich bin nicht dick, ich leide an einer anderen Völlerei: Ich schlafe viel, wahrscheinlich zu viel.

Gut, wir haben es besser, unsereins kann seine Unmäßigkeit besser verbergen als diese Eßkünstler, man trägt die Folgen nicht so deutlich mit sich herum. Aber wir Langschläfer sind dennoch genauso empfindlich und leicht gekränkt, wenn man uns auf unsere Schwäche anspricht, wie die Dicken, denen man heute alles nachsieht. Und wer sieht mir was nach? Wer morgens sehr früh aufsteht, gilt als rechtschaffen, wer liegenbleibt als Faultier (das sind Tiere, die sich nur im Zeitlupentempo bewegen und bis zu zwanzig Stunden am Tag schlafen). Wer möchte schon ein Faultier genannt werden?

Kommt man zu spät, höhnen selbst die guten Freunde: »Da hättest du wohl früher aufstehen müssen!« Als nicht ganz so verwerflich wie das lange Ausschlafen gilt das frühe Zubettgehen; das wird noch geduldet, aber eigentlich auch nur dann, wenn man versichern kann, man müsse am nächsten Morgen um fünf Uhr aufstehen. Sonst kommt unweigerlich die Frage: »Sagen Sie mal, wieviel Stunden Schlaf brauchen Sie eigentlich?« Wobei die Antwort, wie immer sie ausfällt, mit einem »Donnerwetter« quittiert wird.

Diese Frage ist uns Schläfern ebenso zuwider wie den Dicken die Frage nach dem Gewicht, nur mit dem Unterschied, daß die Dicken, man ist ja modern und taktvoll, nicht mehr nach ihrem Gewicht gefragt werden, wir Bettfreunde aber oft und gerne nach unserer täglichen Schlafmenge. Ich schreibe »täglichen«, aber betone, um Mißverständnisse zu vermeiden, ich schlafe nicht täglich acht oder neun Stunden, sondern nächtlich. (Am Tage schlafe selbst ich nicht.)

Die Kurzschläfer sind platzestolz auf ihre Tüchtigkeit. Selbst Menschen, die nachts (beim besten Willen) nicht schlafen können, berichten mit einer Art Stolz von ihrem Leiden, wie der Philosoph Bertrand Russell einmal spöttisch festgestellt hat. In unserer Leistungsgesellschaft gilt der als schick, der eine Unruhe in sich ticken fühlt, die sich kaum abstellen läßt. Sein träges Gegenstück hingegen, der Schlafsüchtige, verbirgt verschämt seine Abartigkeit, immer gewärtig, daß ihm »Wer schläft, der sündigt nicht!« nachgerufen wird, oder ein hochmütiges »Den Seinen gibt's der Herr im Schlafe«.

Doch – das tut der Herr! Wer kennt nicht die Geschichte von dem Mathematiker, der über einem unlösbaren Problem einschlief und am Morgen die Lösung hatte? Hingegen kann es Schlaf-Asketen passieren, daß sie ihr Glück ruinieren, wie es jenem Amerikaner erging, der nur drei Stunden zu schlafen pflegte. Als seine Frau merkte, daß ihre gemeinsame Tochter auch mit so wenig Schlaf auskam, ließ sie sich scheiden.

Das Ende aller Minderwertigkeitsgefühle aber beschert uns Träumern erst der Psychiater Ernest Hartmann von der Tufts-Universität in den USA. Er hat Beweise dafür gesammelt, daß Menschen, die verblüffende Einfälle haben und scharf analysieren können, besonders viel Schlaf brauchen. Jeder meiner Leser wird sich denken können, daß ich, als ich diesen Satz gelesen hatte, ihn vor lauter Glück immerzu vor mich hinsprechen mußte. Bis ich, selbst darüber, allmählich einschlief.

Schlaflose Nächte . . .

Ritter in Nöten

Da Don Quixote nun quer über dem Esel lag, so fragte der
Wirt den Knappen, was ihm fehlte. »Es ist weiter nichts«,
sprach Sancho, »als daß er von einem Felsen gestürzt ist
und sich die Seiten ein wenig gequetscht hat.« Der Wirt
hatte eine Frau, die, entgegen der Gewohnheit solcher
Leute, von Natur mitleidig war und sich das Unglück ihres
Nächsten zu Herzen gehen ließ. Sie nahm sich alsogleich
des armen Ritters an, befahl auch ihrer Tochter, einem hübschen jungen Mädchen, ihr den Gast verbinden zu helfen.
Nun diente in ebender Schenke eine asturische Magd mit
breitem Gesicht, flachem Hinterkopf und einer Stumpf-
nase; auf einem Auge schielte sie, und mit dem andern
konnte sie auch nicht recht sehen. Indes die Reize ihrer Gestalt ersetzten diesen Mangel. Sie maß von der Ferse bis
zum Scheitel kaum sieben Spannen, und dabei zwang sie ein
kleines Übergewicht hinter der Schulter, mehr zur Erde zu
sehen, als ihr lieb war. Diese zarte Magd half der Tochter
des Wirts, für Don Quixote auf dem Dachboden, dem man
es ansah, daß dort seit Jahren nichts als Stroh aufgehoben
worden war, ein elendes Bett zurechtzumachen. In ebendiesem Raum hauste auch ein Eseltreiber, der sein Lager ein
wenig jenseits von dem unseres Ritters aufgeschlagen hatte;
und wiewohl es nur aus den Decken und Saumsätteln seiner
Esel bestand, stach es doch vorteilhaft von der Ruhestätte
Don Quixotes ab; denn diese bestand nur aus vier höcke-
richten Brettern auf zwei ungleichen Böcken und einer Matratze, die in ihrer Dünne aussah wie eine Muschel und zudem voller Knollen war, die man beim Betasten hätte für
Kieselsteine halten müssen, wäre nicht durch ein paar Löcher die Wolle zu sehen gewesen; ferner aus zwei Bettlaken,

so hart wie Schildleder, und einer Pferdedecke, deren Fäden man, ohne sich um einen einzigen zu irren, hätte zählen können. In dies verwünschte Bett legte sich Don Quixote, und nun bepflasterten ihn die Wirtin und ihre Tochter von oben bis unten, während Maritornes – so hieß die Asturierin – leuchtete. [. . .]

Nun hatte der Eseltreiber mit ihr eine Zusammenkunft verabredet, da sie sich in der Nacht zusammen der Kurzweil ergeben wollten, und sie hatte ihm auch ihr Ehrenwort gegeben, sobald die Gäste zur Ruhe gegangen und ihre Herrschaft eingeschlafen wäre, ihm einen Besuch zu machen und, soweit er es verlangte, zu Willen zu sein. Man sagt sogar von dieser ehrlichen Dirne, daß sie ihr Wort in solchen Fällen niemals bräche, wenn sie es auch auf freiem Felde und ohne Beisein eines Zeugen gegeben hätte; denn sie hielt gar viel auf ihren Adel und rechnete es sich nicht als Schande an, in der Schenke zu dienen, da sie nur Unglücksfälle und traurige Erlebnisse, wie sie sagte, bis zu diesem Stand erniedrigt hätten.

Don Quixotes hartes, enges, gebrechliches und lumpiges Bett stand als erstes mitten in dieser alten Rumpelkammer. Gleich daneben hatte sich Sancho aus einer Binsenmatte und einer Decke, die eher aus geschorenem Segeltuch als aus Wolle zu sein schien, sein Nest gemacht. Hinter diesen beiden folgte des Eseltreibers Lager, das, wie schon gesagt, aus den Decken und Sätteln seiner zwei besten Maulesel aufgebaut war, deren er im ganzen zwölf hatte, alle stark, fett und glänzend, denn er war einer der reichsten Treiber von Arevalo. [. . .]

Nachdem also der Eseltreiber für seine Tiere gesorgt und ihnen das zweite Futter gegeben hatte, streckte er sich auf seine Decken und erwartete mit heißem Liebesverlangen seine immer pünktliche Maritornes. Sancho lag schon, völlig eingepflastert, auf dem Ohr und wollte gern schlafen, konnte es aber vor Kreuzweh nicht; ebenso lag Don Quixote in seinem Schmerz wie ein Hase mit offenen Augen da. Schweigen ruhte rings auf der Schenke, nirgends war ein Licht zu sehen; nur über dem Torweg hing eine Lampe, die noch brannte. Diese merkwürdige Stille und die unruhigen Gedanken unseres Ritters, die sich unaufhörlich mit den Geschehnissen beschäftigten, wie man sie in den Ritterbüchern, jener Quelle seines Unglücks, auf Schritt und Tritt vorfindet, erzeugten in seinem Hirn eine der sonderbarsten Wahnvorstellungen, die man sich nur denken kann. Er bildete sich nämlich ein, er befände sich in einem berühmten Kastell – denn jede Schenke, in die er einkehrte, war ihm, wie gesagt, ein Kastell – und die Wirtstochter, das heißt also, die Tochter des Burgherrn, habe sich, von seiner Anmut überwunden, in ihn verliebt und ihm versprochen, diese Nacht ohne Vorwissen ihrer Eltern zu kommen und eine gute Weile bei ihm zu liegen. Diese selbstdichtete Grille, die er steif und fest für Wahrheit hielt, brachte ihn in schwere Not, und er begann sich sehr vor der Gefahr zu ängstigen, in die seine Treue und Keuschheit geraten könne. Doch beschloß er in seinem Herzen, an seiner Dame Dulcinea del Toboso keine Untreue zu begehen, sollte auch die Königin Ginevra mit ihrer Kammerfrau Quintañona in eigner Person vor ihm erscheinen.

Als er nun so dalag und es in seinem Kopf gewaltig spukte, nahte sich die für ihn unglückselige Stunde der Ankunft der Maritornes. Sie erschien im Hemd und trat barfuß, die Haare unter eine Nachtmütze von Barchent gesteckt, mit leisen, furchtsamen Schritten in die Kammer, wo alle drei lagen, um ihren Eseltreiber zu suchen. Aber kaum war sie zur Türe herein, so bemerkte Don Quixote sie auch schon, und so gut es ihm Pflaster und Lendenweh erlaubten, setzte er sich im Bett auf und streckte die Arme aus, sein schönes asturisches Fräulein zu empfangen, die sich still und gebückt mit den Händen vorwärtstastete, um ihren Geliebten zu finden. Sie traf gerade auf Don Quixotes Arme, der sie sogleich beim Handgelenk ergriff, sie an sich zog und, ohne daß sie ein Wörtchen zu sagen wagte, auf sein Bett setzte. Er bekam sogleich ihr Hemd in die Hand, das ihm, obgleich es von Packleinen war, doch als der feinste und weichste Batist erschien. Die Glaskorallen, die sie um den Arm hatte, strahlten für ihn im Glanz der schönsten orientalischen Perlen. Ihre Haare, die Pferdemähnen nur wenig nachgaben, waren ihm Fäden des feinsten arabischen Goldes, deren Glanz die Sonne verdunkelte, und ihr Atem, der nach altem, übernächtigem Salat roch, brachte ihm Gewürzduft und Wohlgerüchte in die Nase. Kurz, seine Phantasie malte sie ihm geradeso wie jene Prinzessin in seinen Büchern, die, von Liebe überwältigt, in ebendiesem Schmuck und Aufzug ihren verwundeten Ritter zu besuchen kam. Die Blindheit des armen Junkers ging so weit, daß ihm weder Gefühl noch Geruch noch andere Dinge, die das gute Mädchen an sich hatte und die gewiß jeden anderen, der kein Eseltreiber war, zum Erbrechen gebracht hätten, seinen Irrtum benehmen konnten.

Und während er sie fest umschlossen hielt, hub er mit leiser zärtlicher Stimme an: »Wenn ich doch, schönes und hochgeborenes Fräulein, imstande wäre, Eurer Liebe eine so große Gnade, wie Ihr sie mir durch die Enthüllung Eurer hohen Schönheit erzeigt, zu vergelten! Aber das Schicksal, das nie müde wird, die Guten zu verfolgen, hat mich auf dies Bett geworfen, wo ich so zermalmt und gerädert liege, daß es mir unmöglich wäre, Eurer Liebe Genüge zu tun, wenn ich auch wollte. Zu dieser Unmöglichkeit kommt aber eine noch größere, nämlich die meiner Dulcinea del Toboso, der einzigen Herrin meiner geheimsten Gedanken, versprochene und gelobte Treue. Wäre dies nicht, ich würde mich nicht als ein so törichter Ritter zeigen, daß ich die schöne Gelegenheit, die Eure große Güte mir darbietet, ungenützt aus den Händen ließe.«

Maritornes war in Höllennöten. Sie schwitzte vor Angst, als sie sich so von Don Quixote festgehalten fühlte; und ohne das, was er sagte, zu verstehen oder darauf zu achten, war sie in aller Stille bemüht, von ihm loszukommen. Der gute Eseltreiber, den seine böse Lust nicht schlafen ließ, hatte die Dirne gleich, als sie eintrat, bemerkt und lauschte sehr aufmerksam auf alles, was Don Quixote sagte. Er wurde eifersüchtig, weil ihm die Asturierin um eines anderen willen nicht Wort hielt, schlich sich näher zu unseres Ritters Bett und horchte, worauf denn dies Gerede, das er freilich nicht ganz verstand, hinaus wollte. Als er aber gewahr wurde, daß sein Liebchen sich gern losarbeiten wollte und Don Quixote sie mit allen Kräften zurückhielt, nahm er den Spaß übel, holte weit aus und gab dem verliebten Ritter mit voller Faust eine so schreckliche Ohrfeige auf den dürren Backen, daß ihm gleich der ganze Mund vom Blute schwamm. Nicht zufrieden damit, sprang er ihm auf den Leib und stampfte ihm von oben an bis unten, rascher als im Trab, jämmerlich auf den Rippen herum. Das Bett, das an sich schon gebrechlich war und auf schwachen Füßen stand, konnte die neue Last des Eseltreibers nicht tragen und brach mit lautem Krach zusammen. Das Gepolter weckte den Wirt, der alles gleich für einen von Maritornes' Händeln hielt, zumal sie ihm auf seine Rufe keine Antwort gab. Mit diesem Verdacht stand er auf, zündete ein Licht an und ging dem Lärmen nach. Als nun die Dirne ihren Herrn kommen sah, und zwar mit einem nicht eben freundlichen Gesicht, kroch sie vor Angst und Schrecken zu Sancho, der noch schlief, ins Bett und drückte sich da zusammen wie ein Knäuel.

»Wo bist du, Hure?« schrie der Wirt beim Eintritt. »Sicher hast du wieder einmal einen Streich gemacht!« In diesem Augenblick wurde Sancho wach und fühlte den Klumpen beinahe auf sich liegen. Er dachte nicht anders, als der Alp drücke ihn so furchtbar, und begann daher mit beiden Fäusten um sich zu schlagen. Meist traf er Maritornes, die, vom Schmerz übermannt, alle Ehre und Scham beiseitesetzte und ihm das Empfangene so kräftig heimzahlte, daß ihm der Schlaf zu seinem Ärger vollends verging. Und als er sich, ohne zu wissen von wem, so ungebührlich mißhandelt sah, erhob er sich, so gut er konnte, und umfaßte Maritornes; und nun begann zwischen beiden die hitzigste und anmutigste Balgerei von der Welt. Der Eseltreiber, der beim Schein des Lichtes sah, wie schlimm es seinem Liebchen erging, ließ Don Quixote fahren und eilte ihr zu Hilfe. Auch der Wirt mengte sich ins Spiel, aber in anderer Absicht, denn er wollte die Magd züchtigen, die er für die unfehlbare Urheberin des ganzen Lärmens hielt. So ging es nun hier nach dem Sprichwort: Prügel auf den Hund, Hund auf den Michel, Michel auf den Baum; denn der Eseltreiber schlug auf Sancho, Sancho auf die Magd, die Magd auf ihn, der Wirt auf die Magd, und sie zerwalkten sich untereinander mit solchem Eifer, daß sie nicht einen Augenblick ausruhten. Das Schönste war, daß dem Wirt das Licht ausging. Denn nun schlugen sie so blindlings und toll aufeinander los, daß, wo eine Faust hintraf, gewiß kein gesunder Fleck mehr blieb.

Von ungefähr war in derselben Nacht ein Landreiter der sogenannten alten heiligen Hermandad aus Toledo in der Schenke eingekehrt. Als dieser das dumpfe Schlachtgetümmel hörte, ergriff er seinen Gerichtsstab und die blecherne Büchse, in der sein Beglaubigungsschreiben stak, ging im Dunkeln in die Kammer und rief: »Friede, im Namen der Gerechtigkeit! Friede, im Namen der heiligen Hermandad!« Der erste, auf den er traf, war der zermalmte Don Quixote, der unter den Trümmern seines eingebrochenen

Bettes, den offenen Mund in die Höhe reckend, ohne Bewußtsein und Empfindung dalag. Er befühlte ihn, bekam den Bart in die Hand und rief unaufhörlich: »Gehorsam, im Namen der Obrigkeit!« Da er aber sah, daß der, den er gepackt hatte, sich nicht regte noch bewegte, hielt er ihn für tot und die andern Kämpfer in der Kammer für seine Mörder. Aus diesem Grunde schrie er noch lauter: »Man schließe eilends die Türen des Hauses und lasse niemanden entwischen, denn hier ist ein Mensch erschlagen.« Dies Wort fuhr allen durch die Glieder, und augenblicklich ließen sie den Streit ruhen, wie er stand, als die Stimme ertönte. Der Wirt schlich in seine Kammer, der Eseltreiber auf seine Satteldecken und Maritornes in ihren Winkel; nur die beiden Unglückskameraden Don Quixote und Sancho konnten sich nicht von der Stelle bewegen, an der sie lagen.

WILLIAM SHAKESPEARE

Der König kann nicht schlafen

Wie viele tausend ärmster Untertanen
Sind jetzt im Schlaf! O Schlaf, o holder Schlaf!
Du sanfter Pfleger der Natur, wie scheucht ich dich,
Daß du die Augenlider mir nicht schlössest,
Mir nicht die Sinne in Vergessen tauchst!
Warum indes liegst du in rauchigen Hütten,
Streckst dich auf einem dürren Strohbett aus,
Wo Fliegen dich mit ihrem Krabbeln reizen,
Statt in der Großen duftenden Gemächern,
Unter der Reichen präct'gen Baldachinen
Und eingelullt von süßen Melodien?
Du Gott des Schlafs, wie liegst du bei Geringen
Auf schmutz'gem Bett und machst des Königs Lager
Der Wachstub ähnlich, wo Alarme dröhnen?

Versiegelst du auf schwindelnd hohem Mast
Des jungen Seemanns Augen, schaukelst du
In rauher, mächt'ger Wogen Wiege
Und in der Winde Anprall, die die Wellen
An ihren Riesenscheiteln kräuselnd packen
Und sie laut tobend in die Wolken hängen,
Daß fast der Tod erwacht von ihrem Krachen?
Kannst du, partei'scher Schlaf, denn deine Ruhe schenken
Dem jungen Schiffer in so harter Stunde
Und in der ruhigsten und stillsten Nacht
Dem König sie verweigern, der Arznei hat?
Dann, froher Armer, leg dich, schlaf gerecht:
Ein Haupt, das eine Krone trägt, schläft schlecht.

HERMANN HESSE

Schlaflose Nächte

Du liegst in später Nacht zu Bett und kannst nicht schlafen.
Die Straße ist still, in den Gärten rührt der Wind zuweilen
die Bäume. Irgendwo schlägt ein Hund an; in einer fernen
Straße fährt ein Wagen. Du hörst ihn genau, du erkennst
am wiegenden Geräusch, daß es ein Wagen auf Federn ist,
du folgst ihm in Gedanken, er biegt um eine Ecke, er fährt
plötzlich schneller und bald zerrinnt das eilige Rollen leis in
die große Stille. Dann ein später Fußgänger. Er geht rasch,
sein Tritt hallt sonderbar in der leeren Straße. Er bleibt stehen, schließt eine Tür auf, zieht sie hinter sich zu, und wieder ist große Stille. Wieder und noch einmal klingt ein kleines Stück Leben herein, immer seltener, immer schwächer,
und dann kommen die Stunden, wo alles müde ist und jeder
leiseste Wind und jedes feine Mörtelkorn, das hinter den
Tapeten niederrinnt, laut hörbar und mächtig wird und dir
die Sinne erregt. Und kein Schlaf. Nur die Müdigkeit zieht

einen feinen Schleier über Augen und Gedanken, du hörst ein rastloses Blut im Ohre klingen, du hörst im schmerzenden Kopf das feine, fiebernde Leben, du spürst in aufliegenden Adern den gleichmäßigen und doch verwirrenden Takt der Pulse.

Es hilft dir nichts, dich hin und her zu werfen, aufzustehen und dich wieder zu legen. Es ist eine von den Stunden, in denen du dir selbst auf keine Weise entrinnen kannst. Gedanken und Bewegungen des Gemüts und der Erinnerung werden in dir Herr, und du hast keine Gesellschaft, sie wie sonst totzureden. Dem, der in der Fremde lebt, tritt Haus und Garten der Heimat und Kindheit vor das Auge, die Wälder, in denen er seine freiesten und unvergeßlichsten Knabentage verlebt hat, die Zimmer und Treppen, in denen seine Knabenspiele gelärmt haben. Die Bilder der Eltern fremd, ernst und gealtert, mit Liebe, Sorge und leisem Vorwurf im Blick. Er streckt die Hand aus und sucht vergebens eine entgegengebotene Rechte, eine große Traurigkeit und Vereinsamung kommt über ihn, darüber treten andere Gestalten hervor, und in der befangenen und ernsten Stimmung dieser Stunde machen sie uns fast alle traurig. Wer hat nicht in jungen Jahren seinen Nächsten schwere Tage gemacht, Liebe zurückgewiesen und Wohlwollen verachtet, wer hat nicht irgend ein Glück, was einmal für ihn bereit stand, in Trotz und Übermut versäumt, wer hat nicht fremde oder eigene Ehrfurcht einmal verletzt oder gegen Freunde durch ein törichtes Wort, durch ein ungehaltenes Versprechen, durch eine unschöne und wehtuende Gebärde sich vergangen? Jetzt stehen sie vor dir, reden kein Wort und sehen dich aus ruhigen Augen seltsam an, und du schämst dich vor ihnen und vor dir selber.

Es fällt dir ein, wie viele Nächte du im selben Bette sorglos schliefst zwischen Tagen voll von Bewegung, Lärm und Zerstreuung, und wie undenkbar lange her es ist, seit du so wie heute dich selber zum stummen, ungeschminkten Gesellschafter hattest. Du hattest drauflosgelebt, du hattest in dieser Zeit unendlich viel gesehen, geredet, gehört, gelacht, und nun ist das alles, als wäre es nicht gewesen, ist dir fremd und fällt von dir ab, während die blauen Himmel deiner Kinderzeit, die langvergessenen Bilder deiner Heimat und die Stimmen von lang Verstorbenen dir unheimlich nahe und gegenwärtig sind.

Der Schlaf ist eine der köstlichsten Gaben der Natur, ein Freund und Hort, ein Zauberer und leiser Tröster, und jeder tut mir in der Seele leid, der die Qual langdauernder Schlaflosigkeit kennt, der gelernt hat, sich mit halben Stunden eines fiebrigen Eindämmerns zu begnügen. Aber ich könnte einen Menschen nicht lieben, von dem ich wüßte, daß er in seinem Leben keine schlaflose Nacht gehabt hat, er müßte denn ein Naturkind von naivster Seele sein.

In unsrem raschen, betäubenden Leben gibt es erschreckend wenig Stunden, in denen die Seele ihrer bewußt werden kann, in denen das Leben der Sinne und das des Geistes zurücktritt und die Seele unverhüllt dem Spiegel der Erinnerung und des Gewissens gegenübersteht. Das geschieht vielleicht beim Erleben eines großen Schmerzes, vielleicht am Sarg einer Mutter, vielleicht auf einem Krankenbett, vielleicht auch am Ende einer längeren einsamen Reise in den ersten Stunden des Wiederdaseins, aber immer geschieht es unter Störungen und Trübungen. Hier liegt der Wert solcher wacher Nächte. In diesen allein vermag die Seele ohne gewaltsame äußere Erschütterungen zu ihrem Recht zu kommen, es sei zum Erstaunen oder zum Erschrecken, zum Richten oder zum Trauern. Das Gemütsleben, das wir tagsüber führen, ist nie so rein; die Sinne leben heftig mit, der Verstand drängt sich vor, indem er den Regungen des Gefühls die Stimme des Urteils, den feinen Reiz des Vergleichens und den feinen, zersetzenden des Witzes beimischt. Die Seele, halb schlummernd, läßt es geschehen und lebt in dieser Abhängigkeit und Unterdrückung Tage und Monate lang ein halbes Leben hin, bis ihre Stunde da ist, bis sie in einer bangen, schlaflosen Nacht die Fessel abstreift und uns mit der ganzen ungebrochenen Fülle ihres eigenwilligen Lebens überrascht oder entsetzt. Es ist uns heilsam, zuzeiten wahrzunehmen, daß unser Leben nicht nur Form ist, daß wir eine Macht in uns tragen, welche von allem Äußeren unverändert bleibt und unbestechlich ist, daß Stimmen in uns reden, über welche wir keine Herrschaft haben. Wer wahrhaftig ist und irgend eine Art von Glauben hat, der beugt sich diesen Stimmen gern und geht aus solchen Stunden mit vertieftem Blick hervor.

Ich möchte auch von der Schlaflosigkeit als Krankheit noch ein Wort sagen, obwohl es vielleicht überflüssig ist, denn die Schlaflosen alle wissen wohl, was ich sagen will. Doch lesen sie vielleicht gerne etwas ausgesprochen, was ihnen bekannt, aber sonst kein Gegenstand des Redens ist. Ich meine die innere Erziehung, welche das Nichtschlafenkönnen geben kann. Jedes Kranksein und Wartenmüssen ist ja ein nicht mißzuverstehender Lehrmeister. Doch ist die Schule aller nervösen Leiden besonders eindringlich. »Der muß viel gelitten haben«, sagt man von Menschen, die in Bewegung und Rede ein ungewöhnliches Maß von zurückhaltender Feinheit und zarter Schonung zeigen. Die Herrschaft über den eigenen Leib und über die eigenen Gedanken lehrt keine Schule so gut wie die der Schlaflosen. Zart anfassen und schonen kann nur einer, der dieses zarten Anfassens selber bedarf. Milde betrachten und liebevoll die Dinge abwägen, seelische Gründe sehen und alle Schwächen des Menschlichen gütig verstehen kann nur einer, der oftmals in der unerbittlichen Stille einsamer Stunden seinen eigenen ungehemmten Gedanken preisgegeben war. Die

Menschen sind im Leben nicht schwer zu erkennen, welche viele Nächte mit wachen Augen stillgelegen sind.

Noch einen erzieherischen Wert der Schlaflosigkeit möchte ich anführen, der freilich in anderem Zusammenhang genauer betrachtet zu werden verdiente. Die Schlaflosigkeit ist eine Schule der Ehrfurcht – der Ehrfurcht vor allen Dingen, jener Ehrfurcht, die über das bescheidenste Leben den Duft einer fortwährend erhöhten Stimmung gießen kann, derselben Ehrfurcht, welche die oberste Bedingung der dichterischen und künstlerischen Größe ist.

Man denke sich einen Schlaflosen in seinem Bette liegen. Die Stunden rinnen still und schrecklich langsam ab, zwischen einem und dem nächsten Stundenschlag liegt eine breite, schwarze Kluft von unerträglicher Endlosigkeit. – Wie oft haben wir das Laufen einer Maus, das Rollen eines Wagens gehört, den Takt einer Uhr, das Geräusch eines Brunnens, den Laut des Windes, das Knarren der Möbel! Wir hörten sie, ohne ihrer zu achten. Jetzt aber, in dieser Einsamkeit und Totenstille, klammern wir uns sehnsüchtig an jeden vorbeistreifenden Hauch von Leben. Der rollende Wagen beschäftigt uns lebhaft, wir schätzen seine Schwere und Bauart, die Müdigkeit oder Kraft seiner Pferde, wir suchen die Straße zu erraten, in welcher er fährt, und die nächste, in die er einbiegt. Oder ein laufender Brunnen! Wir hören ihn dankbar wie eine sanfte Musik, wie ein Kranker dem Plaudern eines Freundes lauscht, der ihn besucht und der einen Duft von Gesundheit und einen Schimmer von Leben draußen in seine Einsamkeit hereinträgt. Wir hören den Fall des Wasserstrahls in das gefüllte Becken, das sanftere und ungleichmäßigere Ablaufen des Troges. Wir versuchen einen Rhythmus in dem stetigen Rauschen zu hören, wir summen leis im Takte mit, verstummen wieder und hören ihn allein fortsingen. Wir denken träumend weiter dem ablaufenden Wasser nach, durch Bach und

Strom ans Meer und an die Wiege des ewigen Werdens, Strebens und Neuwerdens zurück. Darüber beginnt das Gewebe der Seele, der halben Gedanken, unser Leben streckt sich vor uns aus, Beziehungen und Gesetze liegen plötzlich in Erlebtem klar, das uns bisher unerklärt und verworren erschien.

Diesen Weg vom Lauschen auf einen Brunnen bis zum Bewundern der Folgerichtigkeit alles Geschehens und zur Ehrfurcht vor dem verschleierten letzten Geheimnis des Lebens legen wir nie so geduldig, aufmerksam und ernst zurück wie in diesen Nachtstunden.

In dieser Weise haben gewiß schon alle Schlaflosen aus der Not eine Tugend gemacht. Ich wünsche ihnen in ihrem Leiden Geduld und, wo es sein kann, Heilung. Allen Leichtfertigen, obenhin Lebenden und mit Gesundheit Prahlenden aber wünsche ich je und je eine Nacht, in der sie ohne Schlummer liegen und dem vorwurfsvollen Hervortreten ihres inneren Lebens stillhalten müssen.

ERNST BLOCH

Mit sich allein

An uns selbst sind wir noch leer. So schlafen wir leicht ein, wenn die äußeren Reize fehlen. Weiche Kissen, Dunkel, Stille lassen uns einschlafen, der Leib verdunkelt sich. Liegt man nachts wach, so ist das gar kein Wachsein, sondern zähes, verzehrendes Schleichen an Ort und Stelle. Man merkt dann, wie ungemütlich es mit nichts als mit sich selber ist.

Könnte ich doch aufhören

Die Uhr, die irgendwo dort hinten in dem, weil alle schlafen, verlassenen Hause steht, schlägt langsam vier helle Schläge in der Nacht. Ich habe noch nicht geschlafen, ich hoffe auch nicht mehr, einschlafen zu können. Ohne daß irgend etwas meine Aufmerksamkeit fesselte und ich deshalb nicht einschlafen könnte oder auf meinem Körper lastete und mich deshalb nicht zur Ruhe kommen ließe, liege ich hier im Schatten, den das verschwommene Mondlicht der Straßenlaternen und das gedämpfte Schweigen meines fremd gewordenen Körpers noch mehr vereinsamt. Ich vermag nicht zu denken, weil mir so schläfrig zumute ist; ich vermag nicht zu fühlen, weil ich nicht einschlafen kann.

Alles um mich her ist nacktes, abstraktes Universum, bestehend aus nächtlichen Verneinungen. Ich bin halb übermüdet, halb unruhig und rühre mit der Empfindung meines Körpers an eine metaphysische Erkenntnis vom Geheimnis der Dinge. Zuweilen erschlafft meine Seele, und dann treiben formlose Einzelheiten an der Oberfläche meines Bewußtseins, und ich nehme an der Oberfläche meines Nicht-einschlafen-könnens Eintragungen vor. Ein andermal erwache ich aus dem Inneren des Halbschlafs, in dem ich stagnierte, und vage dichterische, unfreiwillig farbenprächtige Bilder führen in meiner Unaufmerksamkeit ihr geräuschloses Schauspiel auf. Meine Augen sind nicht gänzlich geschlossen. Meinen matten Blick säumt ein Licht, das von weither dringt; es sind die brennenden Laternen dort unten im verlassenen Grenzgebiet der Straße.

Aufhören, einschlafen, dieses Bewußtsein ersetzen, durch das ab und an melancholische Worte strudeln, die man insgeheim demjenigen zuraunt, der mich nicht kennt!

... Könnte ich doch aufhören, flüssig werden und wie ein Fluß vorüberziehen, Ebbe und Flut eines weiten Meeres an Küsten sein, die des Nachts auftauchen, wenn man wirklich schlafen könnte! ... Aufhören, inkognito und ganz veräußerlicht erscheinen, eine Bewegung von Zweigen in entfernten Alleen, ein sanftes Blätterfallen, erkennbarer am Geräusch als am Fall, ein hohes feines Meer der Fontänen in der Ferne und all das Verschwommene nächtlicher Parks, die verloren liegen in steter Verstrickung, Naturlabyrinthe der Finsternis ...! Aufhören, endlich zu Ende gehen, aber dabei in einer übertragenen Weise überleben, als Seite eines Buches, als eine Strähne aufgelösten Haars, als Schwingung der Kletterpflanze neben dem halb geöffneten Fenster, als belanglose Schritte auf dem feinen Kies der Wegbiegung, als letzter hoher Rauch des schlummernden Dorfes, als vergessene Peitsche des Fuhrmanns am morgendlichen Wegrand ... Sinnlosigkeit, Verwirrung und Verlöschen werden – zu allem, sofern es nur nicht das Leben ist ...

Und ich verschlafe auf meine Weise, ohne Schlaf noch Ruhe, dieses vegetative Leben der Vermutung, und unter meinen rastlosen Augenlidern schwebt wie der stille Schaum eines schmutzigen Meeres der ferne Reflex der stummen Straßenlaternen.

Ich schlafe und schlafe auch wieder nicht.

Auf der anderen Seite, dort hinter meiner Lagerstatt, rührt das Schweigen des Hauses an das Unendliche. Ich höre die Zeit rinnen, Tropfen für Tropfen, und keinen der verrinnenden Tropfen kann man rinnen hören. Physisch bedrückt mir das physische Herz die auf ein Nichts reduzierte Erinnerung an alles, was war oder was ich war. Ich spüre meinen Kopf stofflich auf das Kissen gebettet, auf dem ich ein Tal eingrabe. Die Haut des Kissenbezugs unterhält im Schatten mit meiner Haut eine fast körperhafte Berührung. Das Ohr selbst, auf dem ich liege, gräbt sich mir mathematisch ins Gehirn. Ich blinzle vor Erschöpfung, und meine Wimpern verursachen ein winziges, kaum vernehmliches Geräusch auf dem sensiblen Weiß des aufgerichteten Kopfkissens. Ich atme seufzend, und mein Atemholen geschieht – es ist nicht mein eigenes. Ich leide, ohne zu fühlen oder zu denken. Die Uhr des Hauses, ein sicherer Ort dort mitten im Unendlichen schlägt trocken und nichtig die halbe Stunde. Alles ist so ungeheuerlich viel, alles so tief, alles so schwarz und so kalt!

Ich verbringe Zeiten, verbringe Schweigen, gestaltlose Welten ziehen durch mich hindurch!

Plötzlich – wie ein Kind des Geheimnisses – kräht ein Hahn, ohne von der Nacht zu wissen. Ich kann einschlafen, weil es in mir Morgen ist. Ich spüre meinen Mund lächeln und die weichen Falten des Kissenbezugs leicht verschieben, der mein Gesicht festhält. Ich kann mich dem Leben überlassen, ich kann schlafen, ich kann mich ignorieren . . . Und durch den neuen Schlaf hindurch, der mich verdunkelt, erinnere ich mich an den krähenden Hahn, oder er ist es wirklich, der nun zum zweiten Mal kräht.

KURT TUCHOLSKY

Herr Wendriner kann nicht einschlafen

»Herrgott, daß die Frau nicht still liegen kann! Manche Frauen schlafen, wie man sie hinlegt, und da schlafen sie dann! Nu lieg doch schon still! Wenn ichs Licht ausmache, liegste auch nicht still. Gut – ich wer ausmachen.

. . . Nicht möglich, zu schlafen. Ich weiß nicht, was das ist. Das Glas Bier abends kanns nicht sein, geraucht hab ich heute auch nicht – ich muß mal mit Friedmann drüber sprechen. Sport! sagt er immer – treiben Sie Sport! Wir können

ja Fußball auf dem Kurfürstendamm zusammen spielen . . .
lächerlich! Seine letzte Liquidation ist auch noch nicht bezahlt – na, soll er warten. Andre warten auch. Was hat er
mir da neulich für 'n Witz erzählt . . .? Ach so – ›Sagen Sie
mal: Aaa!‹ Blendender Witz, den werd ich mal morgen
Welsch erzählen, der kugelt sich über gute Witze . . . Was ist
das für ein Schein . . . Die Feuerwehr? Nein, ein Auto . . .
Gute Autos hat jetzt Berlin, ich sag immer, ihr sollt euch
noch mal solche Autos in Paris suchen; die londoner taugen
auch nicht viel. Was juckt mich denn da immer? Herrgott,
jetzt wollt ich heute abend baden und habs vergessen . . .
Na, morgen. Nein – morgen hab ich wieder keine Zeit – na,
also morgen abend. Wir gehn ja nicht auf Brautschau.
45 000 in zwei Jahren zu 18 % macht . . . 18 % – die Leute
sind ja wahnsinnig . . . Jetzt weiß ich das Wort ›Amorph‹ –
den ganzen Tag ist mirs nicht eingefallen. ›Amorph‹ – Lucie
wollts für ihr Kreuzworträtsel wissen, im Geschäft ists mir
den ganzen Morgen durch den Kopf gegangen – komisch,
was einem so manchmal durch den Kopf geht . . . Freutel
sollte mir doch die Bilanz von Esmarch & Ehrmann vorle-
gen – wieder hat ers vergessen – man müßt 'n Notizblock
am Bett haben – morgen leg ich mir einen hin . . . Das Bein
juckt wie verrückt. Ist das noch mein Bauch –? Ich wer
dick. Wie ich noch die Sache mit Greten gehabt habe, da hat
sie mich immer im Bett gekitzelt und hat gesagt: ›Na, Dick-
chen? . . .?‹ Ja. – Schläfst du schon . . .? Immer schläft sie.
Nu, man is ja kein Kind mehr. Wo ist denn Wasser – ich wer
'n bißchen Wasser trinken. Beinah ist die Uhr runtergefal-
len. Was is morgen abend –? Morgen abend muß ich im
Büro bleiben und aufarbeiten, Dienstag. Mittwoch . . .
übermorgen gehn wir zu Regierers, Trude kommt mit, die
wollt Bescheid haben wegen der Perserbrücke – kriegt sie
sehr billig . . . Der Joe ist ein ganz ungezogener Bengel, wer
ich dem Vater mal bei Gelegenheit sagen, seh ich gar nicht

ein – Freitag ham wir Billetts für die Oper, nachher sind wir im Bristol – Sonnabend ist die Modevorführung, hat sie mich richtig breitgeschlagen, daß ich hingehe . . . Ich hab da nur Interesse an Mokka . . . Ausspannen sollt man. Aber da ist jetzt gar nich dran zu denken – vor Juli wirds nichts . . . vielleicht Bozen, Bozen ist mir sehr empfohlen worden . . . Vater wollt immer so gern nach Bozen . . . er is nie hinge-kommen . . . Wonach riecht denn das hier . . .? Ich hab doch Hanni gesagt, ich will das Parfüm hier nicht mehr ha-ben . . . Schreckliches Parfüm! Wenn ich nicht Mitleid mit Oskarn gehabt hätte, hätt ichs ihm gar nicht abgekauft. Der hats auch zu nichts gebracht im Leben. Man muß es zu was bringen. Ich hab . . . ich wer mal rechnen: hundertdrei-ßigtausend sind im Geschäft, viertausend sind da, dann die zwanzigtausend von Benno, das ist ja wie bar Geld . . . Fritz sagt, den ›Zauberberg‹ sollt ich mal lesen. Der hats gut. Ich komm kaum noch zum Lesen. Nich mal die Memoiren von Wagner, die ich zu Weihnachten bekommen habe, hab ich gelesen. Man kommt zu gar nichts mehr. Ich denk jetzt so oft an den Tod. Quatsch. Doch, ich denk oft an Tod. Das kommt von der Verdauung. Nein, das kommt nicht von der Verdauung. Man wird älter. Wie lange sind wir jetzt verhei-ratet . . .? Nu, für sie ist ja ausgesorgt, so weit bin ich schon, Gott sei Dank. Wenn ich tot bin, wern sie erst wissen, was sie an mir gehabt haben. Man wird viel zu wenig aner-kannt, im Leben. Hinterher ist zu spät. Hinterher wern sie weinen. Damals, bei dem alten Leppschitzer warn ja enorm viel Leute. So viel kommen bei mir mindestens auch . . . Jetzt kommt das Dienstmächen erst nach Hause –! Die Tür könnt sie auch leiser zumachen . . . Was macht nu son Mäd-chen abends? Geht zu Freundinnen . . . Na, Emma hat ja 'n Bräutjam. Eigentlich 'n ganz hübsches Mädchen! Vorn noch alles da – Lieg doch still! Was denken nu sone Leute über unsereinen? Schimpfen sicher mächtig auf die Herrschaft, wenn sie abends zusammensitzen. Wie ich Lehrling war, gabs sone Bolschewistensachen nicht. Wir mußten schuften . . . hähä – wenn ich noch dran denke, wie wir dem alten Buchowetzki die Papierschere auf den Tisch geklebt haben . . . Und er zog und zog und kriegte sie nicht hoch – hähä! Aber wenn ich tot bin, wern sie weinen. Stresemann hat ne glänzende Rede gehalten, neulich auf der Wirtschaftstagung – kann man sagen, was man will. Das Brom hilft auch nicht mehr – vielleicht hab ichs zu früh genommen. Was –? Nichts. Das war nichts. Das war bloß eine Sprungfeder, unten an der Matratze . . .

Schrecklich, wenn man nicht einschlafen kann. Wenn man nicht einschlafen kann, ist man ganz allein. Ich bin nicht gern allein. Ich muß Leute um mich haben, Bewegung, Familie, Arbeit . . . Wenn ich mit mir allein bin: wenn ich mit mir allein bin, dann ist da gar keiner. Und dann bin ich ganz allein. Hinten juckts mich. Ich kenn das. Jetzt wer ich gleich einschlafen . . . Na, denn gut'n –«

HANS SCHIEBELHUTH

Der große Schlafdieb

Der große Schlafdieb war ein Mann von Ruf,
Der, seiner Zeit ein Riesenstück voran,
Eh die moderne Technik noch begann,
Vielforschend, vielentdeckend, Dinge schuf
Und umzugehn verstand mit ihnen,
Denn er ersann
Die ersten Schlafluft-Saugmaschinen,
Genannt Morpheo-klepto-automate,
Auch Somnex-Aërruptostate.
Ins Uvadoro bracht' er ein Gerätchen,
An Umfang klein, ein Apparätchen,

Nach Leistung aber ungemein:
Dies Ding aus Schräubchen, Spulchen, Drähtchen
Sog Schlummer aus der Umluft ein.
Er hatte dieses feine Instrument
Aufs Tüttelchen durchdacht, selbstkonstruiert,
Bereits an vielen Orten ausprobiert.
Als Triebkraft nutzte er ein Element,
Das Melaradium, das er selbst entdeckte,
Wo es in Lavalagerungen steckte
Mitsamt dem Erdharz, das es isoliert.
Ein Milligramm genügte zur Battrie;
Der Rest war Technik, Apparat, Maschinerie,
Sein Forschergeist erschürft' das Wie.
Ihm war von vornherein zum Ziel
Bekannt, daß viel,
Ja, oft das Schönste auf der Welt,
Zum Beispiel Glück, Begabung, Liebe
Und auch der Schlaf vom Himmel fällt;
Und drum war das Funktionsgetriebe
Auf dieses Faktum eingestellt.
Das Melaradium (fand er) wirkt
In einem Umkreis wohlbezirkt:
4,8 km plus x, die Radius-Zahlen . . .
Es strahlt (fand er) mit schwarzen Strahlen,
An die, nach nekrophysischem Gesetz,
Wie Tropfen Tau ins Spinnennetz,
Der Schlaf sich hängt,
Wenn er sich niedersenkt,
Vorzüglich aber Dickschlaf kleiner Städte.
Die Strahlen (fand er) sind wie Leitungsdrähte,
An denen Wassertropfen laufen,
Geschickt gelenkt . . .
Die Strahlen (fand er) zapfen, saugen, saufen
Die Schlafsubstanz . . . Man leitet zur Battrie,

Dort (fand er) fängt
Und kondenziert man sie.
Den Rest könnt' heut ein Physikprofessor
Durchschnittlichen Formats
Hinzutun, der Erfinder also tats:
Er schuf die Isolierung drum herum
Und tüftelt ein Klein-Brimborium
Zusammen aus Verdünster und Kompressor,
Suktor und Duktor, Filter, Manometer,
Nebst Schaltwerk, Stoppuhr und Katheter
Und einer Mikrodrehturbine
Und tat dazu noch als Gehängsel
Ne Mini-Abfüll- und Verkorkmaschine;
Das Ganze schloß er an an die Battrie,
Und, richtig ordnend das Gemengsel
Von Sachen zur bezweckten Harmonie,
Betrieb durch jene Kraft er sie.
Am End lief eingedickter Schlaf in Fläschchen,
Die packten sich in Ledertäschchen
Ganz automatisch, nichtens durch Magie,
Und dies Maschinchen Schlafentzieh
(Technische Spitzenleistung! Hochzupreisen!
Ja, quasi »made in Germany!«)
War Kleinformat und recht bequem auf Reisen:
Man schaltete bloß ein: Tick-klick!
Da lief das Werk und tat den Trick.
Der große Schlafdieb ließ in einer Nacht –
Die sechste nach der Ankunft war es –
Zwischen halb acht
Und zwölf von seinem Zimmer aus
(Während er selbst ein offenbares
Lächeln im Antlitz, kühl und überlegen,
Unten im Haus
Gesellschaft gab) das Somnex spielen.

Ha! Wie da jedes Strählchen sog und soff
Den honigsüßen Schlummersegen,
Der sänftiglich herniedertroff!
Die Kraft drang aus, die Strahlen fielen
Über die ganze Stadt, sich spannend
Ein unsichtbares dichtes Netz,
Die letzte Müdigkeit verbannend.
Das Nest war wach und jäh erwacht,
Denn wer schon schlief, fuhr auf, gepeinigt,
Die Atmosphäre war vom Schlaf gereinigt,
Disdormisiert und antikomatos
Und aphlegmatisch. Das war eine Hetz!
Ja, und die Hetz war groß!
Die Leute lachten, pfiffen, sangen,
Plötzlich vergnügt, man fühlte sich so frisch
Und muntrer als die lieben Fisch
Im Wasser, und die Gläser klangen,
Und Rufe hört man überall:
»Hui! Bald ist Karneval!
Hopp! Diesjahr gibts e Fastnacht wie noch nie!«
Und schon erschienen an den Straßenecken
Und auf den monderhellten Plätzen
Die Musikanten mit den Dudelsäcken,
Drehorgeln, Mandolinen, Klampfen, Geigen
Und spielten alle *einen* tollen Reigen
Nach *einer* Melodie; und dazu walzten
Die Bürgermänner und die Fraun,
Die Magd mit ihren Herzensschätzen,
Die Wackelgreis auf Traun und Schaun;
So war man von der Melodie gepackt!
Und die nicht walzten, nun die schnalzten,
Gröhlten und klatschten mit den Händen Takt.
Ein Taumel wards und ein Gedräng,
Den Magern ward es heiß, die Dicken schwitzten,

Und als die Herzen sich erhitzten,
Da ward auch manches Mieder eng
Und manches Mannes Kragen schnürte.
Hei, wie die Schrammelmelodie verführte!
Man hatte nicht mal Zeit, sich zu erfrischen,
Die Kinder wußten zu entwischen,
Man tobte, tollte, tanzte weiterweiter,
Und da bekanntlich jederzeit
Nichts stärker ansteckt als die Heiterkeit,
War bald das ganze Städtchen hell und heiter.
Um zwölf war Schluß,
Man ging nach Haus
Und schmunzelte im Nachgenuß
Und schlief sich, dankbar für das Heute,
Wobei man sich auch schon aufs Morgen freute,
Und sehr geruhig aus.
Und da sich dies mit Faschingsanfang traf,
Dacht' freilich niemand an gestohlnen Schlaf.

THEODOR W. ADORNO

Nur ein Viertelstündchen

Schlaflose Nacht: dafür gibt es eine Formel, qualvolle Stunden, ohne Aussicht auf Ende und Dämmerung hingedehnt in der vergeblichen Anstrengung, die leere Dauer zu vergessen. Entsetzen aber bereiten schlaflose Nächte, in denen die Zeit sich zusammenzieht und fruchtlos durch die Hände rinnt. Einer löscht das Licht aus in der Hoffnung auf lange Stunden der Ruhe, die ihm helfen möchten. Aber während er nicht die Gedanken beschwichtigen kann, vergeudet sich ihm der heilsame Vorrat der Nacht, und bis er fähig wäre, unter den brennend geschlossenen Augen nichts mehr zu sehen, weiß er, daß es zu spät ist, daß ihn bald der Morgen

Die letzte Nacht!

aufschrecken wird. Ähnlich mag dem zum Tode Verurteilten die letzte Frist unaufhaltsam, ungenützt verstreichen. Was aber in solcher Kontraktion der Stunden sich offenbart, ist das Gegenbild der erfüllten Zeit. Wenn in dieser die Macht der Erfahrung den Bann der Dauer bricht und Vergangenes und Zukünftiges in die Gegenwart versammelt, so stiftet Dauer in der hastig schlaflosen Nacht unerträgliches Grauen. Das Menschenleben wird zum Augenblick, nicht indem es Dauer aufhebt, sondern indem es zum Nichts verfällt, zu seiner Vergeblichkeit erwacht im Angesicht der schlechten Unendlichkeit von Zeit selber. Im überlauten Ticken der Uhr vernimmt man den Hohn der Lichtjahre auf die Spanne des eigenen Daseins. Die Stunden, die als Sekunden schon vorbei sind, ehe der innere Sinn sie aufgefaßt hat, und ihn fortreißen in ihrem Sturz, melden ihm, wie er samt allem Gedächtnis dem Vergessen geweiht ist in der kosmischen Nacht. Dessen werden die Menschen heute zwangshaft gewahr. Im Stande der vollendeten Ohnmacht scheint dem Individuum, was ihm noch zu leben gelassen ward, als kurze Galgenfrist. Es erwartet nicht, sein Leben aus sich zu Ende zu leben. Die Aussicht auf gewaltsamen Tod und Marter, einem jeden präsent, setzt sich fort in der Angst, daß die Tage gezählt sind, die Länge des eigenen Lebens unter der Statistik steht; daß Altwerden gleichsam zum unlauteren Vorteil ward, der dem Durchschnitt abgelistet werden muß. Vielleicht ist die von der Gesellschaft widerruflich zur Verfügung gestellte Lebensquote bereits aufgebraucht. Solche Angst registriert der Körper in der Flucht der Stunden. Die Zeit fliegt.

. . . und wie man ihnen entgeht

Die Kunst, einzuschlafen

Nicht Einschlafen, sondern Wiedereinschlafen ist schwer. Nach dem ersten schlummernden Ermatten fährt der obige Staatmann wieder auf, und irgendeine Finanz-Idee, die ihm zufliegt, hält er, sich abarbeitend, fest, wie der Habicht eine in der Nacht erpackte Taube bis an den Morgen in den Fängen aufbewahrt; dasselbe gilt ganz vom Bücherschreiber, dessen Innres im Bette, wie nachts ein Fischmarkt in Seestädten, von Schuppen phosphoresziert und nachglänzt, bis es so licht in ihm wird, daß er alle Gegenstände in seinen Gehirnkammern unterscheiden kann und an seinem Tagwerke wieder zu schreiben anfängt unter der Bettdecke. Dies ist ungemein verdrießlich, besonders wenn man keine Mittel dagegen weiß.

Ich weiß und gebe sie aber; sämtlich laufen sie in der Kunst zusammen, sich selber Langweile zu machen, eine Kunst, die bei gedachten logischen Köpfen auf die unlogische Kunst, nicht zu denken, hinauskommt. [. . .]

Allein nicht jeder hat abends das Glück, hohl zu sein und also, da die Leerheit des Magens nicht halb so sehr als die des Kopfes das Einschlafen begünstigt, letztes zu erringen. Es müssen folglich brauchbarere Anleitungen, den Kopf wie einen Barometer luftleer zu machen, damit darin das zarte elektrische Licht der Träume in seinem Äther schimmere, von mir angegeben werden.

Wenn alle Einschlafmittel, nach den vorigen Absätzen, d. h. Grundsätzen, in solchen bestehen müssen, die den Geist vom Gehirne scheiden und dieses seiner eignen Schwere überlassen: so muß man, da doch die wenigsten Menschen verstehen, nicht zu denken, solche Mittel wählen, die zwar etwas, aber immer dasselbe Etwas zu denken zwingen. [. . .]

1) Das erste Mittel, das schon Leibniz als ein gutes vorschlug, ist *Zählen*. Denn die ganze Philosophie, ja die Mathematik hat keine abstrakte Größe, die uns so wenig interessiert als die Zahl; – [. . .] nur aber kann man einem Einschläfer nicht genug einschärfen, das Zählen äußerst langsam und schläfrig zu verrichten. Indes diese Beobachtung höchstmöglicher Faultierlangsamkeit ist wohl Kardinalregel aller Einschläfermittel überhaupt.

2) Töne, sagt Bako, schläfern mehr ein als ungegliederte Schälle. Auch Töne zählen und werden gezählt. Da aber hier nicht von fremden, sondern von Selbentladungen – das Einschläfern ist der einzige schöne Selbermord – die Rede ist: so gehören nur Töne her, die man in sich selber hört und macht. Es gibt kein süßres Wiegenlied als dieses innere Hören des Hörens. Wer nicht musikalisch phantasieren kann, der höre sich wenigstens irgendein Lieblingslied oder eine Trauermusik in seinem Kopfe ab; der Schlaf wird kommen und vielleicht den Traum mitbringen, dessen Saiten in keiner Luft mehr zittern, sondern im Äther.

3) Vom zweiten Mittel ist das dritte nicht sehr verschieden, sich nämlich in gleichem Silben-Dreschen leere Schilderungen langsam innen vorzusagen, wie ich z. B. mir: wenn die Wolken fliegen, wenn die Nebel fliehen, wenn die Bäume blühen etc. Darauf lass' ich aufs *Wenn* kein *So* folgen, sondern nichts, nämlich Entschlafen; denn die kleinste Rücksicht auf Sinn oder Zusammenhang oder Silbenzahl würde, wie ein Nachtwächter-Gesang, alles wieder einreißen, was das poetische Selberwiegenlied aufgebaut. Da aber nicht jeder Talent zum Dichten hat – zumal so spät im Bette –: so kommen ja dem Nicht-Dichter zu Tausenden Bett-Lieder mit diesem poetischen faulen Trommelbaß entgegen, wovon er nur eines auswendig zu lernen braucht, um für alle Nächte damit sein Glück zu machen. [. . .]

4) Ein gutes Mittel, einzuschlafen nicht sowohl als wie-

der einzuschlafen, ist, falls man aus einem Traum erwacht, sich in diesen mit den schläfrigen Augen, indem man ihm unaufhörlich nachschaut, wieder einzusenken; bald wird die Welle eines neuen Traumes wieder anfallen und dich in ihr Meer fortspülen und eintauchen. Der Traum sucht den Traum. Im großen Schatten der Nacht spielt jeder Schatten mit uns Sterblichen und hält uns für seinesgleichen.

5) Hefte dein inneres Nachtauge *lange* auf einen optischen Gegenstand, z. B. auf eine Morgenaue, auf einen Berggipfel, es wird sich schließen. Überhaupt sind Landschaften – weil sie unserm innern Menschen, der mehr Augen hat als Ohren, leicht zu erschaffen werden, und weil sie uns in keine mit Menschen bevölkerte und erweckende Zukunft ziehen – die beste Schaukel und Wiege des unruhigen Geistes.

6) Das sechste Mittel half mir mehre Nachmitternächte durch, aber es fodert Übung; man schaut nämlich bloß unverrückt in den leeren schwarzen Raum hinein, der sich vor den *zugeschloßnen* Augen ausstreckt. Nach einigen Minuten, wenn nicht Sekunden, wird sich das Schwarze färben und erleuchten und so den Chaos-Stoff zu den bunten Traum- oder Empfindbildern liefern, welche in den Schlaf hinüberführen.

7) Wer seine Augen schließen will, mache an seinem innern Januskopfe zuerst das Paar, das nach der *Zukunft* blicket, zu; das zweite, nach der *Vorzeit* gerichtet, lasse er immer offen. Am Tage *vor* einer Reise oder Hauptat schläft man so schwer als am Tage *nachher* so leicht; die Zukunft ergreift uns (so wie den Traum) mehr als die Gegenwart und Vergangenheit. [. . .]

Euere Vergangenheit könnt ihr daher – zu große Tiefen und Höhen darin ausgenommen – mit Vorteil vor dem Einschlafen durchlaufen; aber nicht an den kleinsten Plan und Brief und Aufsatz des nächsten Morgens denken.

8) Für manche geübte gewandte Geister im Kopfe mag das wildeste Springen von Gegen- zu Gegenstand – aber ohne Vergleichungzweck –, mit welchem der Verfasser sich sonst einschläferte, von einiger Brauchbarkeit sein. Eigentlich ist dieses Springenlassen nichts anders, wenn es gut sein will, als das obige Gehenlassen des Gehirns; der Geist läßt das Organ auszucken in Bildern.

9) Seelenlehrer und deren Seelenschüler schläfern sich ein – falls sie wollen – wenn sie geradezu jede Gedankenreihe ganz vorn abbrechen, die neue wieder und so fort, indem sie sich fragen bei jedem Mächtigen, was sie ausdenken und vollenden möchten: »Kann ich denn nicht morgen eine Stunde länger wach liegen und meine Kopfarbeit auf dem Kopfkissen verrichten? Und warum denn nicht?« – Wer aber so wenig Denkkraft hat, daß er sie damit nicht einmal hemmen kann, wo er will, der höre hier wieder ein Ausmittel; nämlich er horche sich innen zu, wie ihm *ohne sein Schaffen* ein Substantivum nach dem andern zutönt und zufliegt, z. B. mir gestern: »Kaiser – Rotmantel – Purpurschnecke – Stadtrecht – Donnersteine – Hunde – Blutscheu – atque – panis – piscis – crinis – Karol magnus – Partebona – et so weiter.«

10) Niemand merkte noch scharf genug darauf, daß er zwei der besten Säemaschinen der Schlummerkörner an seinem eignen Kopfe herumtrage, nämlich seine beiden Gehörgänge, nach außenhin Ohren genannt. Höchstens nahm vielleicht einer und der andere wahr, daß ihm Einschläferndes zufließe durch die Gehörgänge in Hofkirchen, in Redesälen akademischer Mitglieder, in Freimäurerlogen und in Theaterlogen, wiewohl er am hellen Tage wenig Gebrauch davon zu machen wußte; aber ich darf wohl mich als den Erfinder ansehen, welcher die eignen Gehörwerkzeuge, auch ohne alle Unterstützung fremder Sprachwerkzeuge und folglich in der Einsamkeit der Nacht und der Bettstelle,

als die besten Schlaftrunkzubringer zuerst beobachtet hat. Wie nämlich Mäzen sich durch Wasserfälle einschläferte, oder wie in den achtziger Jahren der Wunderdoktor Schlippach in der Schweiz ein besonderes Schlafzimmer hatte, worin alle Kranke entschliefen an den um dasselbe niederrauschenden Strömen: so tragen wir alle ja ähnliche Wasserfälle in uns, ich meine die Pulsadern-Springbrunnen und Blutadern-Wasserfälle, welche unaufhörlich dicht neben unsern Ohrnerven rauschen, und die jeder – sogar am Tage mit einiger Aufmerksamkeit nach Innen, aber noch lauter in der Nacht auf dem Kopfkissen – vernehmen kann. Nun auf dieses innere Rauschen richte ein Beflißner des Wiedereinschlafens recht bestimmt sein Seelenohr; – und er wird mir danken, wenn er erwacht, und es rühmen, daß er durch mich früher eingeschlafen. Noch trefflicher wirkt dieses zehnte Mittel ein, wenn man ihm noch das sechste als ein adjuvans beimischt, was ich in meiner nächtlichen Praxis selten vergesse.

11) Das eilfte Einschlafmittel ist irgendeine Historie, die man sich metrisch in den freiesten Silbenmaßen vorerzählt. Gewöhnlich nehm' ich des biblischen Josephs Geschichte dazu und halte damit gut sieben, ja bis zwölf Nächte Haus; ich weiß jedoch jedesmal – was mich wundert, ich mir aber nächstens völlig erklären werde –, wo ich im Erzählen stehen geblieben. [. . .]

12) Kein gemeines Einschlafmittel – sondern vielmehr ein neues und das zwölfte – ist *Buchstabieren* unendlich langgestreckter Wörter, wie sie die Kanzleien des Reichstags, des Bundtags, die wienerischen sämtlich, ja die meisten deutschen als höhere bureaux des longitudes uns hinlänglich zulangen und schenken. [. . .]

13) Das dreizehnte Seelen- und Bett-Laudanum kann jeder gebrauchen, er habe so viele Ideen, als er will, oder so wenige oder gar keine. Ich schäme mich, es aber anzuge-

ben, da es in nichts Geistigerem besteht als darin, daß man die fünf Finger, einen nach dem andern, langsam auf oder unter dem Deckbette auf- und niederbewegt und fortfährt und daran so lange denkt, bis man, ohne daran zu denken, an kein Aufheben oder Achtgeben mehr denkt, sondern schnarcht. Es ist erbärmlich, daß unser Geist so oft der Mitbelehnte des Leibes ist und besonders hier das Faustrecht der toten Hand und deren Fingersetzung hat, und daß sein geistiger oder geistlicher Arm in der Armröhre des weltlichen steckt. Schlafdurstige, also Schlaftrunkene, z. B. Soldaten, Postillione, schlummern im Reiten und Marschieren halb ein, bloß weil gleiche Bewegungen des Körpers dieselben langweilig-geistigen, die das Gehirn wenig mehr reizen, in sich schließen. Läßt man aber den schlafenden Postillion die Pferde abspannen, einziehen, abschirren und füttern: so wird und bleibt der Mann ganz wach; bloß weil seine (körperlichen und geistigen) Bewegungen jetzt immer etwas anderes anzufangen und abzusetzen haben. Der Grund ist: die Einförmigkeit fehlt. Wenn man in Tangotaboo (nach Forster) die Großen dadurch einschläfert, daß man lange und linde auf ihrem Leibe trommelt: so ist der Grund gar nicht von diesem vorletzten Mittel verschieden. Denn das

14) ist das letzte. Da die Kunst, einzuschlafen, nichts ist als die Kunst, sich selber auf die angenehmste Weise Langeweile zu machen – denn im Bette oder Leibe findet man doch keinen andern Gesellschafter als sich –, so taugt alles dazu, was nicht aufhört und ohne Absätze wiederkehrt. Der eine stellt sich auf einen Stern und wirft aus einem Korbe voll Blumen eine nach der andern in den Weltabgrund, um ihn (hofft er) zu füllen; er entschläft aber vorher. Ein anderer stellt sich an eine Kirchentüre und zählt und sieht die Menge ohne Ende, die herauszieht. Ein dritter, z. B. ich selber, reitet um die Erde, eigentlich auf der Wolkenbergstraße des Dunstkreises, auf der wahren, um uns hän-

genden Bergkette von Riesengebirgen, und reitet (indem er unaufhörlich selber das Roß bewegt) von Wolke zu Wolke und zu Pol-Scheinen und Nebelfeldern, und dann schwimmt er durch langes Blau und durch Äquator-Güsse, und endlich sprengt er zum andern Pole wieder zu uns herauf. – Ein vierter Schlaflustiger setzt irgendeinen Genius bis an den halben Leib in eine lichte Wolke und will ihn mit Rosen rund umlegen und überdecken, die aber alle in die weiche Wolke untersinken; der Mann läßt indes nicht ab und umblümet weiter – in die Runde – und immer fort – und die Blumen weichen – und der Genius ragt – wahrhaftig ich schliefe hier, hielte mich nicht das Schreiben munter, unter demselben selber ein. So wird uns nun der Schlaf – dieses schöne Stilleben des Lebens – von allem zugeführt, was einförmig so fortgeht. So schlafen Menschen über dem Leben selber ein, wenn es kaum acht oder neun Jahrzehende gedauert hat. So könnte sogar dieser muntere Aufsatz den Lesern die Kunst, einzuschlafen, mitteilen, wenn er ganz und gar nicht aufhörte.

CHRISTIAN MORGENSTERN

Palmström schläft nach Norden

Palmström ist nervös geworden;
darum schläft er jetzt nach Norden.

Denn nach Osten, Westen, Süden
schlafen, heißt das Herz ermüden.

(Wenn man nämlich in Europen
lebt, nicht südlich in den Tropen.)

Solches steht bei zwei Gelehrten,
die auch Dickens schon bekehrten –

und erklärt sich aus dem steten
Magnetismus des Planeten.

Palmström also heilt sich örtlich,
nimmt sein Bett und stellt es nördlich.

Und im Traum, in einigen Fällen,
hört er den Polarfuchs bellen.

ROBERT WALSER

Man strenge sich nicht an

Verflossene Nacht benahm ich mich tadellos. Ich vermochte lange nicht einzuschlafen, das heißt die Augen fielen mir wohl immer zu, aber ich fand den Schlaf dennoch nicht. Ich lag ganz still da, fast wie eine Art Prinz in einem Kinostück, als umstehe mich eine Leibwache, die natürlich stets auf nichts so schaut wie auf den Anstand. Um wirklich einschlafen zu können, bemühte ich mich immer wieder, die Augen ganz groß zu öffnen. Auf einmal schlief ich fest. Um also einschlafen zu können, strenge man sich an, wach zu sein. Man strenge sich nicht an zu schlafen. Um lieben zu können, strenge man sich an, nicht zu lieben. Auf einmal liebt man dann. Um die Ehrfurcht zu finden, sei man eine Zeitlang unehrerbietig, hierauf stellt sich das Bedürfnis ein zu ehren. Ich gebe Ihnen die vorzüglichen Ratschläge absolut kostenlos. Versuchen Sie, sie zu befolgen, nicht um der Folgsamkeit, sondern um Ihres Vergnügens und um Ihres Vorteils willen.

TANIA BLIXEN

Tiefe Brunnen

Wenn du abends einschlafen willst, Lincoln, mußt du nicht, wie man immer gesagt bekommt, an einen langen Zug Schafe oder Kamele denken, die sich durch ein Gatter drängen, denn sie wandern alle in einer Richtung, und deine Gedanken wandern mit ihnen. Du denkst besser an einen tiefen Brunnenschacht. In der Tiefe dieses Schachts entspringt ein Wasserstrahl und verteilt sich in kleinen Rinnsalen nach allen Seiten wie die Strahlen eines Sterns. Wenn du deine Gedanken dahin bringst, daß sie mit dem Wasser strömen, nicht in einer Richtung, sondern gleichzeitig nach allen Seiten, dann schläfst du ein.

OTTO FRIEDRICH BOLLNOW

Hoffnungsvolles Vertrauen

Einschlafen aber ist ein Sich-fallen-lassen, Sich-preisgeben an den über einen kommenden Schlaf. Wir »fallen« im wörtlichen Sinn in den Schlaf. »Der Boden weicht, die Welt schwindet, und der Einschlafende gleitet zurück in die Bewußtlosigkeit«. Um sich aber so fallen zu lassen, dazu ist ein Vertrauen notwendig, ein Vertrauen zur Zukunft, ein Vertrauen, so hörten wir schon, daß alles gut werden wird. »Nun schlafe getrost«, heißt es darum auch in einem der schönsten Gedichte Bergengruens, denn nur der Getroste ist überhaupt des echten Schlafs fähig. Die getrost der Zukunft entgegensehende Hoffnung, so können wir zusammenfassen, und zwar nicht die einzelne bestimmte Hoffnung, sondern das allgemeine hoffnungsvolle Vertrauen zur Zukunft ist darum die notwendige Voraussetzung des Schlafs.

Liebe dein Bett wie dich selbst

Vom Sinn der Schlafmütze

Die Schriftsteller werden mich viel leichter als alle anderen verstehen, denn es gibt wohl wenige, denen nicht etwas Ähnliches begegnet ist.

Man liegt schön warm zugedeckt, lang ausgestreckt und mit einer Nachtmütze auf dem Kopf im Bett. Da beginnen die Gedanken um die gerade entstehende Arbeit zu kreisen, die Phantasie erhitzt sich, die Ideen sprudeln hervor, die Ausdrücke folgen ihnen auf dem Fuß, und da man zum Schreiben aufstehen muß, zieht man sich an, nimmt seine Nachtmütze vom Kopf und setzt sich an den Schreibtisch.

Dort angekommen, ist man ganz plötzlich nicht mehr derselbe, die Phantasie hat sich wieder abgekühlt, der Gedankenfaden ist gerissen, die Ausdrücke fehlen. Nun heißt es mühsam zusammensuchen, was einem vorher zugeflogen war, und häufig ist man gezwungen, die Arbeit auf einen glücklicheren Tag zu verschieben.

All das läßt sich leicht durch die Wirkung der veränderten Lage und der Wärme auf das Gehirn erklären, auch hier macht sich der Einfluß des Physischen auf den Geist bemerkbar.

Die Ergründung dieser Beobachtung hat mich vielleicht etwas weit von meinem Thema abgebracht, ich bin aber auf den Gedanken gekommen, das Feuer der Orientalen könne teilweise auf den Umstand zurückzuführen sein, daß sie nach den Geboten Mohammeds stets eine warme Kopfbedeckung tragen müssen, und alle Stifter von Mönchsorden hätten nur deshalb die Anordnung getroffen, diesen Teil des Körpers unbedeckt zu lassen und zu rasieren, um die gegenteilige Wirkung zu erzielen.

Das Schlafkissen

Das Schlafkissen ist der Richterstuhl des Gewissens, und daher muß man, um gut zu schlafen, gut mit dem Schlafkissen stehen. Was könnten uns Schlafkissen der Könige, Minister und Maitressen nicht alles sagen, da sie die Wahrheit bis in die Träume hinein verfolgen? Die Nacht deckt die Erde, um uns den Himmel oder die Hölle zu öffnen, ihr Schweigen ist die Freundin der Betrachtung, und sie verbreitet mehr Glückseligkeit über die Sterblichen als der Tag; Leidenschaften und Arbeit ruhen, der Leidende und Unglückliche verschlummert seinen Jammer, und der Glückliche ist doppelt glücklich im Traume. Das Bett ist zwar eine Säugamme vieler Krankheiten, aber sind wir nicht auch wieder am glücklichsten im Bette? Eine gerade, horizontale Lage ist das beste Mittel gegen Schmerz, wenigstens gegen Kopfweh, und wenn gewisse Menschen Tag und Nacht auf dem Bette herumlümmeln können, so ist es für andere vielleicht besser, als wenn sie auf den Beinen wären. Manche können nicht anders liegen als überzwerch, was wenigstens für Ehemänner nichts taugt, und wieder Andere liegen so gekrümmt, daß sie beinahe die Nase zwischen den Füßen haben, wie Hunde und Dachse.

Das Kopfkissen ist nicht bloß der Beichtstuhl des Gewissens, sondern auch das beste Rathhaus für künftige Entschlüsse, und der beste Referent der Vorfälle des verflossenen Tages mit allen Zweifels- und Entscheidungsgründen, die in petto geblieben sind bei Tage. Es gibt eine Menge Leute, die sich auch zu nichts entschließen können, bis sie die Sache beschlafen haben, was manchmal gut sein kann, weit öfter aber auch nicht; im Hause gehts noch, aber wenn man im Felde steht, wagt man, sammt dem Feldbette gefangen zu werden. Eigentlich gilt auch das Wort vom Wachen im Bette, und hier sind gewöhnlich diejenigen die Stärkern, die im Beschlafen die schwächsten sind. Gott bewahre jeden Verliebten vor den Veglie di Tasso!

Schläfer können nirgends besser schlafen als in England, denn nirgends trifft man bessere Betten (versteht sich die der englischen Paketboote ausgenommen, so theuer sie auch Monsieur le Capitaine zahlen läßt), und nirgends raffinirt man mehr über diese Comforts, und mit Recht; denn selbst ordentliche Menschen leben doch wenigstens ein Drittel ihres Lebens im Bette, Lüstlinge zwei Drittel, wie auch viele Damen (solche versprechen gerade eine recht ruhige Ehe, die mehr schlafen als wachen), und der Faule möchte ohnehin sein ganzes Leben im Bette zubringen und wird sogar beim Worte Bette witzig, »wer lange schläft, lebt lange«, und dick und fett wie der Bär, der auch das Schlafen liebt. Wir haben daher Unrecht, daß wir weniger Sorgfalt auf unsere Schlafzimmer verwenden, als auf unsere Wohnzimmer, und ich glaube das Geschichtchen zu London, daß ein alter Admiral, den eine berühmte Hetäre einstweilen in ihr Schlafzimmer gehen hieß, in dem herrlichen Bette, wie er in der ganzen Marine keines gesehen hatte, so fest einschlief, daß sie ihn Morgens wecken mußte; er zahlte für voll und ging. Das weichste Lager finden die Britten auf geschabtem Fischbein.

Das harte Bett des Kapuziners, das auch Seneca hatte, wo man beim Aufstehen gar nicht sieht, daß Jemand darauf gelegen ist, eine Matratze von Stroh oder Moos, oder König Josephs Hirschhaut sind gesünder als das Eiderdunenbett, in das man versinkt. Auf unsern Dörfern ist eine Bettdecke, aus deren Federninhalt man füglich ein ganzes halbes Dutzend Decken machen könnte, Staat, und wie gemacht für die, die gerne sitzend schlafen und gerne schwitzen; eine recht artige Hausfrau kommt auch noch mit dem Bettwärmer – mir ein Gräuel, als ob ich in den pontinischen Sümpfen schlafen müßte oder auf dem Marsche nach Moskau mit Napoleon; dafür sind jedoch Dorfbetten länger und breiter als in Städten die Cölibatsbettchen, und da auf Dörfern oft viele Betten in *einem* Zimmer sind, so kann man damit wechseln wie mit Reitpferden. Ob die Hangbetten nicht einzuführen wären, wenigstens in den Hundstagen? Auf der See und in Westindien hat man keine andern; ihre schaukelnde Bewegung ist angenehm und kühlend, und sichert gegen Wanzen und Flöhe, wie dort gegen Scorpionen und anderes Ungeziefer; aber vergessen darf man freilich nicht, so bald man zu zwei darinnen schlafen will, sie auch doppelt zu befestigen, wenn es nicht gehen soll, wie bei Capitän Trunnion. In meinen jungen Jahren schlief ich nirgendwo lieber als im Freien und im Schatten eines schönen Baumes, was man im friedlichen Vaterlande nur dann mit Gefahr thut, wenn man mit offenem Munde schläft; man hat Beispiele, daß Frösche, Eidechsen, Schlangen so gefährlich wurden, als in heißen Ländern die große Fledermaus Vampyr, dieser Blutaussauger.

Nie ist Einem behaglicher, als wenn man recht ausgeschlafen hat, während Störung oder das nicht eingehaltene Pensum von sieben bis acht Stunden (darüber ist vom Uebel) mürrisch macht, daher man auch langsam, einen Fuß nach dem andern, aufsteht, oder wie die Franzosen sagen, le cul le premier. An wie viel verkehrten Dingen ist nicht schon eine solche verkehrte Auferstehung Schuld gewesen?

KARL HEINRICH WAGGERL

Mein Bett

Mein Bett ist ein riesiges Gehäuse, ein Viermaster mit hohen Aufbauten an Bug und Heck, ein gutes Schiff auf dem dunklen Wasser des Schlafes, den bauchigen Karavellen vergleichbar, mit denen einst die spanischen Waghälse die Weltmeere befuhren.

Ich habe dieses Bett von meiner Tante geerbt, sie war Bräuwirtin im oberen Pinzgau. [. . .]

Es war köstlich, in diesem Bett zu schlafen. Ich hörte den lautem Atem der Tante, bisweilen schnarchte sie gewaltig, erwachte davon und schalt sich selber aus. Alle Fenster standen weit offen, man sah den Kirchturm schwarz im schwarzen Himmel stehen und die Sterne um ihn her. Jedes Geräusch war gleichsam von Stille umgeben und überaus deutlich, ein Gaul schnaubte drüben in den Ställen, eine Kuh rasselte mit der Kette, wenn sie sich niedertat. Einmal belauschte ich lang einen Dieb, der unten an den Fenstern herumtappte, ob er eines offen fände. Aber die Tante verbot mir, Lärm zu schlagen. Wenn da einer stehlen wolle, sagte sie, sei es seine Sache, Gott werde ihn wohl dafür zu strafen wissen. Es war ja auch gar kein Dieb gewesen, sondern der Jungknecht, aber die Tante wollte mir nicht erklären, warum der durch ein Fenster statt durch die Tür nach Hause kam.

Mitunter zog des Nachts ein Unwetter auf. Der Regen rauschte mächtig in den Bäumen, das Licht der Blitze fuhr herein und der Donner hinterher, als bräche das Haus zusammen. Die Tante rief dann der Reihe nach alle Heiligen an, und ich antwortete ihr mit einem Ora pro nobis, aber mir war gar nicht bang, ich fühlte mich unsäglich wohlgeborgen. Konnte ein Blitz durch zwei Ellen Federn schlagen?

Nichts von Ungewitter unter meiner Decke. Ich ließ meine Hand auf zwei Fingern umherwandern, in einer weitläufigen Landschaft, mein Bauch war ein sanfter Hügel, die Beine zwei steile Berge, auf denen der Leintuchhimmel ruhte, und dann flog die Hand auf wie ein großer Vogel und schwebte über Schluchten und Tälern, sie hatte es gut in dieser warmen Gegend. [. . .]

Man hat mir erzählt, daß es vor undenklichen Zeiten einmal zwei Betten von gleichen Maßen gegeben habe. Als es mit dem alten Bräuwirt zu Ende ging, trug er seiner längst mannbaren Tochter auf, sich endlich zu verheiraten. Bierbrauen sei kein Weibergeschäft, sagte er, verdammt noch einmal. An Bewerbern war kein Mangel. Die Tante wählte schließlich einen Kerl aus der Nachbarschaft, jung und tüchtig, aber auch wieder nicht zu tüchtig, das Regiment wollte sie selber behalten. Es wurde eine fürstliche Hochzeit zugerichtet. In der Nacht vorher betrank sich der Bräutigam, was zu begreifen ist. Er war ja einem ausziehenden Krieger vergleichbar, den die Gefährten einem ganz ungewissen Schicksal überlassen mußten. Am Morgen in der Kirche war er nur noch so weit bei Trost, daß er mit Mühe ja und amen sagen konnte, und nachher setzte er sich gleich wieder zu den Seinen in die Bierstube. Vier Zechgenossen trugen ihn abends zur passenden Zeit in die Brautkammer und legten ihn in das Bett, nicht ohne der Braut im anderen Glück und Segen zu wünschen.

Das wenigstens hätten sie unterlassen sollen. Die Tante erhob sich und ließ sogleich einen Brückenwagen anspannen. Dann mußten die Knechte das Bett mit dem scheintoten Bräutigam hinunterschaffen und auf den Wagen heben. Sie selber schwang sich auf den Bock, um ihn über Land bis vor sein Vaterhaus zu fahren. Dort stellten ihn die Leute auf die Straße hin, die Tante schellte einmal am Tor und ließ die Gäule gelassen wieder heimwärts traben. Ihr Angetrauter kam nie wieder in das Bräuhaus zurück. Nicht einmal die Hunde hätten ihn noch kennen mögen.

Gott habe sie selig, sagte ich. Die Tante dachte an mich, als sie hinüberging, viel mehr als ihre Liegestatt hatte sie am Ende nicht zu vererben. Ich mußte mich inzwischen niedriger betten, aber meine Gäste genießen es immer noch, wenn ich sie, schwer vom Wein, über die kurze Treppe hinauf in das Traumschiff klettern lasse. Ganz zuletzt möchte ich wohl selber wieder darin liegen. Immer habe ich es schön und bedeutsam gefunden, daß gewisse alte Völker ihre Toten wie Schlafende zur Ruhe legten. Ich wünschte sehr, ich hätte jemand, der mich auf die gute Seite legt, wenn es soweit ist, der mir die gefalteten Hände unter die Wange schiebt und die Decke sorgsam heraufzieht, damit ich nicht frieren muß in der endlosen Nacht.

NORBERT ELIAS

Vom Schlafzimmer

Das Schlafzimmer ist zu einem der »privatesten« und »intimsten« Bezirke des menschlichen Lebens geworden. Wie die meisten körperlichen Verrichtungen hat sich auch das »Schlafen« mehr und mehr »hinter die Kulissen« des gesellschaftlichen Verkehrs verlagert. Die Kleinfamilie ist, als einzige legitime, gesellschaftlich-sanktionierte Enklave für diese, wie für viele andere Funktionen des Menschen übriggeblieben. Ihre sichtbaren und unsichtbaren Mauern entziehen das »Privateste«, »Intimste«, das ununterdrückbar »Tierische« im Dasein des einen Menschen den Blicken der anderen.

In der mittelalterlichen Gesellschaft war auch diese Funktion nicht in solcher Weise privatisiert und aus dem gesellschaftlichen Leben ausgesondert. Es war durchaus üblich in den Räumen, in denen Betten standen, Besuch zu empfangen, und die Betten selbst hatten daher je nach ihrer Ausstattung einen Prestigewert. Es war sehr gewöhnlich, daß viele Menschen in einem Raum übernachteten, in der Oberschicht der Herr mit seinem Diener, die Frau mit ihrer Magd oder ihren Mägden, in anderen Schichten häufig selbst Männer und Frauen in dem gleichen Raum, oft auch Gäste, die über Nacht blieben.

2. Wer nicht in den Kleidern schlief, zog sich völlig aus. Im allgemeinen schlief man in der Laiengesellschaft nackt, in den Mönchsorden je nach der Strenge der Regel völlig angezogen oder völlig ausgezogen. Die Regel des heiligen Benedikt – wenigstens z. T. schon aus dem 6. Jahrhundert – schrieb den Ordensmitgliedern vor, in ihren Kleidern zu schlafen und sogar den Gürtel anzubehalten. Die Regel der Cluniazenser erlaubte im 12. Jahrhundert, als der Orden wohlhabender, mächtiger und die asketischen Zwänge lockerer wurden, unbekleidetes Schlafen. Die Zisterzienser, in ihren Reformbestrebungen, kehrten wieder zu der alten benediktinischen Regel zurück. Von einer spezialisierten Nachtbekleidung ist in den Ordensregeln dieser Zeit nie die Rede, erst recht nicht in den Zeugnissen, den Epen oder Illustrationen, die uns die weltliche Gesellschaft hinterlassen hat. Das gilt auch für Frauen. Es war eher auffallend, wenn jemand sein Taghemd beim Schlafengehen anbehielt. Es erweckte den Verdacht, daß der oder die Betreffende mit einem körperlichen Schaden behaftet sei – aus welchem anderen Grunde sollte man seinen Körper verstecken ? –, und es hatte auch in der Tat meist einen Grund dieser Art. Wir hören z. B., wie im »Roman de la Violette« die Dienerin ihre Herrin erstaunt fragt, warum sie denn im Hemd zu Bett gehe, und wie diese ihr erklärt, sie tue es wegen eines Körpermals. [. . .]

3. Eine spezielle Nachtbekleidung kam ungefähr in der gleichen Zeit langsam in Gebrauch, wie Gabel oder

Schnupftuch; wie die anderen »Zivilisationsgeräte« machte auch dieses seinen Weg durch Europa ganz allmählich. Und wie jene ist es ein Symbol der entscheidenden Wandlung, die in dieser Zeit mit den Menschen vor sich ging. Die Sensibilität der Menschen gegenüber allem, was mit ihrem Körper in Berührung kam, wuchs. Das Schamgefühl haftete sich an Verhaltensweisen, die bisher nicht mit solchen Gefühlen belegt waren. Jener psychische Vorgang, der schon in der Bibel geschildert wird – »und sie sahen, daß sie nackend waren und schämten sich« –, ein Vorrücken der Schamgrenze, ein Schub von Triebverhaltung wiederholt sich, wie so oft im Laufe der Geschichte, auch hier. Die Unbefangenheit, mit der man sich nackt zeigt, schwindet ebenso, wie die Unbefangenheit, mit der man seine Bedürfnisse vor anderer Augen verrichtet. [. . .]

In der höfischen Gesellschaft Frankreichs, in der Aufstehen und Schlafengehen, zum mindesten der großen Herren und Damen, unmittelbar in das gesellschaftliche Leben eingebaut sind, wird auch das Nachthemd, wie jede andere im Verkehr der Menschen erscheinende Kleidung durchgeformt und repräsentativ ausgestaltet. Das ändert sich, je mehr, zugleich mit dem Aufstieg breiterer Schichten, das Aufstehen und Schlafengehen intimisiert, aus dem gesellschaftlichen Verkehr der Menschen ausgesondert und in das Innere der Kleinfamilie verlegt wird.

Die Nachkriegs-Generationen und dementsprechend auch Manierenbücher der Nachkriegszeit blicken mit einer gewissen Ironie – und oft nicht ohne einen leisen Schauder – auf diese Periode zurück, in der die Aussonderung solcher Verrichtungen, wie Schlafen, Ausziehen und Anziehen aus dem gesellschaftlichen Leben mit besonders großer Strenge durchgeführt wurde, und in der auch das bloße Sprechen von ihnen mit relativ schweren Verboten eingeengt war. [. . .]

Auch hier zeigt sich seit dem Kriege eine gewisse Gegenbewegung und Lockerung. Sie hängt offenbar mit der steigenden Mobilität der Gesellschaft zusammen, mit der Ausbreitung von Sport, Wandern, Reisen, auch mit der relativ frühen Aussonderung des jungen Menschen aus der Wohngemeinschaft der Familie. Der Übergang vom Nachthemd zum Schlafanzug, also zu einer »gesellschaftsfähigeren« Schlafbekleidung, ist ein Symptom dafür. Auch hier handelt es sich nicht um eine schlechthin rückläufige Bewegung, wie zuweilen angenommen wird, also um ein Zurückfluten des Scham- und Peinlichkeitsgefühls oder um eine Entfesselung und Entregelung des Trieblebens, sondern um die Herausbildung einer passenden Form, die zugleich unserem vorgerückten Schamstandard genügt, wie den spezifischen Situationen, in die das gesellschaftliche Leben der Gegenwart den Einzelnen hineinstellt. Das »Schlafen« ist nicht mehr ganz in dem gleichen Maße intimisiert und mit Mauern umgeben, wie in der vorangehenden Phase. Es gibt mehr Situationen, in denen der Mensch beim Schlafen, beim Ausziehen oder Anziehen dem Anblick anderer, fremder Menschen ausgesetzt ist. Infolgedessen ist die Nachtbekleidung, ebenso wie die Unterwäsche so umgestaltet und so durchgeformt worden, daß sich ihr Träger nicht »schämen« muß, wenn er in solchen Situationen von anderen gesehen wird. Die Nachtbekleidung der vorangehenden Phase aber hat sich gerade im Zusammenhang mit ihrer Ungeformtheit mit Scham- und Peinlichkeitsgefühlen belegt. Sie war in der Tat nicht für den Anblick von Menschen außerhalb des Familienkreises bestimmt. Das Nachthemd des 19. Jahrhunderts markiert auf der einen Seite eine Epoche, in der das Scham- und Peinlichkeitsgefühl gegenüber der Entblößung des eigenen Körpers so weit fortgeschritten und so weit nach innen geschlagen war, daß man die Körperformen ganz verdecken mußte, auch wenn man allein oder im engsten Kreis der Familie war. Es ist auf der anderen Seite das bezeichnende Requisit einer Epoche, in der das »Intime« und »Private«, eben weil es dem gesellschaftlichen Leben besonders abgewandt war, auch besonders wenig durchgeformt wurde. Und diese eigentümliche Verbindung einer stark nach innen geschlagenen und zum Selbstzwang gewordenen Peinlichkeitsempfindung oder Moralität mit einer weitgehenden »Undurchgeformtheit des Intimen« ist für die Gesellschaft des 19. Jahrhunderts und auch noch die unserer eigenen Zeit nicht wenig charakteristisch. [. . .]

Die Linie dieser Entwicklung bedarf kaum noch einer Erläuterung. Auch hier, ganz ähnlich, wie in der Gestaltung des Essens, wächst kontinuierlich die Wand, die sich zwischen Mensch und Mensch erhebt, die Scheu, die Affektmauer, die durch die Konditionierung zwischen Körper und Körper errichtet wird. Mit Menschen außerhalb des Familienkreises, also mit fremden Menschen, das Bett zu teilen, wird mehr und mehr peinlich gemacht. Wo nicht Not herrscht, wird es selbst innerhalb der Familie üblich, daß jeder Mensch sein eigenes Bett hat, schließlich auch – in den Mittel- und Oberschichten – seinen eigenen Schlafraum. Die Kinder werden frühzeitig zu dieser Entfernung von anderen, zu dieser Isolierung mit allem, was sie an Gewohnheiten und Erfahrungen mit sich bringt, erzogen. Erst wenn man sieht, wie selbstverständlich es dem Mittelalter erschien, daß fremde Menschen, daß Kinder und Erwachsene ihr Bett miteinander teilten, kann man ermessen, welche tiefgreifende Veränderung der zwischenmenschlichen Beziehungen und Verhaltensweisen in unserer Lebensanordnung zum Ausdruck kommt. Und man erkennt, wie wenig es sich von selbst versteht, daß Bett und Körper psychische Gefahrenzonen so hohen Grades bilden, wie in der bisher letzten Phase der Zivilisation.

Die großen Bettliebhaber

Polycletus von Larissa berichtet, daß Alexander der Große ›in einem goldenen Ruhebett zu schlafen pflegte; flötenspielende Männer und Frauen begleiteten ihn auf seinen Kriegszügen, und er trank bis zur Morgendämmerung‹. Und Pylarchus weiß zu erzählen: ›Alexander hatte ein Zelt, das hundert Ruhebetten zu fassen vermochte und von fünfzig goldenen Pfosten getragen wurde. Über den Betten befanden sich goldene Baldachine mit prächtigstem und kostbarstem Spitzenwerk.‹ Im Bette liegend, von 500 Leibwächtern umgeben, empfing Alexander seine Heerführer und besprach mit ihnen die Kriegslage.

Auch die Könige von Frankreich erteilten ihren Ministern die Audienzen im Bett, und wir dürfen ruhig annehmen, daß die Politik, die da im Liegen ausgeheckt wurde, nicht überstürzt und nicht schlecht war. Seit dem 14. Jahrhundert kannte Frankreich das »Lit de Justice«, das »Bett der Gerechtigkeit«. Es war ein großes Himmelbett, mit Stoff bespannt: goldene Lilien auf blauem Samt. In diesem Bett lag der König und leitete die Sitzungen des Parlaments. Als ein Landfremder den Schriftsteller Fontenelle fragte, was es mit dem »Bett der Gerechtigkeit« auf sich habe, erhielt er die Antwort: »Es ist der Ort, wo die Gerechtigkeit schläft.« Mit der Zeit verschmolzen »Lit de Justice« und »Parlament« zu einem Begriff; das letzte »Lit de Justice« hielt Ludwig XVI. ab.

Wie der Thron galt das Bett der französischen Könige als Sitz, ja als eine Art Verkörperung des Herrschers – fast als etwas Heiliges. Wer an ihm vorüberging, auch wenn der König nicht darin lag, mußte eine Kniebeugung vollführen, als handle es sich um einen Altar. In der Tat gleicht das Bett

Ludwigs XIV. in Versailles einem Altar: Holzornamente an den Wänden, vergoldete Skulpturen im Giebelfeld, Feder-buketts auf dem Baldachin und eine Balustrade, die das Heiligtum gegen die profane Umwelt absperrt. Übrigens besaß Ludwig XIV. nicht weniger als 413 Luxusbetten, dar-unter 155 übergroße.

Doch nun Schluß mit den Königen, denn sonst müßten wir uns über Richard II., Richard III., Heinrich VIII. und Elizabeth I. von England und über Ludwig XII. von Frank-reich verbreiten, die erpichte Bettfreunde und Bettsammler waren. Wenden wir uns lieber jenen Leuten zu, die Sartre in seinem Essay über Baudelaire als Parasiten der damals herrschenden Klassen bezeichnet: den Dichtern und Den-kern.

Molière scheint ein rechter Krösus gewesen zu sein; er nannte 5 Betten sein eigen. Wieviel Betten Shakespeare im Hause hatte, ist nicht bekannt. Wir kennen nur den Passus aus seinem Testament, darin es heißt:

»Ferner vermache ich meiner Frau mein zweitbestes Bett samt Bettzeug.«

Es ist viel darüber geschrieben worden, inwiefern Anne Hathway, sein Weib, diese Zurücksetzung verdient hat. Wir nehmen an, daß nicht sie, sondern die Ehe »Schuld« daran trägt. Fast jede Ehefrau wird im Laufe der Zeit zur Zweitbesten – und das ist immer noch besser, als wäre sie die erste beste.

Ein Heuchler unter den Bettliebhabern ist der irische Sa-tiriker Jonathan Swift. Er empfiehlt:

> Willst du klar aus den Augen sehn,
> so mußt du früh zu Bette gehn.
> Ich sag und sag's dir immer wieder:
> Um zehn Uhr spätestens lege dich nieder.

Wer das liest, muß annehmen, Swift sei beim ersten Sonnenstrahl aus dem Bett gesprungen. Aber ein Herr Joseph Spence weiß zu melden:

»Dr. Swift liegt bis elf Uhr im Bett und legt sich Witz für den Tag zurecht.«

Die Wahrheit ist, daß Swift gern früh schlafen ging und ebenso gern spät aufstand, weil er das Bett über alles liebte. Im Bett schrieb er Briefe an seine Freundinnen. Er arbeitete im Bett. Kann man das? O ja, man kann es nicht nur, wenn man dazu gezwungen ist – wie Heinrich Heine in seiner »Matratzengruft«, wie der lungenkranke R. L. Stevenson, wie der asthmatische Marcel Proust, der greise Henri Matisse –, man kann es auch aus freien Stücken, denn im Bett denkt man gut, und Schreiben oder Zeichnen bereitet keine großen Schwierigkeiten.

Goethe diktierte oft vom Bett aus. Rousseau, Milton und Mark Twain schrieben im Bett. Descartes lag täglich sechzehn Stunden zu Bett, bei herabgelassenen Vorhängen und geschlossenen Fenstern, weil er fand, so könne er am besten nachdenken. Thomas Hobbes, Verfasser des *Leviathan*, trieb im Bett mathematische Studien, wobei er die Bettlaken mit geometrischen Figuren bedeckte, und der russische Komponist Michail Glinka komponierte im Bett.

Dasselbe tat sein italienischer Zunftbruder Gioacchino Rossini. Als er einmal eine Arie fertig geschrieben hatte, rutschte ihm das Notenblatt weg und flatterte zu Boden. Er beugte sich aus dem Bett, um es aufzuheben, doch das Bettgestell war zu hoch; er reichte an das Blatt nicht heran. Er hatte auch keine Lust, sein weiches Lager zu verlassen. Darum schrieb er eine neue Arie – eine ganz andere.

Diese Anekdote, wahr oder nicht, ist deshalb so aufschlußreich, weil sie zeigt, daß Faulheit Fleiß hervorbringen kann. Viele bedeutende Werke der Kunst sind nur deshalb entstanden, weil einer nicht gern spazierengehen oder sein

Bett nicht verlassen wollte, weil er manuelle Arbeit scheute oder weil er sich langweilte. In der Plauderei *Über die Kunst, im Bett zu liegen* stellt der englische Schriftsteller G. K. Chesterton die einleuchtende Hypothese auf, das Bemalen der Decken in Kirchen und Palästen sei von Leuten erdacht worden, die im Bett lagen und plötzlich über sich herrliche Malflächen entdeckten.

Kleine Schule des Liegens

Über die Lage des Körpers

Warum ermüdet eine ebene Fläche den Liegenden mehr als eine hohle? Gewiß aus demselben Grunde, aus dem eine gewölbte wieder mehr ermüdet als eine ebene. Denn wenn beim Sitzen oder Liegen das Gewicht sich auf eine Stelle sammelt, macht es Beschwerden durch den Druck. Dies bewirkt aber das Gewölbte mehr als das Ebene, das Ebene mehr als das Hohle. Denn unser Körper ist mehr rund als eben, und solche Gegenstände berührt eine hohle Fläche besser als eine ebene. Deswegen ist ja auch eine nachgebende Fläche zum Liegen und Sitzen weniger ermüdend. [. . .]

Warum kann man zusammengekauert besser liegen, und warum verordnen dies viele Ärzte? Gewiß, weil der Magen, wenn er warm ist, besser verdaut, und in dieser Lage ist er wärmer. Auch soll man den Winden einen Raum lassen, in die sie ausweichen können; so werden nämlich die Blähungen am wenigsten lästig werden. So kommt es ja, daß Blutgefäßerweiterung und Absonderungen gesund sind, weil sie Höhlungen bilden, in die die Winde aufgenommen werden können. Wenn man also ausgestreckt liegt, bildet sich solche Höhlung nicht, da die Eingeweide den ganzen Raum einnehmen, wohl aber, wenn man gekrümmt liegt. [. . .]

Warum überkommt uns der Schlaf eher, wenn wir auf der rechten Seite liegen? Gewiß, weil für Wachsein und Schlaf entgegengesetzte Haltungen erfordert werden. Da man nun im Wachen auf der linken Seite liegt, muß bei einem andern Grund und Anlaß das Gegenteil der Fall sein. Vielleicht auch, weil der Schlaf Untätigkeit bedeutet. Die beweglichen Teile müssen also ruhen, und die rechte Seite ist die bewegliche. Wenn man also auf ihr liegt, ist gleichsam die Bewegungsquelle gebunden.

Woher gewisse Gedanken kommen

Gewisse Gedanken und Empfindungen der menschlichen Seele werden gemeiniglich erst dann in uns rege, wenn die ganze Natur um uns her finster und still wird. Ein aufmerksamer Beobachter seiner selbst kann leicht die Erfahrung machen, daß man, wenn uns Stille und Finsterniß umgeben, wenn unser Geist sich aus dem sichtbaren Schauplatze der Welt gleichsam in sich selbst zurückzieht, oft *ganz anders denkt und empfindet*, als bei Tage; – daß gerade alsdann und sonst vielleicht nie oft die sonderbarsten und lächerlichsten Mißgeburten von Gefühlen und Begriffen in uns entstehen. So dunkel und verworren diese Begriffe und Gefühle aber auch immer seyn mögen; so lebhaft würken sie doch gemeiniglich auf unsere Einbildungskraft, ja selbst auf unser Herz, und empören sich nicht selten gegen die moralischen Grundsätze unserer Natur.

»Ich fürchte mich immer, sagte mir neulich ein rechtschaffener und gelehrter Mann, vor den Augenblicken, die vor dem Einschlafen hergehen. Gemeiniglich habe ich dann wider meinen Willen und ohne alle Veranlassung mit den unschicklichsten Gedanken zu kämpfen, die meine Sittlichkeit und Tugend beleidigen, – und sogar dann oft meine Seele mit ihren häßlichen Bildern durchkreutzen, wenn ich mein Gebet zu Gott richte. Nie fallen mir gewisse die Gottheit und göttliche Dinge entehrende Prädicate so deutlich ein, als wenn ich mich in mein Bette gelegt und das Licht ausgelöscht habe, und nie sehe ich die verführerischesten Bilder der Sinnlichkeit mit allen ihren gefälligen Reitzen so lebhaft vor mir herumtanzen, als wenn ich einschlafen will. Von diesen Augenblicken, fuhr er fort, haben vornehmlich junge Leute beiderlei Geschlechts sehr viel zu fürchten. Ihre lebhafte Phantasie mahlt ihnen alsdann allerlei Scenen der Wollust mit den hellesten Farben ab, und sie haben dadurch oft schon lange ihre Unschuld verloren, wenn sie gleich noch äußerlich schamhaft erröthen können«. [. . .]

Wenn die Zeit des Schlafs herannahet, so bemerken wir deutlich, daß in unserm Körper sowohl als in unserer Seele mancherlei Veränderungen vorgehen. Jener geräth durch den Druck des Bluts auf unser Gehirn in einer Art Erschlaffung, welche mit einem wohlthätigen Gefühl der Ruhe verbunden ist, das gleichsam alle unsere Sinne *berauscht*. In dieser Berauschung verrichten unsere Organe nur gleichsam noch die Dienste der Invaliden, sie stellen uns die Objecte nicht mehr deutlich, sondern verworren dar, und unsere Seele nimmt aus schwesterlicher Bekanntschaft mit dem Körper an diesem Zustande Theil. Es erfolgt eine unwillkürliche Verwirrung ihrer Ideen, welche Haller nicht ganz unrichtig ein *delirium* nennt. Unsere Gedanken verlieren und verwischen sich nach einander. Einige bleiben zuletzt noch mit einem dunkeln Schimmer in uns zurück, bis auch diese nach und nach verschwinden, und unsere Seele, sich ihrer gänzlich unbewußt, in den Zustand des Schlafs sinkt.

In dieser Zwischenzeit zwischen Schlaf und Wachen bemerken wir nun gemeiniglich jene bizarren, bald lächerlichen und unanständigen, bald auch fürchterlichen Bilder, welche unsere Seele durchkreutzen, und deren Ursprung noch ein Räthsel in der Psychologie zu seyn scheint. Bisweilen erinnern wir uns alsdann auf einmahl, ohne eine Ideenassociation in uns wahrzunehmen, aus der man sich das Erinnern erklären könnte, Dinge, die wir längst vergessen hatten; es fallen uns Scenen aus unserer Jugend ein, die wir mit einer erstaunlichen Pünctlichkeit gleichsam vor unsern Augen vorübergehen sehen; oder wir erblicken einen hell leuchtenden Gegenstand, eine abscheuliche, menschliche Gestalt, eine Leiche, einen Abgrund, ein reitzendes Frauenzimmer, einen lächerlichen Kontrast zwischen zwei Gegenständen; oder wir hören einen deutlichen Glockenschall, ein Wort wird uns ins Ohr gerufen, u.s.w. [. . .]

Alle diese besondern Modificationen unserer Seele sind nichts anders als *Folgen unserer durch Dunkelheit und Finsterniß der Nacht lebhaft gewordenen Einbildungskraft.* Diese Kraft unserer Seele würkt zwar im Wachen beständig fort, und es geht nichts in jener vor, woran sie nicht bald auf eine nähere, bald entferntere Art Antheil haben sollte; allein sie bekommt alsdann die Alleinherrschaft über unsern Geist, wenn sich unsere Sinne schließen. Nun bleibt diesem nichts mehr übrig, was ihn von aussen zerstreuen könnte, und er muß sich nun, wenn ohnehin seine Ideen durch das Herannahen des Schlafs verdunkelt werden, unwillkürlich dem Spiel seiner Phantasie überlassen, die jetzt ohne Aufsicht des Verstandes, die im Wachen gesammelten Bilder unter einander wirft, und, noch ehe wir einschlafen, den Stoff zu tausendterlei Träumen bereitet.

Unser Gefühl im Wachen lehrt es uns ja überdem schon, daß eine Empfindung oder Vorstellung nicht in einem so hohen Grade lebhaft werden kann, so lange neben ihr eine Menge anderer heterogener Empfindungen entsteht, welches im Wachen offenbar geschieht. Unaufhörlich strömen uns neue Vorstellungen alsdann zu. So lange also ein solcher Wechsel, ein solches Zuströmen von immer neuen Ideen und Empfindungen da ist, und unsere Seele also (ich verstehe in einem gesunden Zustande) ihre Aufmerksamkeit theilen muß, pflegt auch unsere Einbildungskraft noch in ihren Grenzen zu bleiben. Sie kann nicht nach ihren eigensinnigen Launen handeln, wenn sie zu oft, wie im Wachen, gestört wird; – aber sie nimmt an Stärke (so wie alle Kräfte der Seele) erstaunlich zu, wenn sie allein handeln kann.

Aus eben dieser *Alleinwürksamkeit* der Phantasie lassen sich nun vornehmlich die wollüstigen Bilder erklären, welche uns des Nachts beunruhigen und unsere Schamhaftigkeit beleidigen. Wenn der menschliche Körper von den Arbeiten des Tages frei der Ruhe genießt, und die Seele mit ihrem Nachdenken sparsamer zu Werke geht, führt die Einbildungskraft die Bilder der sinnlichen Bedürfnisse näher vor uns vorbei, *einmahl*, weil sie immer die *öftern* Vorstellungen der Seele in ihrem ruhigen Zustande zu seyn pflegen, und durch die Gewalt der Gewohnheit die stärksten geworden sind, und denn *zweitens*, weil durch die Entkleidung des menschlichen Körpers, durch die weiche Lage auf dem Bette, und durch das Erinnern an verliebte nächtliche Zusammenkünfte, vielleicht aus lange vergangenen Zeiten, unsere Phantasie sehr leicht und lebhaft gereitzt werden kann; – sehr leicht, weil, wie ich schon gezeigt habe, sie nicht von sinnlichen Eindrücken des Nachts so oft gehindert wird; sehr lebhaft weil sie sich, wenn unsere Augen geschlossen sind, gewisse Nuditäten viel deutlicher, als sonst, vorzustellen pflegt.

HANS CHRISTIAN ANDERSEN

Die Prinzessin auf der Erbse

Es war einmal ein Prinz, der wollte eine Prinzessin haben, aber es sollte eine wirkliche Prinzessin sein. Da reiste er denn in der ganzen Welt umher, um eine solche zu finden, aber überall war etwas im Wege, Prinzessinnen gab es genug, aber ob es wirkliche Prinzessinnen waren, dahinter konnte er nicht so recht kommen; immer war da irgendetwas, was nicht ganz in Ordnung war. Und da kam er denn wieder nach Hause und war sehr traurig, denn er wollte so gern eine wirkliche Prinzessin haben.

Eines Abends zog ein schreckliches Unwetter herauf, es blitzte und donnerte, der Regen strömte herab, es war ganz fürchterlich! Da klopfte es an das Stadttor, und der alte König ging hin, um aufzumachen.

Da draußen stand eine Prinzessin. Aber du großer Gott, wie hatten der Regen und das böse Wetter sie zugerichtet! Das Wasser lief ihr aus dem Haar und aus den Kleidern, und es lief in die Spitzen der Schuhe hinein und an den Hakken wieder heraus, und dabei sagte sie, dass sie eine wirkliche Prinzessin wäre.

»Nun, das wollen wir schon herausbringen!«, dachte die alte Königin, aber sie sagte nichts, ging in die Schlafstube hinein, nahm alles Bettzeug ab und legte eine Erbse auf den Boden der Bettstelle, dann nahm sie zwanzig Matratzen, legte sie oben auf die Erbse und dann noch zwanzig Eiderdaunenbetten oben über die Matratzen.

Da sollte die Prinzessin nun in der Nacht liegen.

Am Morgen fragten sie sie, wie sie geschlafen habe.

»Ach, schrecklich schlecht!«, sagte die Prinzessin. »Ich habe fast die ganze Nacht kein Auge zugetan! Gott mag wissen, was da im Bett gewesen ist? Ich habe auf etwas Hartem gelegen, sodass ich am ganzen Körper braun und blau bin! Es ist ganz schrecklich!«

Da konnten sie denn sehen, dass sie eine wirkliche Prinzessin war, weil sie durch die zwanzig Matratzen und die zwanzig Eiderdaunenbetten hindurch die Erbse gespürt hatte.

So empfindlich kann nur eine wirkliche Prinzessin sein.

Da nahm sie der Prinz zur Frau, denn nun wusste er, dass er eine richtige Prinzessin hatte, und die Erbse kam in das Kunstkabinett, wo sie noch zu sehen ist, wenn niemand sie gestohlen hat.

Sieh, das ist eine richtige Geschichte!

Eine Frage der Lage

Manchmal entstand in meinem Schlaf aus einer falschen Lage wie Eva aus der Rippe Adams eine Frau. Während sie aus der Lust hervorgegangen war, die ich erlebte, bildete ich mir ein, daß diese mir erst durch sie zuteil geworden sei. Mein Leib verspürte in dem ihren seine eigene Wärme und drängte zu ihr, ich wachte auf. Die übrige Menschheit war mir dann ferngerückt im Vergleich zu dieser Frau, die ich vor Sekunden erst verlassen hatte; meine Wange war noch warm von ihrem Kuß, mein Leib von ihrem Gewicht zerschlagen. Wenn sie, wie es bisweilen vorkam, die Züge einer Frau trug, die ich im Leben getroffen hatte, setzte ich alles daran, ihr wieder zu begegnen; es ging mir wie denen, die sich auf die Reise begeben, um mit eignen Augen eine Stadt ihrer Sehnsucht zu schauen, und sich einbilden, man könne der Wirklichkeit den Zauber abgewinnen, den die Phantasie uns gewährt. Allmählich verblaßte dann ihr Bild, ich vergaß das Geschöpf meiner Träume.

Der Schlafende spannt in einem Kreise um sich den Ablauf der Stunden, die Ordnung der Jahre und der Welten aus. Beim Erwachen orientiert er sich dann nach dem Gefühl an ihnen, er liest in einer Sekunde daraus ab, an welchem Punkt der Erde er sich befindet, wieviel Zeit bis zu seinem Wachsein verflossen ist; doch diese Systeme können sich verwirren und überschneiden. Wenn ihn am Morgen nach einer Spanne der Schlaflosigkeit der Schlummer beim Lesen, in einer anderen als der üblichen Schlafhaltung überfällt, so genügt das Aufheben seines Arms, um die Sonne aufzuhalten oder zurückzustellen, und in der ersten Minute des Erwachens wird er die Stunde nicht mehr wissen, sondern meinen, er habe sich eben erst schlafen gelegt. Wenn er aber in einer noch weniger geeigneten und gewohnten Haltung einschläft, etwa nach dem Abendessen in einem Lehnstuhl sitzend, so wird die Verwirrung der aus ihrer Bahn geschleuderten Welten noch vollkommener, der Zaubersessel trägt ihn in Windeseile durch Zeit und Raum dahin, und in dem Augenblick, da er die Lider öffnet, glaubt er, er habe sich vor Monaten in einer anderen Gegend zur Ruhe begeben. Aber es genügte, daß in meinem eigenen Bett mein Schlaf besonders tief war und meinen Geist völlig entspannte; dann ließ dieser den Lageplan des Ortes fahren, an dem ich eingeschlafen war, und wenn ich mitten in der Nacht erwachte, wußte ich nicht, wo ich mich befand, ja im ersten Augenblick nicht einmal, wer ich war: ich hatte nur in primitivster Form das bloße Seinsgefühl, das ein Tier im Innern verspüren mag: ich war hilfloser ausgesetzt als ein Höhlenmensch; dann aber kam mir die Erinnerung – noch nicht an den Ort, an dem ich mich befand, aber an einige andere Stätten, die ich bewohnt hatte und an denen ich hätte sein können – gleichsam von oben her zu Hilfe, um mich aus dem Nichts zu ziehen, aus dem ich mir selbst nicht hätte heraushelfen können; in einer Sekunde durchlief ich Jahrhunderte der Zivilisation, und aus vagen Bildern von Petroleumlampen und Hemden mit offenen Kragen setzte sich allmählich mein Ich in seinen originalen Zügen wieder von neuem zusammen.

Vielleicht beziehen die Dinge um uns ihre Unbeweglichkeit nur aus unserer Gewißheit, daß sie es sind und keine anderen, aus der Starrheit des Denkens, mit der wir ihnen begegnen. Wenn ich jedenfalls in dieser Weise erwachte und mein Geist geschäftig und erfolglos zu ermitteln versuchte, wo ich war, kreiste in der Finsternis alles um mich her, die Dinge, die Länder, die Jahre. Noch zu steif, um sich zu rühren, suchte mein Körper je nach Art seiner Ermüdung sich die Lage seiner Glieder bewußt zu machen, um daraus die

Richtung der Wand, die Stellung der Möbel abzuleiten und die Behausung, in der er sich befand, zu rekonstruieren und zu benennen. Sein Gedächtnis, das Gedächtnis seiner Seiten, seiner Knie und Schultern bot ihm nacheinander eine Reihe von Zimmern, in denen er schon geschlafen hatte, an, während rings um ihn die unsichtbaren Wände im Dunkel kreisten und ihren Platz je nach der Form des vorgestellten Raumes wechselten. Und bevor mein Denken, das an der Schwelle der Zeiten und Formen zögerte, die Wohnung durch ein Vergleichen der Umstände eindeutig festgestellt hatte, erinnerte er – mein Körper – sich von einem jeden an die Art des Bettes, die Lage der Türen, die Fensteröffnungen, das Vorhandensein eines Flurs, gleichzeitig mit dem Gedanken, den ich beim Einschlummern gehabt hatte und beim Erwachen wiederfand. Meine eingeschlafene Seite zum Beispiel wähnte sich bei diesem Bemühen um eine Orientierung in einem großen Himmelbett, und im gleichen Augenblick sagte ich mir: ›Schau, da bin ich jetzt doch eingeschlafen, obwohl die Mama mir nicht gute Nacht gesagt hat‹; ich war auf dem Lande bei meinem Großvater, der seit langen Jahren verstorben ist; und mein Körper, die Seite, auf der ich lag, treue Bewahrer einer Vergangenheit, die mein Geist niemals hätte vergessen sollen, riefen mir den Schein der urnenförmigen Ampel aus böhmischem Glas, die an dünnen Ketten von der Zimmerdecke hing, und den Kamin aus Sienamarmor in meinem Schlafzimmer in Combray bei meinen Großeltern in fernen Tagen, die mir in diesem Augenblick gegenwärtig schienen, ohne daß ich sie mir genau vorstellen konnte, ins Gedächtnis zurück: gleich, wenn ich völlig aufgewacht wäre, würde ich sie sicher wieder ganz klar erkennen. [. . .]

Aber ich hatte bald das eine, bald das andere der Zimmer, die ich in meinem Leben bewohnt hatte, wiedererkannt, und nach und nach rief ich mir alle in den langen

Träumereien, die dem Erwachen folgten, in die Erinnerung zurück: winterliche Zimmer, in denen man, sobald man sich hingelegt hat, den Kopf in eine Art von Nest schmiegt, das man sich aus den verschiedenartigsten Objekten herstellt: einer Ecke des Kopfkissens, der Wölbung der Bettdecke, einem Schalende, dem Bettrand, einer Nummer der ›Débats roses‹, die man nach Art der Vogeltechnik zusammenklebt, indem man sich längere Zeit dagegenlegt; wo bei Eiseskälte das Vergnügen, das man empfindet, darin besteht, daß man sich von der Außenwelt getrennt fühlt (wie die Seeschwalbe, die als Nest eine Grube in der Erdwärme hat) und wo man, da das Kaminfeuer die ganze Nacht hindurch unterhalten wird, in einem großen Mantel aus warmer, rauchig duftender Luft schläft, durch den der Schein frisch aufflammender Scheite huscht, in einer Art von ungreifbarem Alkoven, einer warmen Enklave innerhalb des Raumes, einer heißen Zone mit veränderlichen thermischen Konturen, durch die von Zeit zu Zeit ein Luftzug weht, der uns das Gesicht kühlt und der aus den Ecken kommt oder aus den Gegenden am Fenster oder aus denen, die am weitesten von der Feuerstätte abliegen und schon abgekühlt sind – oder sommerliche Gemächer, in denen man sich gern eins fühlt mit der lauen Nacht, wo das Mondlicht durch die halbgeöffneten Läden dringt und auf den Fußboden vor dem Bett eine Zauberleiter malt, wo man fast im Freien schläft wie die Meise, die sich im Hauch des Windes auf der Spitze eines Strahles wiegt – manchmal auch das Louis XVI-Zimmer, das etwas so Heiteres hatte, daß ich mich darin selbst am ersten Abend nicht allzu unglücklich fühlte, und in dem die zierlichen Säulen, die so leicht die Decke trugen, sich anmutig teilten, um die Stelle für das Bett zu bezeichnen und freizugeben; manchmal auch jenes kleine und sehr hohe, das sich, nach oben zu verjüngt, durch zwei Stockwerke zog und zum Teil mit Mahagoni verkleidet war, in dem ich mich von der ersten Sekunde an durch den mir unbekannten Vetiverduft gleichsam seelisch vergiftet fühlte, überzeugt von der Feindseligkeit der violetten Vorhänge und der anmaßenden Gleichgültigkeit der Pendüle, die ganz laut vor sich hin schwatzte, als sei ich gar nicht da; – wo ein fremder, unerbittlicher, viereckiger Standspiegel schräggestellt eine der Zimmerecken verdeckte und damit in der angenehmen Vollständigkeit meines gewohnten Gesichtsfeldes einen Platz für sich in Anspruch nahm, der nicht vorgesehen war; – wo mein Vorstellungsvermögen, nachdem es Stunden hindurch versucht hatte, sich zu verrenken und in die Höhe zu recken, um genau die Form des Zimmers anzunehmen und schließlich die gigantische Wölbung bis oben hin auszufüllen, harte Nächte durchgemacht hatte, während ich mit nach oben gewandtem Blick, ängstlich gespanntem Ohr und beleidigter Nase klopfenden Herzens in meinem Bett ausgestreckt lag: bis endlich die Gewohnheit die Farbe der Vorhänge verändert, die Uhr zum Schweigen gebracht, den schrägen, grausamen Spiegel Mitleid gelehrt, den Vetiverduft zwar nicht völlig verjagt, aber doch überdeckt und die offenbare Höhe der Zimmerdecke beträchtlich vermindert hatte. Ja, die Gewohnheit! Sie ist eine geschickte, wenn auch langsame Umzugskünstlerin, die zunächst einmal unseren Geist wochenlang in einem Provisorium schmachten läßt; aber man ist doch froh über ihr Vorhandensein, denn ohne sie und aus eigener Kraft wäre man außerstande, ein Heim bewohnbar zu machen.

Sicherlich war ich jetzt wirklich wach: mein Körper hatte eine letzte Drehung vollzogen, und der gute Engel der Gewißheit hatte alles um mich her zum Stillstand gebracht, mich in meinem Schlafzimmer unter meine Decken gebettet und in der Dunkelheit meine Kommode, meinen Schreibtisch, meinen Kamin, die Straßenfenster und die beiden Türen annähernd an den richtigen Platz gestellt. Aber wenn ich jetzt auch noch so gut wußte, daß ich mich nicht in den Behausungen befand, von denen mir die Unwissenheit des Erwachens einen Augenblick lang wenn auch nicht ein deutliches Bild vor Augen gestellt, so doch glaubhaft gemacht hatte, daß sie vielleicht um mich gegenwärtig wären, so hatte doch meine Erinnerung einen Anstoß erhalten; ich versuchte nicht, gleich wieder einzuschlafen; den größten Teil der Nacht brachte ich damit zu, mir unser Leben von früher vorzustellen, in Combray bei meiner Großtante, in Balbec, in Paris, in Doncières, in Venedig und an anderen Orten, mir die Stätten und die Menschen, die ich dort gekannt, ins Gedächtnis zurückzurufen, was ich selbst von ihnen gesehen und was man mir erzählt hatte.

OTTO FRIEDRICH BOLLNOW
Über das Liegen

Wenn der Mensch sich hinlegt, um einschlafen zu können, so ist das nicht einfach eine Bewegung innerhalb des Raums, wobei der Raum feststünde und der Mensch sich in ihm bewegte, sondern es ändert sich dabei von Grund auf das Verhältnis des Menschen zum Raum und damit (im Sinn unsrer einleitenden Betrachtungen) der erlebte Raum selbst. Das beruht auf dem tiefgreifenden Unterschied zwischen dem Stehen bzw. dem Sich-aufrecht-verhalten und dem Liegen. Das Stehen erfordert immer eine beständige Anspannung, um dem Zug der Schwerkraft Widerstand leisten zu können. Dabei wäre im einzelnen natürlich noch zu unterscheiden zwischen dem vierbeinigen Stehen des Tiers und der aufrechten Haltung des Menschen, sowie beim Menschen wiederum zwischen den verschiedenen Formen des Stehens, Sitzens, Sichbückens usw., doch soll von allen diesen Unterschieden hier nicht weiter die Rede sein. Wir sprechen in einem allgemeinen Sinn von einer aufrechten Haltung des Menschen. [. . .]

Die Haltung aber setzt immer ein Selbstbewußtsein und damit den Abstand, die Spannung zur Welt voraus. »Haltung haben«, sagt darum Lipps, »bedeutet überlegene Distanz; sich selbst wahrt man darin«.

Dies Verständnis der Haltung ist jetzt entscheidend für das Verständnis dessen, was mit dem Menschen geschieht, wenn er sich hinlegt. Es scheint nämlich ein Wesenszusammenhang zu bestehen, demzufolge auch die innere Haltung nur zusammen mit der äußeren Haltung aufrecht erhalten werden kann, d. h. daß der Mensch nur in der Gespanntheit seiner leiblichen Haltung auch innerlich Haltung haben kann, daß er aber im liegenden Zustand die Möglichkeit der inneren Haltung verliert. In diesem Sinn heißt es bei Linschoten, wenn auch bei ihm gleich auf die folgende Stufe, das volle Einschlafen bezogen: »Einschlafen heißt die Haltung preisgeben. Das gilt nicht nur für den Leib, sondern für die Person als Ganzheit.« Dieser Verlust der Haltung geschieht aber nicht erst im Vorgang des Einschlafens, sondern unmittelbar spürbar schon im bloßen Liegen. Wir müssen also zwischen den beiden Zuständen unterscheiden, die in der Literatur meist ununterschieden zusammengenommen werden. Sicher ist es richtig, was Straus einmal betont: »Nur im Wachsein kann der Mensch sich aufrecht halten«, aber daraus folgt noch nicht umgekehrt, daß der Mensch sogleich schlafen muß, wenn er die aufrechte Haltung aufgibt. Schon der liegende Mensch hat ein andres Verhältnis zur Welt als der aufrecht stehende. Ja, es gilt bis zu einem gewissen Grade schon vom bloßen Sitzen. Man braucht sich nur in einen bequemen Sessel fallen zu lassen, um zu spüren, wie die Gespanntheit der Haltung von einem abfällt und wie man

»friedlicher« wird und weniger aktiv auf die Reize der Umwelt reagiert.

Das bedeutet für unsern Zusammenhang, daß beim liegenden Menschen das Spannungsverhältnis zur Welt verloren gegangen ist, also genau das, was wir als bezeichnend für die innere Haltung hervorgehoben hatten. In diesem Zusammenhang betont Vetter: »Der Übergang aus der aufgerichteten Haltung in die Waagerechte des Bodens ist eine Preisgabe der Entgegenstellung überhaupt, die der Mensch im Wachsein einnimmt.« Dabei wird allerdings auch hier Wachsein mit aufrechter Haltung gleichgesetzt, während uns vorläufig erst die Zustände beschäftigen, in denen der Mensch, noch ohne zu schlafen, sich in liegender Haltung, insbesondre im Bett befindet. Aber schon für diese gilt das meiste von dem, was in der Literatur vom Einschlafen festgestellt wird. Dahin gehört etwa die Feststellung Linschotens: »Alles was die aufrechte Haltung uns bedeutet: die Entgegenstellung von Person und Welt, das Aufrichten und das Greifen nach dem, was über uns ist, der Zugang zur Ferne, die greifbare Nähe der Dinge um uns herum, die Übersichtlichkeit des Raumes, in dem wir uns befinden, die freie Ortswahl, das alles wird beim Einschlafen preisgegeben«. Ähnlich heißt es auch schon bei Straus: »daß wir, indem wir uns zum Schlafen niederlegen, uns ausstrecken, uns ganz der Welt gefangengeben; wir hören auf, uns der Welt gegenüber zu behaupten«. Das gilt jetzt, wie gesagt, weitgehend schon vom bloßen Liegen, wenn dann selbstverständlich im Einschlafen noch ein weiterer Schritt in der Aufhebung der Entgegensetzung geschieht.

Daraus folgt, jetzt auf unser konkretes Problem angewandt: Der im Bett liegende Mensch hat ein andres Verhältnis zum Raum, oder besser, er hat einen andern Raum als der sich aufrecht bewegende. Das gilt schon in einem ganz äußerlichen Sinn: Wenn in der gewöhnlichen Welt des sich aufrecht bewegenden Menschen die Entfernung der Dinge und ihre Ordnung untereinander durch ihre Erreichbarkeit bestimmt ist, d. h. durch die (virtuelle) Bewegung, die notwendig wäre, um sie zu ergreifen, so rücken sie für den, der im Bett liegt, in eine sehr viel größere Ferne, weil er sie, ohne das Bett zu verlassen, nicht mehr erreichen kann. Und dies erfordert immer einen erheblichen inneren Kraftaufwand. Ich kann mich hier noch einmal auf die schon erwähnte Arbeit van den Bergs beziehen, in der diese Veränderung der Umwelt folgendermaßen geschildert wird: »Die Welt hat sich verkleinert auf die Ausmaße meines Schlafzimmers, besser noch: meines Betts. Denn schon wenn ich nur die Füße auf die Erde setze, habe ich den Eindruck, in eine unbekannte Zone einzudringen. Mich zur Toilette zu begeben, wird zu einer Art ungewohnter Exkursion. ... Wenn ich von dort zurückkomme, habe ich in dem Augenblick, wo ich mir die Decke über den Kopf ziehe, das Gefühl, wieder zu Hause zu sein«.

Das gilt zugleich in einem allgemeineren Sinn. Nicht nur die Dinge sind wie fortgerückt, in eine ferne Welt, die mir nicht nur schwer erreichbar ist, sondern die mich auch innerlich nichts mehr angeht, auch die Anforderungen, die diese Welt an mich stellt, dringen nur noch verworren, wie aus unbestimmter Ferne, auf mich ein. Sie gehen mich nicht mehr unmittelbar an, und die Sorgen, die mich eben noch so sehr bedrängten, sind jetzt schon leichter geworden. Selbst das Telephon läutet anders, wenn ich im Bett liege. Ich fühle mich nicht mehr zur ständigen Bereitschaft verpflichtet, auf jeden Anruf auch antworten zu müssen, ich kann es ruhig läuten lassen und freue mich, wenn es von allein wieder aufhört. Und so ist es ganz allgemein.

Ich verhalte mich nicht mehr bewußt zu einer mir gegenständlich entgegentretenden Welt, sondern ich fühle mich im Einklang mit einer warmen und wohligen Umgebung.

Wie ich im leiblichen Sinn durch keinen harten Gegenstand zum Widerstand gezwungen werde, so brauche ich auch allgemein meinen Willen nicht mehr anzuspannen. Ich bin wieder eins mit meiner Welt. Und daher stammt das Gefühl einer unendlichen Geborgenheit, das mich im Bett umfängt. »Du träufelst Heilung ins Blut«, hieß es bei Weinheber, und das trifft genau den Tatbestand. Im Bett liegend finde ich den Zustand der Geborgenheit, der es mir erlaubt, mich fallen zu lassen und wirklich einzuschlafen.

Von hier aus erfahren wir am tiefsten die notwendige Funktion des Betts im Ganzen des menschlichen Lebens. Gewiß kommt der Schlaf auch außerhalb des Betts. Er kann den Menschen auch sonst im Zustand der Erschöpfung überfallen. Aber das ist nur das jähe Abbrechen der Aufmerksamkeit, weil die Kraft zum weiteren Wachsein nicht mehr ausreicht, das ist nicht der wahre, erlösende Schlaf, dem sich der Mensch im Gefühl wohligen Behagens ruhig überläßt. Für diesen tiefen und eigentlichen Schlaf die äußeren Vorbedingungen zu schaffen, nämlich einen Bereich vollendeten Geborgenseins, das eben ist die Atmosphäre des Betts. Das Bett ist ein Raum solcher schützenden Abgeschiedenheit, und insofern die letzte Steigerung in der Geborgenheit des Hauses.

Über das Träumen

GIOVANNI BOCCACCIO

In die Zukunft sehen

Was sollen wir mehr bewundern: großes, unabänderliches Schicksal oder untrügliche Auslegung der Träume? Es ist sicher richtig, daß Astyages weder mit Klugheit noch mit List den Willen der Fortuna von sich abwenden konnte. Nicht die Verheiratung der Tochter oder die Kindesaussetzung, nicht die Verschickung des Cyrus oder Gewalt und Heer hätten sie umstimmen können. Und auch die Träume, die von Gott, der Zukunft und Gegenwart kennt, gesandt waren, schlossen jeden Zweifel aus. Denn in des Menschen Seele ist ein heimlich verborgener göttlicher Glanz, aus dem wir bei sorglosem Schlaf wie unter einem Schleier wunderbar die künftigen Dinge sehen. Wider unseren Willen werden wir, wie es das Beispiel vieler berühmter Leute gezeigt hat, zu Handlungen getrieben, die wir im Schlaf vorher träumten.

Bei allen Gelehrten ist der Traum des Simonides zur Genüge bekannt. Als er eines Tages einen toten Mann fand, begrub er ihn aus Barmherzigkeit. Nicht lange danach wollte er zu Schiff verreisen. Da erschien ihm der von ihm begrabene Mann im Schlaf und warnte ihn, an diesem Tage zu fahren. Simonides gehorchte und blieb an Land, das Schiff ging unter, und alle ertranken. Wenn Julius Caesar dem Traum seiner Frau Calpurnia geglaubt hätte, wäre er nicht am nächsten Tage in die Hände der Verschwörer gefallen. So geschah es auch, als Augustus und Antonius gegen Brutus und Cassius im Felde lagen und am nächsten Tag zum Kampf antreten wollten. Da erschien Artorius, dem Arzt des Augustus, im Schlaf die Göttin Minerva und forderte ihn auf, seinem Herrn zu sagen, er möge trotz seiner Krankheit nicht im Zelt bleiben. Augustus folgte dem

Traum und hatte sein Leben gerettet. Was soll ich dazu sagen! Wenn wir auch den heidnischen Schriften nicht trauen wollen, so müssen wir doch billigerweise der Heiligen Schrift Glauben schenken. Darin lesen wir von Pharao, dem Ägypterkönig, der im Schlaf sieben magere und sieben fette Ochsen gesehen hatte, was Joseph ihm so auslegte, daß sieben Jahre lang großer Überfluß an allen Früchten sein würde und darauf sieben teure Jahre folgten, in denen man allen Getreidevorrat aus Not verzehren würde. Auch dem König Nebucadnezar zu Babylon träumte: Er sah einen überaus schönen hohen Baum bis zum Himmel reichen und daran eine Axt gesetzt, ihn umzuhauen. Das legte ihm Daniel so aus: »Der Baum, o König, bist du, groß und stark, deine Herrlichkeit ist mächtig und stößt bis an den Himmel; die Axt bedeutet das Ende deines Reiches, das dir in sieben Jahren genommen wird!« Und es geschah alles so, wie ihm Daniel gesagt hatte.

Viele Träume haben sich erfüllt. Doch möchte ich nicht, daß man glauben soll, so oft der Leib schläft und wie tot daliegt, übe die Seele ihre himmlischen Gaben; denn das soll allein Gottes Sache sein, uns im Traum Ahnungen und Gedanken zu senden. Wir müssen uns immer entscheiden, was wir glauben oder verschmähen wollen, und weder für nichts achten noch uns davor fürchten, was uns im Schlaf zu unserem Nutzen bedeutet wird.

CALDERÓN DE LA BARCA

Das Leben, ein Traum

Wahr ist es; es gilt zu zäumen
Meines Mutes jähes Beben,
Meiner Ehrsucht wildes Streben,
Wenn wir wieder einmal träumen;

Und dies werden wir; wir leben
In so fremden Lebensräumen,
Wo das Leben Traum nur heißt.
Was mir selbst geschah, beweist,
Daß wir unser Sein nur träumen,
Bis man uns dem Schlaf entreißt.
König sei er, träumt der König,
Und, befangen in dem Wahn,
Herrscht er stolz und ordnet an.
Beifall wird ihm untertänig:
Ihn verweht des Windes Bahn,
Und im Tod vergeht er doch,
Wird der Asche gleichgemacht. –
Wer will da regieren noch,
Sieht er, daß er erst erwacht,
Wenn er schläft in Todesnacht?
Von dem Reichtum träumt der Reiche,
Der ihm stets nur Sorgen schickt.
Und der Arme, leidbedrückt,
Träumt, daß seine Not nie weiche.
Der träumt, daß ihm alles glückt,
Der von Ehrgeiz und von Streben,
Jener von des Zornes Pein –
Kurz, in diesem Erdenleben
Träumen alle nur ihr Sein,
Sehen wir es gleich nicht ein.
Ich, in Kerkerhaft gebückt,
Träume, daß die Fessel drückt,
Daß ein glücklicheres Los
Früher einmal mich beglückt.
Was ist Leben? Irrwahn bloß!
Was ist Leben? Eitler Schaum,
Truggebild, ein Schatten kaum,
Und das größte Glück ist klein;

Denn ein Traum ist alles Sein,
Und die Träume selbst sind Traum.

BLAISE PASCAL

Der Traum des Lebens

Wenn wir Nacht für Nacht dasselbe träumten, würde es
auf uns ebenso wirken wie die Gegenstände, die wir tagtäg-
lich sehen. Und wenn ein Handwerker die Gewißheit hätte,
jede Nacht zwölf Stunden lang zu träumen, er sei König, –
ich glaube, er wäre fast ebenso glücklich wie ein König, der
jede Nacht zwölf Stunden hindurch träumte, er sei ein
Handwerker. – Wenn wir Nacht für Nacht träumten, wir
würden von Feinden verfolgt, und hätten dergleichen quä-
lende Erscheinungen mehr, die uns beunruhigten, die Tage
aber bei verschiedenen Geschäften hinbrächten, wie z. B.
mit einer Reise, so würden wir fast ebenso sehr leiden, als
wenn die Träume Wirklichkeit wären, und wir würden uns
vor dem Schlafengehen fürchten, wie man das Erwachen
fürchtet, wenn man besorgen muß, einem wirklichen Un-
heil entgegenzugehen. In der Tat, der Traum verursacht uns
beinahe dieselben Mühen wie die Wirklichkeit. – Doch da
jeder Traum verschieden ist, ja der gleiche Traum sich in
sich wandelt, berührt uns das, was wir im Traum sehen,
weit weniger als das, was wir im Wachen sehen, eben weil
das einen größeren Zusammenhang hat, der gleichwohl
nicht so geschlossen und gleichartig ist, sondern ebenfalls
wechselt, wenn auch nicht so jäh; aber selbst das geschieht
zuweilen, so, wenn man auf Reisen ist, wo man dann sagt:
»Mir scheint, ich träume.« Denn das Leben ist ein Traum
von größerer Beständigkeit.

Verbotene Träume

Mein Hauswirth war etwa fünfzig Jahre alt und ein Mann von sehr dünnen Beinen, abgezehrt bleichem Antlitz und ganz kleinen grünen Aeuglein, womit er beständig blinzelte, wie eine Schildwache, welcher die Sonne ins Gesicht scheint. Er war seines Gewerbes ein Bruchbandmacher und seiner Religion nach ein Wiedertäufer. Er las sehr fleißig in der Bibel. Diese Lektüre schlich sich in seine nächtliche Träume und mit blinzelnden Aeuglein erzählte er seiner Frau des morgens beim Caffe: wie er wieder hochbegnadigt worden, wie die heiligsten Personen ihn ihres Gespräches gewürdigt, wie er sogar mit der allerhöchst heiligen Majestät Jehovahs verkehrt, und wie alle Frauen des alten Testamentes ihn mit der freundlichsten und zärtlichsten Aufmerksamkeit behandelt. Letzterer Umstand war meiner Hauswirthinn gar nicht lieb, und nicht selten bezeugte sie die eifersüchtigste Mißlaune über ihres Mannes nächtlichen Umgang mit den Weibern des alten Testamentes. Wäre es noch, sagte sie, die keusche Mutter Maria, oder die alte Marthe, oder auch meinethalb die Magdalene, die sich ja gebessert hat – aber ein nächtliches Verhältniß mit den Sauftöchtern des alten Loth, mit der sauberen Madam Judith, mit der verlaufenen Königinn von Saba und dergleichen zweydeutigen Weibsbildern, darf nicht geduldet werden. Nichts glich aber ihrer Wuth, als eines Morgens ihr Mann, im Uebergeschwätze seiner Seligkeit, eine begeisterte Schilderung der schönen Esther entwarf, welche ihn gebeten, ihr bey ihrer Toilette behülflich zu seyn, indem sie, durch die Macht ihrer Reitze, den König Ahasverus für die gute Sache gewinnen wollte. Vergebens betheuerte der arme Mann, daß Herr Mardachai selber ihn bey seiner schönen Pflegetochter eingeführt, daß diese schon halb bekleidet war, daß er ihr nur die langen schwarzen Haare ausgekämmt – vergebens! die erboßte Frau schlug den armen Mann mit seinen eignen Bruchbändern, goß ihm den heißen Caffe ins Gesicht, und sie hätte ihn gewiß umgebracht, wenn er nicht aufs heiligste versprach, allen Umgang mit den alttestamentalischen Weibern aufzugeben, und künftig nur mit Erzvätern und männlichen Propheten zu verkehren.

Die Folge dieser Mißhandlung war, daß Myn Heer von nun an sein nächtliches Glück gar ängstlich verschwieg; er wurde jetzt erst ganz ein heiliger Roué; wie er mir gestand, hatte er den Muth sogar der nackten Susanna die unsittlichsten Anträge zu machen; ja, er war am Ende frech genug, sich in den Harem des König Salomon hineinzuträumen und mit dessen tausend Weibern Thee zu trinken.

Unglückselige Eifersucht! durch diese ward einer meiner schönsten Träume und mittelbar vielleicht das Leben des kleinen Simson unterbrochen! [. . .]

Es war ein süßer, lieber, sonniger Traum. Der Himmel himmelblau und wolkenlos, das Meer meergrün und still. Unabsehbar weite Wasserfläche, und darauf schwamm ein buntgewimpeltes Schiff, und auf dem Verdeck saß ich kosend zu den Füßen Jadvigas. Schwärmerische Liebeslieder, die ich selber auf rosige Papierstreifen geschrieben, las ich ihr vor, heiter seufzend, und sie horchte mit ungläubig hingeneigtem Ohr, und sehnsüchtigem Lächeln, und riß mir zuweilen hastig die Blätter aus der Hand und warf sie ins Meer. Aber die schönen Nixen, mit ihren schneeweißen Busen und Armen, tauchten jedesmal aus dem Wasser empor, und erhaschten die flatternden Lieder der Liebe. Als ich mich über Bord beugte, konnte ich ganz klar bis in die Tiefe des Meeres hinabschaun, und da saßen, wie in einem gesellschaftlichem Kreise, die schönen Nixen, und in ihrer

Mitte stand ein junger Nix, der, mit gefühlvoll belebtem Angesicht, meine Liebeslieder deklamirte. Ein stürmischer Beyfall erscholl bey jeder Strophe; die grünlockigen Schönen applaudirten so leidenschaftlich, daß Brust und Nakken errötheten, und sie lobten mit einer freudigen, aber doch zugleich mitleidigen Begeisterung: »Welche sonderbare Wesen sind diese Menschen!« [. . .]

Da hörte ich plötzlich die keifende Stimme meiner Hauswirthinn und erwachte aus meinem Traum. Sie stand vor meinem Bette, mit der Blendlaterne in der Hand, und bat mich schnell aufzustehn und sie zu begleiten. Nie hatte ich sie so häßlich gesehn. Sie war im Hemde und ihre verwitterten Brüste vergoldete der Mondschein, der eben durchs Fenster fiel; sie sahen aus wie zwey getrocknete Zitronen. Ohne zu wissen was sie begehrte, fast noch schlummertrunken, folgte ich ihr nach dem Schlafgemach ihres Gatten, und da lag der arme Mann, die Nachtmütze über die Augen gezogen, und schien heftig zu träumen. Manchmal zuckte sichtbar sein Leib unter der Bettdecke, seine Lippen lächelten vor überschwenglichster Wonne, spitzten sich manchmal krampfhaft, wie zu einem Kusse, und er röchelte und stammelte: Vasthi! Königinn Vasthi! Majestät! Fürchte keinen Ahasveros! Geliebte Vasthi!

Mit zornglühenden Augen beugte sich nun das Weib über den schlafenden Gatten, legte ihr Ohr an sein Haupt, als ob sie seine Gedanken erlauschen könnte, und flüsterte mir zu: haben Sie sich nun überzeugt, Myn Heer Schnabelewopski? Er hat jetzt eine Buhlschaft mit der Königinn Vasthi! Der schändliche Ehebrecher! Ich habe dieses unzüchtige Verhältniß schon gestern Nacht entdeckt. Sogar eine Heidinn hat er mir vorgezogen! Aber ich bin Weib und Christinn, und Sie sollen sehen wie ich mich räche.

Bey diesen Worten riß sie erst die Bettdecke von dem Leibe des armen Sünders – er lag im Schweiß – alsdann ergriff sie ein hirschledernes Bruchband, und schlug damit gottlästerlich los auf die dünnen Gliedmaßen des armen Sünders. Dieser, also unangenehm geweckt aus seinem biblischen Traum, schrie so laut, als ob die Hauptstadt Susa in Feuer und Holland in Wasser stünde, und brachte mit seinem Geschrey die Nachbarschaft in Aufruhr.

Den andern Tag hieß es in ganz Leyden, mein Hauswirth habe solch großes Geschrey erhoben, weil er mich des Nachts in der Gesellschaft seiner Gattinn gesehen. Man hatte letztere halb nackt am Fenster erblickt; und unsere Hausmagd, die mir gram war, und von der Wirthinn zur rothen Kuh über dieses Ereigniß befragt worden, erzählte, daß sie selber gesehen, wie Myfrau mir in meinem Schlafzimmer einen nächtlichen Besuch abgestattet.

Ich kann nicht ohne gewaltigen Kummer an dieses Ereigniß denken, welche fürchterliche Folgen!

FRIEDRICH NIETZSCHE

Logik des Traumes

Im Schlafe ist fortwährend unser Nervensystem durch mannigfache innere Anlässe in Erregung, fast alle Organe sezernieren und sind in Tätigkeit, das Blut macht seinen ungestümen Kreislauf, die Lage des Schlafenden drückt einzelne Glieder, seine Decken beeinflussen die Empfindung verschiedenartig, der Magen verdaut und beunruhigt mit seinen Bewegungen andere Organe, die Gedärme winden sich, die Stellung des Kopfes bringt ungewöhnliche Muskellagen mit sich, die Füße, unbeschuht, nicht mit den Sohlen den Boden drückend, verursachen das Gefühl des Ungewöhnlichen ebenso wie die andersartige Bekleidung des ganzen Körpers, – alles dies, nach seinem täglichen Wechsel und Grade, erregt durch seine Außergewöhnlichkeit das gesamte System bis in die Gehirnfunktion hinein: und so gibt es hundert Anlässe für den Geist, um sich zu verwundern und nach *Gründen* dieser Erregung zu suchen: der Traum aber ist das *Suchen und Vorstellen der Ursachen* für jene erregten Empfindungen, das heißt der vermeintlichen Ursachen. Wer zum Beispiel seine Füße mit zwei Riemen umgürtet, träumt wohl, daß zwei Schlangen seine Füße umringeln: dies ist zuerst eine Hypothese, sodann ein Glaube, mit einer begleitenden bildlichen Vorstellung und Ausdichtung: »diese Schlangen müssen die causa jener Empfindung sein, welche ich, der Schlafende, habe«, – so urteilt der Geist des Schlafenden. Die so erschlossene nächste Vergangenheit wird durch die erregte Phantasie ihm zur Gegenwart. So weiß jeder aus Erfahrung, wie schnell der Träumende einen starken an ihn dringenden Ton, zum Beispiel Glockenläuten, Kanonenschüsse in seinen Traum verflicht, das heißt aus ihm *hinterdrein* erklärt, so daß er zuerst die veranlassenden Umstände, dann jenen Ton zu erleben *meint*. – Wie kommt es aber, daß der Geist des Träumenden immer so fehl greift, während derselbe Geist im Wachen so nüchtern, behutsam und in bezug auf Hypothesen so skeptisch zu sein pflegt? – so daß ihm die erste beste Hypothese zur Erklärung eines Gefühls genügt, um sofort an ihre Wahrheit zu glauben? (Denn wir glauben im Traume an den Traum, als sei er Realität, das heißt wir halten unsre Hypothese für völlig erwiesen.) – Ich meine: wie jetzt noch der Mensch im Traume schließt, schloß die Menschheit *auch im Wachen* viele Jahrtausende hindurch: die erste causa, die dem Geiste einfiel, um irgend etwas, das der Erklärung bedurfte, zu erklären, genügte ihm und galt als Wahrheit. (So verfahren nach den Erzählungen der Reisenden die Wilden heute noch.) Im Traum übt sich dieses uralte Stück Menschentum in uns fort, denn es ist die Grundlage, auf der die höhere Vernunft sich entwickelte und in jedem Menschen sich noch entwickelt: der Traum bringt uns in ferne Zustände der menschlichen Kultur wieder zurück und gibt ein Mittel an die Hand, sie besser zu verstehen. Das Traumdenken wird uns jetzt so leicht, weil wir in ungeheuren Entwicklungsstrecken der Menschheit gerade auf diese Form des phantastischen und wohlfeilen Erklärens aus dem ersten beliebigen Einfalle heraus so gut eingedrillt worden sind. Insofern ist der Traum eine Erholung für das Gehirn, welches am Tage den strengeren Anforderungen an das Denken zu genügen hat, wie sie von der höheren Kultur gestellt werden.

SIGMUND FREUD

Wunscherfüllungen

Wer an dem Gesichtspunkte der *Zensur* als dem Hauptmotiv der Traumentstellung festhält, der wird nicht befremdet sein, aus den Ergebnissen der Traumdeutung zu erfahren, daß die meisten Träume der Erwachsenen durch die Analyse auf *erotische Wünsche* zurückgeführt werden. Diese Behauptung zielt nicht auf die Träume von unverhüllt sexuellem Inhalt, die wohl allen Träumern aus eigenem Erleben bekannt sind und gewöhnlich allein als »sexuelle Träume« beschrieben werden. Solche Träume bieten noch immer des Befremdenden genug durch die Auswahl der Personen, die sie zu Sexualobjekten machen, durch die Wegräumung aller Schranken, an denen der Träumer im wachen Leben seine geschlechtlichen Bedürfnisse haltmachen läßt, durch viele sonderbare an das sogenannt *Perverse* mahnende Einzelheiten. Die Analyse zeigt aber, daß sehr viele andere Träume, die in ihrem manifesten Inhalt nichts Erotisches erkennen lassen, durch die Deutungsarbeit als sexuelle Wunscherfüllungen entlarvt werden, und daß anderseits sehr viele von der Denkarbeit des Wachens als »Tagesreste« erübrigte Gedanken zu ihrer Darstellung im Traum nur durch die Zuhilfenahme verdrängter erotischer Wünsche gelangen.

Zur Aufklärung dieses theoretisch nicht postulierten Sachverhaltes sei darauf hingewiesen, daß keine andere Gruppe von Trieben eine so weitgehende Unterdrückung durch die Anforderung der Erziehung zur Kultur erfahren hat wie gerade die sexuellen, daß aber auch die sexuellen Triebe sich bei den meisten Menschen der Beherrschung durch die höchsten Seeleninstanzen am ehesten zu entziehen verstehen. Seitdem wir die in ihren Äußerungen oft so unscheinbare, regelmäßig übersehene und mißverstandene *infantile Sexualität* kennen gelernt haben, sind wir berechtigt zu sagen, daß fast jeder Kulturmensch die infantile Gestaltung des Sexuallebens in irgend einem Punkte festgehalten hat, und begreifen so, daß die verdrängten infantilen Sexualwünsche die häufigsten und stärksten Triebkräfte für die Bildung der Träume ergeben.

Wenn es dem Traume, welcher erotische Wünsche zum Ausdrucke bringt, gelingen kann, in seinem manifesten Inhalt harmlos asexuell zu erscheinen, so kann dies nur auf eine Weise möglich werden. Das Material von sexuellen Vorstellungen darf nicht als solches dargestellt werden, sondern muß im Trauminhalt durch Andeutungen, Anspielungen und ähnliche Arten der indirekten Darstellung ersetzt werden, aber zum Unterschied von anderen Fällen indirekter Darstellung muß die im Traum verwendete der unmittelbaren Verständlichkeit entzogen sein. Man hat sich gewöhnt, die Darstellungsmittel, welche diesen Bedingungen entsprechen, als *Symbole* des durch sie Dargestellten zu bezeichnen. Ein besonderes Interesse hat sich ihnen zugewendet, seitdem man bemerkt hat, daß die Träumer derselben Sprache sich der nämlichen Symbole bedienen, ja, daß in einzelnen Fällen die Symbolgemeinschaft über die Sprachgemeinschaft hinausreicht. Da die Träumer die Bedeutung der von ihnen verwendeten Symbole selbst nicht kennen, bleibt es zunächst rätselhaft, woher deren Beziehung zu dem durch sie Ersetzten und Bezeichneten rührt. Die Tatsache selbst ist aber unzweifelhaft und wird für die Technik der Traumdeutung bedeutsam, denn mit Hilfe einer Kenntnis der Traumsymbolik ist es möglich, den Sinn einzelner Elemente des Trauminhaltes, oder einzelner Stücke des Traumes, oder mitunter selbst ganzer Träume zu verstehen, ohne den Träumer nach seinen Einfällen befragen zu müssen. Wir nähern uns so dem populären Ideal einer Traumübersetzung und greifen anderseits auf die Deutungstechnik der alten Völker zurück, deren Traumdeutung mit Deutung durch Symbolik identisch war.

Wiewohl die Studien über die Traumsymbole von einem Abschluß noch weit entfernt sind, können wir doch eine Reihe von allgemeinen Behauptungen und von speziellen Angaben über dieselben mit Sicherheit vertreten. Es gibt Symbole, die fast allgemein eindeutig zu übersetzen sind, so bedeuten Kaiser und Kaiserin (König und Königin) die Eltern, Zimmer stellen Frauen(zimmer) dar, die Ein- und Ausgänge derselben die Körperöffnungen. Die größte Zahl der Traumsymbole dient zur Darstellung von Personen, Körperteilen und Verrichtungen, die mit erotischem Interesse betont sind, insbesondere können die Genitalien durch eine Anzahl von oft sehr überraschenden Symbolen dargestellt werden und finden sich die mannigfaltigsten Gegenstände zur symbolischen Bezeichnung der Genitalien verwendet. Wenn scharfe Waffen, lange und starre Objekte wie Baumstämme und Stöcke das männliche Genitale; Schränke, Schachteln, Wagen, Öfen den Frauenleib im Traume vertreten, so ist uns das Tertium comparationis, das Gemeinsame dieser Ersetzungen, ohne weiteres verständlich, aber nicht bei allen Symbolen wird uns das Erfassen der verbindenden Beziehungen so leicht gemacht. Symbole wie das der Stiege und des Steigens für den Sexualverkehr, der Krawatte für das männliche Glied, des Holzes für den Frauenleib fordern unseren Unglauben heraus, so lange wir nicht die Einsicht in die Symbolbeziehung auf anderen Wegen gewonnen haben. Eine ganze Anzahl der Traumsymbole ist übrigens bisexuell, kann je nach dem Zusammenhange auf das männliche oder auf das weibliche Genitale bezogen werden.

Es gibt Symbole von universeller Verbreitung, die man bei allen Träumern eines Sprach- und Bildungskreises antrifft, und andere von höchst eingeschränktem, individuellem Vorkommen, die sich ein Einzelner aus seinem Vorstellungsmaterial gebildet hat. Unter den ersteren unterscheidet man solche, deren Anspruch auf Vertretung des Sexuellen durch den Sprachgebrauch ohne weiteres gerechtfertigt wird (wie z. B. die aus dem Ackerbau stammenden, vgl. Fortpflanzung, Samen), von anderen, deren Beziehung zum Sexuellen in die ältesten Zeiten und dunkelsten Tiefen unserer Begriffsbildung hinabzureichen scheint. Die symbolbildende Kraft ist für beide oben gesonderten Arten von Symbolen in der Gegenwart nicht erloschen. Man kann beobachten, daß neu erfundene Gegenstände (wie das Luftschiff) sofort zu universell gebräuchlichen Sexualsymbolen erhoben werden.

Es wäre übrigens irrtümlich zu erwarten, eine noch gründlichere Kenntnis der Traumsymbolik (der »Sprache des Traumes«) könnte uns von der Befragung des Träumers nach seinen Einfällen zum Traume unabhängig machen und uns gänzlich zur Technik der antiken Traumdeutung zurückführen. Abgesehen von den individuellen Symbolen und den Schwankungen im Gebrauch der universellen, weiß man nie, ob ein Element des Trauminhaltes symbolisch oder im eigentlichen Sinne zu deuten ist, und weiß man mit Sicherheit, daß nicht aller Inhalt des Traumes symbolisch zu deuten ist. Die Kenntnis der Traumsymbolik wird uns immer nur die Übersetzung einzelner Bestandteile des Trauminhaltes vermitteln und wird die Anwendung der früher gegebenen technischen Regeln nicht überflüssig machen. Sie wird aber als das wertvollste Hilfsmittel zur Deutung gerade dort eintreten, wo die Einfälle des Träumers versagen oder ungenügend werden.

Die Traumsymbolik erweist sich als unentbehrlich auch für das Verständnis der sogenannten »typischen« Träume der Menschen und der »wiederkehrenden« Träume des Einzelnen. Wenn die Würdigung der symbolischen Ausdrucksweise des Traumes in dieser kurzen Darstellung so unvollständig ausgefallen ist, so rechtfertigt sich diese Vernachlässigung durch den Hinweis auf eine Einsicht, die zu dem Wichtigsten gehört, was wir über diesen Gegenstand aussagen können. Die Traumsymbolik führt weit über den Traum hinaus; sie gehört nicht dem Traume zu eigen an, sondern beherrscht in gleicher Weise die Darstellung in den Märchen, Mythen und Sagen, in den Witzen und im Folklore. Sie gestattet uns, die innigen Beziehungen des Traumes zu diesen Produktionen zu verfolgen; wir müssen uns aber sagen, daß sie nicht von der Traumarbeit hergestellt wird, sondern eine Eigentümlichkeit – wahrscheinlich unseres unbewußten Denkens ist, welches der Traumarbeit das Material zur Verdichtung, Verschiebung und Dramatisierung liefert.

Erinnerungen

Schließen wir die Augen und sehen wir zu, was geschieht. Viele Leute werden sagen, es geschehe überhaupt nichts; das liegt daran, daß sie nicht aufmerksam genug hinsehen. In Wirklichkeit bemerkt man allerhand. Zunächst einen schwarzen Hintergrund. Dann verschiedenfarbige Flecke, zum Teil matt, zum Teil jedoch von besonderem Glanz. Diese Flecke vergrößern sich und ziehen sich zusammen, sie wechseln Form und Farbe, sie fließen ineinander. Die Veränderung kann langsam und allmählich vor sich gehen. Manchmal wieder vollzieht sie sich mit ungemeiner Schnelligkeit. Woher kommt diese Phantasmagorie? Die Physiologen und Psychologen sprechen von »Lichtstaub«, von »Augenspektren«, von »Phosphenen«; sie schreiben diese Erscheinungen den leichten Veränderungen zu, die sich unaufhörlich im Blutkreislauf der Netzhaut vollziehen, oder auch dem Druck, den das geschlossene Augenlid auf den Augapfel ausübt, wodurch es den optischen Nerv mechanisch reizt. Aber die Erklärung der Erscheinung und der Name, den man ihr gibt, sind nicht so wichtig. Sie kommt bei jedem vor, und sie liefert zweifellos den Stoff, aus dem wir viele unserer Träume formen.

Schon Alfred Maury und um dieselbe Zeit der Marquis d'Hervey de Saint-Denis haben beobachtet, daß diese farbigen Flecken von beweglicher Form in dem Augenblick, wo man einschläft, fest werden können und dabei die Umrisse von Dingen zeichnen, die nachher unsern Traum bilden. Aber diese Beobachtung war ein bißchen verdächtig, denn sie stammte von halb eingeschlafenen Psychologen. Ein amerikanischer Philosoph, G. T. Ladd, Professor an der Yale-Universität, hat indessen eine exaktere Methode gefunden; aber sie ist nicht leicht anzuwenden, weil sie große Übung erfordert. Sie besteht darin, daß man beim Erwachen die Augen fest geschlossen läßt und den Traum, der eben entfliehen will – aus dem Gesichtsfeld und bald auch aus dem Gedächtnis entfliehen will – einige Augenblicke lang festhält. Dann sieht man, wie die Gegenstände des Traums sich in Phosphene auflösen und mit den farbigen Flecken verschmelzen, die das Auge mit geschlossenen Lidern wirklich erblickt hat. Man hat z. B. geträumt, man habe eine Zeitung gelesen: das ist der Traum. Man erwacht; die Zeilen der Zeitung verschwimmen und es bleibt nur ein weißer Fleck mit vagen schwarzen Streifen übrig: das ist die Realität. Oder aber der Traum führt uns mitten auf das Meer; so weit das Auge reicht, rollt der Ozean seine grauen, von weißem Schaum gekrönten Wogen. Beim Erwachen verliert sich alles in einem großen, mit glänzenden Punkten besäten blaßgrauen Fleck. Der Fleck war da, die glänzenden Punkte ebenfalls. Es bot sich also unserer Wahrnehmung während des Schlafs ein *Lichtstaub* dar, und der hat zur Herstellung des Traums gedient.

Hat er allein dazu gedient? Um vorläufig nur beim Gesichtssinn zu bleiben, erwähnen wir, daß es neben den visuellen Empfindungen, deren Quelle *intern* ist, auch solche gibt, die durch *äußere* Ursachen entstehen. Auch wenn die Lider geschlossen sind, unterscheidet das Auge immer noch Licht und Schatten und erkennt sogar, bis zu einem gewissen Grade, die Art des Lichts. [. . .] Unsere Sinne sind während des natürlichen Schlafs äußeren Eindrücken durchaus nicht verschlossen. Ohne Zweifel haben sie nicht mehr die gleiche Schärfe; aber dafür finden sich viele »subjektive« Eindrücke wieder, die unbeachtet geblieben sind, solange wir uns wachend in einer äußeren, allen Menschen gemeinsamen Welt bewegten, die aber jetzt im Schlaf wiedererscheinen, weil wir nun ganz für uns leben. Man kann nicht einmal sagen, daß unser Wahrnehmen sich im Schlafe verringert; ja, es erweitert sein Operationsfeld sogar, wenigstens in gewissen Richtungen. Allerdings verliert es an Spannung, was es an Ausdehnung gewinnt. Es bringt uns nur Diffuses und Konfuses. Gleichwohl ist das, woraus wir den Traum bilden, wirkliche Empfindung.

Wie bilden wir ihn? Die Empfindungen, die uns als Material dienen, sind vage und unbestimmt. Betrachten wir jene, die an erster Stelle stehen, die farbigen Flecken, die vor uns auftauchen, wenn wir die Augen schließen. Wir sehen beispielsweise schwarze Linien auf weißem Grunde. Sie könnten einen Teppich vorstellen, ein Schachbrett, eine Schriftseite, eine Menge anderer Dinge. Wer wird die Auswahl treffen? Welches ist die Form, die dem unbestimmten Material ihre Bestimmtheit aufprägen wird? Es ist das Gedächtnis. [. . .]

Die Erinnerung! Im Wachzustand haben wir viele Erinnerungen, die auftauchen und verschwinden und dabei nacheinander unsere Aufmerksamkeit in Anspruch nehmen. Aber das sind Erinnerungen, die sich eng an unsere Lage und an unser Handeln anschließen. [. . .]

Beim Menschen ist das Gedächtnis, das gebe ich zu, nicht ganz so sehr Gefangener des Handelns; aber es hängt immer noch damit zusammen: unsere Erinnerungen bilden in einem gegebenen Augenblick ein einheitliches Ganze, eine Pyramide, wenn Sie so wollen, deren unaufhörlich bewegter Gipfel mit unserer Gegenwart zusammenfällt und mit dieser in die Zukunft taucht. Aber hinter diesen Erinnerungen, die sich derart auf unserer gegenwärtigen Beschäftigung niederlassen und sich mittels ihrer offenbaren, gibt es viele andere, tausend und abertausend andere, die unten, unterhalb der vom Bewußtsein erhellten Zone bleiben. Ja, ich glaube, unser vergangenes Leben ist immer da, aufbewahrt bis in seine geringsten Einzelheiten; wir vergessen nichts, und alles, was wir vom ersten Erwachen unseres Bewußtseins an empfunden, gedacht und gewollt haben, besteht endlos fort. Doch leben die Erinnerungen, die mein Gedächtnis so in seinen tiefsten Tiefen aufbewahrt, dort im Zustande unsichtbarer Phantome. Sie streben vielleicht nach dem Licht, und doch versuchen sie nicht zu ihm emporzusteigen; sie wissen, daß das unmöglich ist und daß ich als lebendes und handelndes Wesen etwas anderes zu tun habe, als mich mit ihnen zu befassen. Aber setzen Sie den Fall, daß ich in einem bestimmten Moment das Interesse an der gegenwärtigen Situation, an meinen dringendsten Geschäften, kurz an dem, was bisher alle Aktivität meines Gedächtnisses auf einen einzigen Punkt konzentrierte, verliere. Anders ausgedrückt, setzen Sie den Fall, ich schlafe ein. Dann würden diese reglosen Erinnerungen merken, daß das Hindernis weggeräumt ist, daß die Falltür geöffnet ist, die sie bis dahin im Kellergeschoß des Bewußtseins eingesperrt hielt, und nun geraten sie in Bewegung. Sie werden sich rühren, sich erheben und in der Nacht des Unbewußtsein einen ungeheuren Totentanz aufführen. Und alle miteinander werden zur Tür laufen, die sich eben halb geöffnet hat. Sie möchten gern alle hindurch. Sie können nicht, es sind ihrer zu viele. Bei dieser Fülle der Berufenen, welche werden die Auserwählten sein? Das erraten Sie ohne Mühe. Soeben, als ich wachte, wurden diejenigen Erinnerungen zugelassen, die sich auf Verwandtschaftsbeziehungen mit meiner gegenwärtigen Situation, mit meinen aktuellen Wahrnehmungen berufen konnten. Jetzt sind es vagere Formen, die sich vor meinem Blick abzeichnen; die Töne, die mein Ohr treffen, sind unbestimmter, das Gefühl, das über die Oberfläche meines Körpers verstreut ist, ist undeutlicher; zahlreicher aber sind dafür die Empfindungen, die mir aus dem Innern meines Körpers zukommen. Nun, von all diesen Erinnerungsphantomen, die danach streben, sich mit Farbe, Ton, kurz mit Materie zu behaften, werden nur diejenigen Erfolg haben, die sich dem von mir erblickten farbigen Lichtstaub, den von mir gehörten äußeren und inneren Geräuschen usw. angleichen können, und die außerdem in Einklang stehen mit dem allgemeinen Gemütszustand, der von meinen organischen Eindrücken herrührt. Wenn diese Verbindung zwischen Erinnerung und Empfindung zustande kommt, dann habe ich einen Traum.

TANIA BLIXEN

Das Gefühl der Freiheit

Menschen, die nachts im Schlafe träumen, kennen ein Glück, das die Tageswelt nicht gewährt, eine stille Verzükkung, ein Schweben der Seele, das wie Honig auf der Zunge ist. Und sie wissen auch, daß die Wonne der Träume das Gefühl der grenzenlosen Freiheit ist. Es ist nicht die Freiheit des Tyrannen, der der Welt seinen Willen aufdrängt, sondern die Freiheit des Künstlers, der keinen Willen hat, der frei von Willen ist. Die Freude des wahren Träumers besteht nicht im Inhalt des Traumes, sondern in etwas anderem: darin, daß sich alles ohne sein Zutun ereignet und seiner Einwirkung völlig entzogen ist. Große Landschaften erschaffen sich selbst, weite herrliche Ausblicke, schwellende und zarte Farben, Straßen, Häuser, die er nie gesehen, von denen er nie gehört hat. Fremde Menschen treten auf und sind Freunde oder Feinde, obgleich der Träumende nie etwas mit ihnen zu schaffen gehabt hat. Die Vorstellungen des Fliegens und Dahinjagens kehren in Träumen immer wieder, sie sind nicht minder berauschend. Erinnert man sich ihrer bei Tage, dann sind sie freilich matt und sinnlos, weil sie zu einem anderen Dasein gehören: kaum aber legt man sich nieder, so wird der Strom wieder eingeschaltet, und das Wunderbare kehrt ins Gedächtnis zurück. Und immer umfängt den Träumer das Gefühl der unermeßlichen Freiheit und durchströmt ihn wie Luft und Licht als überirdische Seligkeit. Er ist ein Auserwählter, er ist der eine, der nichts tun muß, zu dessen Reichtum und Glück alle Dinge sich zusammenfinden: die Könige zu Tharsis werden Gaben bringen. Er nimmt teil an einer großen Schlacht oder einem Fest und staunt, daß er mitten darinnen ist, indes er den Vorzug genießt, still dazuliegen. Erst wenn sich das Bewußtsein der Freiheit zu verlieren beginnt, wenn die Vorstellung des Müssens sich der Welt bemächtigt, wenn Eile oder Anstrengung sich einstellen, ein Brief zu schreiben, ein Zug zu erreichen ist, wenn man sich mühen muß, die Pferde im Traum in Galopp zu bringen, die Gewehre abzufeuern, dann sinkt der Traum von seiner Höhe herab und wird zum Alpdruck, dem ärmlichsten und gemeinsten unter den Träumen.

ALBERT PARIS GÜTERSLOH

Im hintersten Hinterkopf

Das Unterbewußtsein zeigt uns, neben viel Unerfreulichem, auch etwas sehr Erfreuliches: man begehrt im Traum eine Frau, die man im Wachen nicht begehrt hat. (Ist auch die Umkehrung möglich – aber dann natürlich als Goldprobe, als inappellables Urteil –: daß man im Wachen eine Frau begehrt, die man im Traume nie und nimmer begehrt haben würde?) Dieses Phänomen beweist folgendes: erstens einmal, daß unser stures Bestehen auf einem einzigen Weibe, dem zuliebe wir in fremde Taschen greifen oder gar zum Selbstmörderstrick, seinen Urgrund nicht allein (vielleicht überhaupt nur metaphorisch) in der Leidenschaft hat, sondern auch (vielleicht aber auch ausschließlich, also wirklich) in der Treue zu jener rationalen Oberwelt der Bezogenheit des einzelnen auf den einzelnen, die wir das ethische Wachsein nennen wollen, zu dem wir uns aus dem Feucht-Tellurischen emporgearbeitet haben auf den immer härter und kälter gewordenen Stufen der Jahrtausende. Wir wollen also, wenn wir Eide schwören und schwören lassen, die im Unberechenbaren eine Rechtsperson fingieren; wenn wir mit dem Wachhund der Eifersucht um diese fragwürdige Rechtsperson herumgehen; wenn wir endlich den Zusammenbruch der erotisch ausgetrockneten, ethisch unmöglichen Lehmfigur erlebt haben und inmitten der Zeit wieder am Anfang der Zeiten sitzen: wir wollen da, obwohl wir praktisch gar nichts Gescheiteres zu ersinnen vermöchten als das Gegenteil, einfach nicht zurück ins Tellurische, in die personlose Unzahl des eigenen und des fremden Geschlechts, die gleichgültig erscheinen läßt, wer mit wem sich gattet; wir wollen die ungeheuerlich großen Investitionen an Jahrtausenden und Anstrengungen, die wir zu dem Ziel, dessen Lorbeer uns heute von einem unzurechnungsfähigen Wesen, halb schöne Friseurpuppe, halb Gorgo, entrissen wird, aufgewendet haben, um keinen Preis verloren geben. Wir umklammern in solcher Not das Symbol der Treue – wenn es eines geben sollte – mit stärkerem Händedruck als das phallische – dadurch allein schon bedenklich uns ins Unrecht setzend vor dem der Unterwelt ergeben gebliebenen Weibe – und fahren auf der Mondscheibe des im Urtakt des Kosmos schwingenden Perpendikels, der vor grauen Zeiten nach links, nach dem Triebhaften, ausgeschlagen hat, nun nach rechts, ins rein Geistige, hinein, ohne ihn auch jetzt bei seinem, diesmal für uns tragischen, Ausschlagen hindern zu können. Und zweitens beweist das Phänomen: daß, wer will, wen oder was, und im hintersten Hinterkopfe weiß, daß er es auch wollen soll, in Unsicherheit über sein wirkliches, eigentliches Müssen lebt, und lebte er im Gewollten und Gesollten noch so leidenschaftlich, weil ja ein so leidenschaftliches Leben antinomisch zum selbstgeschaffenen Kühl-Rationalen steht. Deswegen brechen von Zeit zu Zeit – es sind die Zeiten der Krisen – unter der Größe und Schwere dieser tief verschwiegenen, nicht zuzugebenden Unsicherheit die doch noch recht schwachen Böden der Sicherungen ein und lassen das annoch kaum mehr als ratioide Wesen Mensch in die uralte Unterwelt seiner Physik stürzen, wo ihm der schon sehr Denkerhaupt gewordene Kopf wieder wohltätig gemindert und gar zurechtgesetzt wird. In diesem seinem eigenen Hades, befreit in ihm von dem zeitlich soviel späteren ethischen Zwang zu rechtspersonaler Vereinzelung und zu Bezogenheit auf nur wieder rechtspersonale Einzelne, schaut er – in den Visionen der Träume – neben typhonisch Entsetzlichem auch das verschmähte, verlassene Glück der tellurisch-neptunischen Klimate, jene Urgeschichte, die er vor Urzeiten zu Urungeschichte gemacht hat, dadurch, daß er ab einem willkürlichen Jahre die selbstverständlich allgemein mehr oder minder bekannt gewesene Geschichte der Urgeschichte oder Vorgeschichte unerbittlich verdrängt und so radikal wie möglich vergessen hat. In dem geträumten Beischlaf nun mit der ungeliebten, im Wachen nie zu liebenden Frau werden die zu Gunsten des heroisch aufdämmernden Ethischen dereinst verworfene problemlose Beglückung und seine heutige Verstiegenheit in Gebirgen, die des Weibes unbeschuhter Fuß nicht ersteigen kann, und seine tiefe Verschuldung gegen eben dieses Weib, das nur an ihm, nicht vor der Natur und nicht vor Gott, als minderwertig sich erweist, dem Sünder durch Sündenlosigkeit bis zu bitterster Reue nahegebracht. Wohl dem, der, aus solchem Heilschlaf erwachend, weiß, daß er dem Asklepios einen Hahn zu opfern hat.

Ein Geschäft mit Träumen

Abends verließ ich immer als letzter das Haus; ich hatte die Schlüssel zum Portier zu geben, und wenn ich im Tor stand, ehe ich mich auf den Heimweg machte, blieb mir noch die getane Arbeit zu überdenken – ich mußte mir vorstellen können, ob alle Schriftstücke abgelegt und in den Laden verschlossen waren, und ob die Termine und Verabredungen auch in den Kalendern meiner Vorgesetzten vermerkt standen. Manchmal ging ich beunruhigt zurück und überprüfte noch einmal alles, wofür mir Verantwortung übertragen war.

Immer war ich müde, wenn ich nach Hause ging, müde wie die Straßen, in denen sich Fahrzeuge und Menschen im Staub verloren; ich hörte das letzte Lärmen kaum, kaum den Wind, der sich im Park hob, und die Vögel, die mit hellen Schreien über die Dächer strichen und der Dämmerung bis an die Hügel und Weingärten vor der Stadt entgegenflogen.

Mein Weg führte mich durch die Innere Stadt.

In die Schaufenster traten Schatten und verbargen die Dinge, die darin gehäuft lagen, aber ab und zu flammten schon Neonlichter auf und drängten das einbrechende Dunkel gegen die Fassaden. Das bunte Licht floß über die Gehsteige auf die Straße, und von den höchsten Dächern sprachen Lichtreklamen mit den Leuchtschriften der Sterne, die erst blaß aus dem Himmel tauchten und dann glänzend und groß näher kamen.

An einem Sommerabend hielt ich, kaum spürend, daß ich stehenblieb, vor einer Auslage, und noch von weichen Luftzügen zum Weitergehen bestimmt, verharrte ich gedankenlos in einem Schauen, das sich mehr nach innen als nach außen kehrte.

In durchsichtiges Papier verpackt, zeigten sich mir kleine und größere Pakete, unregelmäßig in der Form und mit Schleifen gebunden, die, wie von einem Wind bewegt, hinter der Scheibe zitterten. Ich trat, aufmerksamer geworden, bis an den Rand des Gehsteiges zurück, um nach dem Firmenschild Ausschau zu halten, aber ich konnte keines entdecken; auch der Name des Inhabers fehlte. Neben dem Fenster lehnte, in der offenen Türe, ein Mann, die kalte Pfeife im Mundwinkel und die Arme über der Brust verschränkt. Seine Ärmel und die Aufschläge seines Rockes waren fadenscheinig und abgestoßen von zuviel Licht oder zuviel Dunkelheit. Es mochte der Verkäufer sein, ein Mann, den die Interesselosigkeit der Vorüberlaufenden interesselos an seinem Geschäft gemacht hatte, denn er sah so sehr mit sich selbst beschäftigt aus, als ließe man ihm schon seit langem Zeit dazu.

Ich dachte, daß ich ihn ohne weiteres ersuchen könne, mich eintreten zu lassen und mir einige von den Waren zu zeigen, obwohl mir einfiel, daß ich wenig Geld bei mir hatte – doch selbst, wenn ich mehr davon mit mir getragen hätte, wäre es mir nicht in den Sinn gekommen, etwas zu kaufen; auch wußte ich gar nicht, was es in diesem Laden zu kaufen gab. Zu all dem aber lag es mir überhaupt fern, planlos Besorgungen zu machen, denn ich legte damals sehr gewissenhaft den größten Teil meines Einkommens zur Seite, um im Winter in die Berge fahren zu können – genau genommen nicht einmal, um in die Berge zu kommen; ich pflegte das nur allen meinen Freunden zu sagen. Ich sparte, weil mir daran lag zu sparen; ich arbeitete, weil mir daran lag zu arbeiten; ich gönnte mir nichts, weil mir daran lag, mir nichts zu gönnen, und ich machte Pläne, weil es mir richtig schien, Pläne zu haben.

Ich zog meinen Hut und trat auf den Verkäufer zu.

»Ihr Schaufenster ist schlecht beleuchtet«, sagte ich vorwurfsvoll. »Ich möchte mir diese Dinge bei besserem Licht ansehen.«

»Was wollen Sie bei besserem Licht sehen?« fragte er mit einer weichen, aber spöttischen Stimme.

Undeutlich beschrieb ich mit der Hand einen von den Gegenständen, die ich durch das Fenster gesehen hatte, und stellte mich, neugierig geworden, neben den Mann auf die Schwelle, um einen Blick in das Innere des Ladens tun zu können.

Altes Gerümpel verstopfte den Raum, der nur schwach erhellt war; hinter dem Pult trennte ein dicht gewebter Vorhang den Laden von den anschließenden Räumen. Die Luft stand gesättigt von Staub und Stille, nur eine dicke Fliege, die sich von der Straße hineinverirrt haben mußte, kreiste summend um die Lampe, die nackt und ängstlich von der Decke baumelte.

Aus einer Wand sprangen Fächer, die voll mit Waren standen – ich konnte sie nicht genau ausnehmen, ich vermutete dies nur, weil hin und wieder die Enden einer Schleife über der Verpackung aufstanden.

Auf meiner Schulter spürte ich die Hand des Verkäufers, er schob mich tiefer in den Raum und schloß die Türe hinter sich. Dann ging er zum Lichtschalter und legte die Hand darauf. Überrascht und erschreckt folgte ich jeder seiner Bewegungen. Was hatte er mit mir vor? Er konnte mich niederschlagen, mir meine Brieftasche abnehmen . . . In meiner Verwirrung vermochte ich nicht, zur Tür zu laufen und mich ins Freie zu retten; ich blieb stumm, und mein Herz schlug rasend gegen meine Kehle.

»Wenn Sie einen Traum sehen wollen, muß ich den Raum verdunkeln«, erklärte er ruhig, drehte am Schalter, ging dann zum Fenster, durch das noch ein wenig Licht von den Straßenlaternen sickerte, und zog einen Vorhang vor.

Ich regte mich noch immer nicht; ich wollte ihn fragen,

was er damit meine – »Wenn Sie einen Traum sehen wollen . . .«, aber ehe ich zu dieser Frage ansetzte, offenbarten mir kleine Plakate in der Stellage wunderbare Inhalte, sie leuchteten auf, ihre Farben waren unvergleichlich, die Entfernung zwischen mir und den Fächern war aufgehoben, jedes Rot, jedes Silber stand vor meinen Augen, unfaßbar nah und dicht; Breite, Höhe und Tiefe waren ausgelöscht, mir wurde so warm, daß ich das Gefühl für meine Lage verlor, ich atmete kaum, und mir war, als sei ich in tiefes Wasser geraten, das mich trug und in dem ich schlief, selbst wenn ich die Augen offen hielt.

Mein Bewußtsein kehrte erst zurück, als ich in einem der Träume Anna sah; sie stand auf einem weißen, großen Schiff, ihr Körper war mit glänzenden Schuppen überzogen, und sie streckte die Arme nach mir aus. Über ihren Locken, die ein Wind hob und steil aufrichtete, kreiste ein schwarzer Vogel; ich fürchtete, er könne sie verletzen oder sie niederreißen, ich hielt mir die Hände vors Gesicht und suchte mir schnell einen anderen Traum. Goldene Bälle trafen, von niemandem geworfen, auf dem Boden auf und schnellten dann ein Stück zur Höhe, fielen herab und stiegen von neuem auf; es war ein wunderschönes Spiel, das ich gerne mitgespielt hätte. Dennoch wandte ich mich wieder zu Anna hin. Mir fiel ein, daß ich sie lange nicht mehr gesehen hatte, und ich dachte darüber nach, was sie wohl auf dem Schiff sollte, ––– denn sie wohnte, wie ich, in der Stadt, und wenn wir einander schon lange nicht mehr begegneten, war es nicht meine Schuld. Sie hatte es so gewollt – und nun streckte sie plötzlich die Arme nach mir aus und wünschte vielleicht, daß ich sie vor dem großen schwarzen Vogel bewahre.

Beklommen wandte ich mich um.

»Diesen Traum möchte ich nehmen«, sagte ich, »und diesen vielleicht auch. Drehen Sie das Licht wieder an!«

Im elektrischen Licht verblichen die Pakete, unscheinbar und staubig standen sie in den Regalen. Meine Augen brannten, ich fuhr mit der Hand über meine feuchte Stirne und trat an das Pult. Der Verkäufer nahm einen Bleistift aus der Lade und zog den Kassablock. Ehe er jedoch zum Schreiben ansetzte, fiel ich ihm in die Hand, fürchtend, daß ich nicht bezahlen könnte, was er verlangte.

»Ich kaufe nur einen Traum«, sagte ich hastig, »ich will nur den Traum von Anna . . .« – ich verbesserte mich rasch: ». . . nur den von dem Mädchen auf dem großen weißen Schiff.«

Nachdenklich setzte er unleserliche Zahlen auf ein neben dem Block liegendes Blatt Papier, als mache es ihm Mühe, den Preis zu errechnen.

»Einen Monat«, murmelte er schließlich und durchkreuzte seine Berechnungen mit einem festen Strich.

Ich lachte ihm ins Gesicht.

Sich den Kragen zurechtrückend, erläuterte er: »Ich mache keinen Scherz. Sie haben vielleicht erwartet, mit Geld bezahlen zu können, aber Sie werden wissen, daß Sie nirgends Träume für Geld bekommen. Sie müssen mit Zeit bezahlen. Träume kosten Zeit, manche sehr viel Zeit. Wir haben einen Traum – vielleicht darf ich ihn Ihnen zeigen –, für den wir ein Leben verlangen.«

»Danke« – ich unterbrach ihn, denn mir schwindelte – »ich fürchte, ich habe nicht so viel Zeit, ich werde nicht einmal die Zeit für den kleinen Traum haben, nach dem mich verlangt.« Ich trat ganz nahe an ihn heran und sah ihm beschwörend ins Gesicht. »Mich verlangt, mehr als Sie begreifen können, nach diesem Traum, ich würde Ihnen viel, vielleicht sogar alle meine Ersparnisse dafür geben, aber meine Arbeit geht meiner Zeit vor, und die wenigen Tage, die ich im Winter für mich haben werde, will ich in den Bergen zubringen. Und selbst wenn ich auf die Erholung verzichtete, würde meine Zeit nicht reichen, um diesen teuren Traum zu bezahlen.«

Wortlos warf der Verkäufer den Block an das Ende des Tisches: dann schritt er zur Türe und wies mich unmißverständlich hinaus. Ich ging, aber ich ging nicht, ohne meinen ganzen Mut, meine ganze Empörung zusammenzufassen – ich war fast sicher, daß ich meinen Verstand verloren hatte, ich kämpfte einen kurzen, heftigen Kampf, in dem ich mir vorwarf, mich schon zu sehr in dieses Geschäft eingelassen zu haben, aus dem ich vielleicht nicht mehr herauskonnte, nicht mehr heraus wollte.

»Hören Sie«, schrie ich dem Mann zu, der mich nicht mehr ansah, sondern gleichgültig auf die Straße blickte, »ich will darüber nachdenken, ich werde es mir überlegen und morgen wiederkommen. Legen Sie mir den Traum auf die Seite, erlauben Sie nicht, daß mir jemand zuvorkommt!«

Ehe ich mir Rechenschaft ablegen konnte, lief ich die Straße hinunter, dunkleren Straßen zu.

Spät kam ich nach Hause. Ich schlief erst ein, als mir der Morgen mit dunstigem Frühlicht die Augen bestrich, und erwachte bald darauf erschrocken, weil es spät war, fast zu spät, um noch rechtzeitig an die Arbeit zu kommen.

Der Tag wollte nicht vergehen, nicht über meinen eiligen Gängen, meinen eiligen Handgriffen und verdoppelten Anstrengungen, allem gerecht zu werden. Ich fürchtete, nichts und niemand mehr gerecht zu werden, nicht den Anforderungen, die man an mich stellte, nicht mehr mir selbst, nicht mehr meinem Wachen und Schlafen, wenn kein Traum hineinreichte oder ich in keinen Traum reichte.

Am Abend ging ich kreuz und quer durch die Stadt, die Rolladen fielen donnernd über die Schaufenster, vor jedem Laden schrak ich zusammen, weil ich fürchtete, ohne es zu wollen, vor den einen gekommen zu sein, den ich suchte und mied.

Nach diesem Heimweg wurden mir noch viele Heimwege zur Qual, bis ich eines Tages beschloß, meiner Unrast ein Ende zu setzen. Ich nahm mir vor, nur noch einmal nach diesem Traum zu sehen und mit dem Verkäufer zu sprechen, ihn zu bewegen, den Preis zu senken, den ich nicht zahlen wollte.

Vielleicht würde ich ihn doch bezahlen.

Als ich mich dem Haus näherte, in dem ich den Laden wußte, sah ich schon von weitem ein hohes Gerüst bis an das Dach reichen. Eimer mit Kalk und Bottiche mit Mörtel standen auf dem Gehsteig, und wo einst der kleine dunkle, mit Gerümpel gefüllte Laden gewesen war, standen leere, saubere Wände. Das Fenster war aus dem Rahmen gelöst worden.

Ein Arbeiter sprang von der Leiter und kam vor meine Füße zu stehen.

Ich war sehr ruhig, ich fragte ihn, wohin der Besitzer übersiedelt sei, er wußte es nicht, er wußte nicht einmal, daß es hier überhaupt ein Lokal gegeben habe. Ich hätte mich wahrscheinlich in der Hausnummer geirrt, meinte er.

»Nein«, erwiderte ich zerstreut und wandte mich zum Gehen. »Nein, ich habe mich nicht geirrt.«

In dieser Nacht schlief ich tief und fiel aus der zitternden Unruhe, die mich die ganze Zeit hindurch benommen gemacht hatte, in eine Ruhe, die sich nicht wieder aufheben ließ. Ich schlief und hörte die Sirenen nicht, die mich immer geweckt hatten; die Vögel vor dem Fenster lärmten vergeblich, und ich blieb selbst ruhig, als ich die Augen aufschlug und entdeckte, daß es Nachmittag war, die Stunden fliegend blauten, und der Sonnenzeiger am Himmel nach Westen wies.

Einige Wochen lang lag ich, von einer wohltätigen, fast schmerzlosen Krankheit ans Bett gefesselt; ich hatte viel Zeit, schmerzlose und traumlose Zeit. An dem Tag, an dem ich so weit hergestellt war, daß ich meiner Arbeit wieder hätte nachgehen können, erhielt ich von meiner Firma die Kündigung. Ich hatte mir eben zuviel Zeit genommen, und nun wurde mir noch einmal Zeit auf lange Zeit geschenkt. Zeit wofür?

Schnarchsäcke
und total verpennte Typen

CHARLES DICKENS

Von einem, der einschlief

Es gibt nicht leicht etwas Unangenehmeres, als nachts auf jemanden zu warten, besonders wenn dieser jemand in einer Gesellschaft ist. Man kann sich des Gedankens nicht erwehren, wie schnell den Leuten dort die Zeit vergeht, die sich für uns so träge dahinschleppt, und jemehr man daran denkt, desto mehr schwindet die Hoffnung auf die baldige Ankunft des Erwarteten. Auch ticken die Uhren so laut, wenn man so allein dasitzt, und man meint – wenigstens geht es *uns* immer so – man habe Unterkleider voll Spinnen an. Zuerst juckt es einem am rechten Knie, und dann stellt sich derselbe Reiz am linken ein. Ändert man seine Stellung, so kommt es in die Arme, und wenn man seine Beine in allen möglichen Richtungen die Kreuz und die Quere herumgeworfen hat, so juckt es einen plötzlich an der Nase, an der man sofort reibt, als wollte man sie hinwegreiben, was man gewiß auch täte, wenn es möglich wäre. Auch die Augen machen viel Unbehagen, und der Docht eines Lichtes wird anderhalb Zoll lang, bis man ihn putzt. Diese und andere kleine Nervenstimmungen machen das lange Aufbleiben, wenn alle übrigen schon zu Bette gegangen sind, keineswegs zu einem lustigen Zeitvertreib.

So dachte Herr Dowler, als er vor dem Feuer saß, und er ärgerte sich im Innersten seines Herzens über all' die gefühllosen Leute auf dem Ball, die ihn so lange hinhielten. Seine Laune wurde nicht verbessert durch den Gedanken, daß er es sich am Abend in den Kopf gesetzt hatte, Kopfweh haben zu wollen, um deswegen zu Hause bleiben zu können. Endlich, nachdem er zu wiederholten Malen eingenickt und gegen den Kamin vornüber gefallen war, sich aber immer wieder bald genug zurückgeworfen hatte, um das Gesicht nicht zu verbrennen, beschloß Herr Dowler, sich auf das Bett im Hinterzimmer zu legen, und daselbst seinen Gedanken nachzuhängen – natürlich nicht um zu schlafen.

»Ich habe einen harten Schlaf«, sagte Herr Dowler, als er sich aufs Bett warf. »Ich muß wach bleiben; hier werde ich das Klopfen wohl hören können. Ja. Ich dachte es doch. Ich kann den Nachtwächter hören. Da unten geht er. Jetzt schon leiser. Eben geht er um die Ecke. Ah!«

Als Herr Dowler so weit gekommen war, wandte auch er sich um die Ecke, an der er so lange gezögert hatte, und versank in einen festen Schlaf.

Schlag drei Uhr wurde eine Sänfte, mit Frau Dowler darin, vor das Haus gebracht. Die Träger waren ein kurzer, fetter Knirps und ein himmellanger Bursche, die auf dem Wege viel Mühe hatten, ihre Körper und vollends gar die Sänfte senkrecht zu erhalten; auf der Höhe und in der Nähe des Halbmondplatzes aber wütete und stürmte der Wind, der ihn von allen Seiten bestreichen konnte, so abscheulich, als wollte er das Straßenpflaster aufreißen; sie waren daher herzlich froh, die Sänfte endlich an Ort und Stelle niedersetzen zu können, und fingen an, tüchtig an die Tür zu klopfen.

Sie warteten einige Zeit, aber es kam niemand.

»Das Gesinde liegt gewiß in den Armen des Porphus«, sagte der kurze Sänftenträger, indem er sich die Hände an der Fackel des begleitenden Fackelbuben wärmte.

»Ich wollte, er klemmte sie, daß sie aufwachten«, bemerkte der Lange.

»Haben Sie die Güte, doch noch einmal zu klopfen«, rief Frau Dowler von der Sänfte herab. »Klopfen Sie noch zwei- oder dreimal.«

Der Kurze, der seiner Dienstleistung sobald als möglich los zu werden wünschte, stellte sich an die Tür und polterte aus Leibeskräften darauf los, zuerst in Absätzen von vier oder fünf, sodann von acht bis zu zehn Schlägen, indes sich der Lange auf die Straße stellte, ob er etwa an einem Fenster Licht bemerken möchte.

Niemand kam. Alles war still und finster wie zuvor.

»Mein Gott«, sagte Frau Dowler; »Sie müssen noch einmal klopfen.«

»Ist vielleicht eine Glocke da?« fragte der Kurze.

»O freilich«, fiel der Fackelträger ein; »ich habe schon an einem fort daran geläutet.«

»Bloß der Handgriff ist da«, sagte Frau Dowler; »der Draht ist zerbrochen.«

»Ich wollte, Ihrer Dienerschaft wären die Köpfe zerbrochen«, knurrte der Lange.

»Ich muß Sie bemühen, gefälligst noch einmal zu klopfen«, sagte Frau Dowler mit der größten Höflichkeit.

Der Kurze klopfte noch mehrere Male, aber ohne den geringsten Erfolg. Dem Langen riß jetzt die Geduld, er löste ihn ab, und klopfte in einem fort mit gewaltigen Doppelschlägen an die Tür wie ein wahnsinniger Briefträger.

Endlich begann Herr Winkle zu träumen, er sei in einem Klub; die Mitglieder haben Streit miteinander bekommen und der Präsident sei genötigt, gewaltig auf den Tisch zu hämmern, um die Ordnung wiederherzustellen; sodann schwebte ihm dunkel ein Auktionszimmer vor, wo es an Kaufliebhabern fehlte und der Auktioneur alles selbst kaufen mußte; endlich fing er an zu denken, es könne in den Grenzen der Möglichkeit liegen, daß jemand an die Haustür klopfe. Um jedoch ganz sicher zu gehen, blieb er noch etwa zehn Minuten ruhig im Bett und horchte. Erst als er zwei- oder dreiunddreißig Schläge gezählt hatte, gab er sich zufrieden und bildete sich nicht wenig auf seine Wachsamkeit ein.

»Rap rap – rap rap – rap rap – ra, ra, ra, ra, ra, rap«, erschallte der Klopfer an der Haustür.

Höchlich verwundert, was dies wohl sein könne, sprang Herr Winkle aus dem Bett, zog schleunigst Strümpfe und Pantoffeln an, wickelte seinen Schlafrock um sich, zündete an dem Nachtlicht, das auf dem Kamin brannte, eine kleine Kerze an und eilte die Treppe hinab.

»Endlich kommt doch jemand, Madame«, sagte der kurze Sänftenträger.

»Ich wollte, ich wäre mit der Hetzpeitsche hinter ihm her«, murrte der Lange.

»Wer ist draußen?« fragte Herr Winkle, den Riegel zurückschiebend.

»Frag' nur nicht, du Eselskopf«, erwiderte in großem Ärger der Lange, der nicht anders glaubte, als der Fragende sei ein Bedienter; »aufgemacht!«

»Vorwärts! schnell! Du Faultier!« fügte der Kurze aufmunternd hinzu.

Herr Winkle, der noch halb im Schlaf war, gehorchte dem Befehl mechanisch, öffnete die Tür ein wenig und blickte hinaus. Das erste, was er sah, war der rote Glanz der Fackel. Bei diesem unerwarteten Anblick erschrak er, und in der Meinung, das Haus stehe in Flammen, stieß er schnell die Tür weit auf, hielt das Licht über seinen Kopf empor und starrte geradeaus vor sich hin, ohne sich überzeugen zu können, ob das, was er erblickte, eine Sänfte sei oder eine Feuerspritze. In diesem Augenblick kam ein heftiger Windstoß, das Licht wurde ausgeblasen, Herr Winkle fühlte sich unwiderstehlich auf die Stufen vor der Haustür hingetrieben, und die Tür selbst schlug mit lautem Krachen zu.

»Da haben Sie's, junger Mann«, sagte der kurze Sänftenträger.

Als Herr Winkle durch das Fenster der Sänfte hindurch das Gesicht einer Dame erblickte, wandte er sich eiligst um, klopfte aus Leibeskräften an die Tür und schrie den Trägern wie wahnsinnig zu, sie sollten mit der Sänfte ihres Weges gehen.

»Fort damit! fort damit!« rief Herr Winkle. »Da kommt jemand aus einem andern Hause; laßt mich in die Sänfte hinein. Versteckt mich, helft mir.«

Dabei schauerte er vor Kälte, und jedesmal, wenn er die Hand nach dem Klopfer erhob, faßte der Wind auf eine höchst unzarte Weise seinen Schlafrock.

»Da kommen ja Leute. Es sind Damen dabei; bedeckt mich doch mit irgend etwas; stellt euch vor mich hin«, heulte Herr Winkle.

Allein die Sänftenträger waren zu sehr durch Lachen in Anspruch genommen, als daß sie ihm den geringsten Beistand hätten leisten können, und die Damen kamen mit jedem Augenblick näher und immer näher.

Herr Winkle tat einen letzten hoffnungslosen Schlag; die Damen waren nur noch um einige Häuser entfernt. Er warf das ausgelöschte Licht, das er in der ganzen Zeit über seinen Kopf emporgehalten hatte, weg und stürzte geradezu auf die Sänfte los, worin Frau Dowler saß.

Jetzt hatte Frau Craddock endlich auch das Klopfen und Lärmen gehört, und nachdem sie sich nur soviel Zeit genommen hatte, um eine andere Kopfbedeckung als ihre Nachthaube aufzusetzen, rannte sie nach dem vordern Wohnzimmer, um zu sehen, ob es die rechten Leute seien, und rückte das Schiebfenster gerade in dem Augenblick zurück, als Herr Winkle auf die Sänfte losstürzte. Kaum aber hatte sie gesehen, was unten vorging, so erhob sie ein gewaltiges Jammergeschrei und weckte Herrn Dowler mit der Bemerkung, er solle doch sogleich aufstehen, denn seine Frau laufe mit einem andern Herrn davon.

Herr Dowler sprang vom Bett auf wie ein Gummiball, stürzte in das vordere Zimmer, kam in demselben Augenblick an ein Fenster, wo Herr Pickwick ein anderes aufriß, und das erste, was sich ihren erstaunten Blicken darbot, war Herr Winkle, der in die Sänfte hineinstürmen wollte.

»Nachtwächter!« schrie Dowler wütend, »fangt ihn – packt ihn – haltet ihn fest, bis ich hinabkomme. Ich will ihm die Kehle abschneiden – gebt mir ein Messer – ja, von einem Ohr bis zum andern, Frau Craddock.«

Und trotz dem Jammergeschrei der Hausfrau, in das Herr Pickwick mit einstimmte, ergriff der entrüstete Ehemann ein kleines Tischmesser und stürzte auf die Straße hinunter.

Doch Herr Winkle erwartete ihn nicht. Kaum hörte er die schreckliche Drohung des tapfern Dowler, so sprang er ebenso schnell wieder aus der Sänfte heraus, als er hineingesprungen war, schleuderte seine Pantoffeln in die Straße, gab Fersengeld und rannte, hitzig verfolgt von Dowler und dem Nachtwächter, um den Halbmondplatz herum. Er behielt immer einen Vorsprung, und als er zum zweitenmal vor das Haus kam und die Tür offen stand, stürzte er hinein, warf sie Dowler vor der Nase zu, sprang in sein Schlafzimmer, verschloß die Tür, pflanzte als Verrammlung einen Toilettentisch nebst einigen Kommoden davor auf, und packte einige notwendige Sachen zusammen, in der Absicht, mit Tagesanbruch zu entfliehen.

Dowler kam vor seine Tür, erklärte durch das Schlüsselloch hinein seinen festen Entschluß, Herrn Winkle am folgenden Tag die Kehle abzuschneiden, und nach einem gewaltigen, verworrenen Lärm im Gesellschaftszimmer, wobei man vor allem Herrn Pickwicks Stimme vernahm, der Frieden zu stiften bemüht war, zerstreuten sich die Hausgenossen nach ihren verschiedenen Schlafgemächern, worauf alles wieder ruhig wurde.

IWAN GONTSCHAROW

Ein Weckversuch

Bald nach vier öffnete Sachar vorsichtig, lautlos die Vorzimmertür und schlich auf Zehenspitzen in seine Stube; hier trat er an die Tür des Arbeitszimmers seines Herrn und legte erst das Ohr an die Tür, hockte sich dann nieder und spähte durch das Schlüsselloch.

Im Arbeitszimmer tönte gleichmäßiges Schnarchen.

»Er schläft«, flüsterte er. »Man wird ihn wecken müssen; es ist bald halb fünf.«

Er räusperte sich und betrat das Zimmer.

»Ilja Iljitsch! Ilja Iljitsch!« begann er leise, zu Häupten Oblomows stehend. Das Schnarchen dauerte an.

»Was der aber ratzt!« sagte Sachar. »Just wie ein Steinklopfer. Ilja Iljitsch!«

Sachar faßte Oblomow sachte am Ärmel.

»Stehen Sie auf, es ist halb fünf.«

Ilja Iljitsch brummte nur was, wachte aber nicht auf.

»Stehen Sie doch auf, Ilja Iljitsch! 's ist eine Schmach und Schande!« sagte Sachar, seine Stimme erhebend.

Keine Antwort.

»Ilja Iljitsch!« wiederholte Sachar, den Herrn am Ärmel fassend.

Oblomow drehte den Kopf ein wenig, schlug das eine Auge mit Mühe auf, als wäre es gelähmt, und glotzte Sachar an.

»Wer ist da?« fragte er mit heiserer Stimme.

»Ich bin es. Stehen Sie auf.«

»Pack dich fort!« knurrte Ilja Iljitsch und sank wieder in tiefen Schlaf.

Statt des Schnarchens ließ sich jetzt ein Pfeifen durch die Nase vernehmen.

Sachar zupfte ihn am Schlafrock.

»Was willst du?« fragte Oblomow drohend und riß plötzlich die Augen auf.

»Sie wünschten geweckt zu werden.«

»Schon gut, ich weiß! Du hast deine Pflicht getan; scher dich jetzt fort! Alles andere ist meine Sache . . .«

»Ich werde nicht gehen«, sagte Sachar und faßte ihn wieder am Ärmel.

»Ich hab' dir doch gesagt, du sollst mich nicht anrühren!« sagte Ilja Iljitsch sanft, steckte den Kopf ins Kissen und wollte weiterschnarchen.

»Es geht nicht, Ilja Iljitsch«, sagte Sachar. »Ich wollte ja herzlich gerne – aber es geht wirklich nicht!«

Und immer wieder faßte er den Herrn an.

»Tu mir den einzigen Gefallen und stör mich nicht«, sagte Oblomow beschwörend und schlug beide Augen auf.

»Ja, und wenn ich Ihnen diesen Gefallen tue, werden Sie später böse sein, daß ich Sie nicht geweckt habe . . .«

»Ach, du mein Gott! Dieser entsetzliche Mensch!« sagte Oblomow. »Laß mich doch wenigstens einen Augenblick noch schlafen! Was liegt denn an diesem einen Augenblick? Ich weiß ja selber . . .«

Ilja Iljitsch verstummte plötzlich, vom Schlaf übermannt.

»Du verstehst aber zu ratzen!« sagte Sachar, fest davon überzeugt, daß sein Herr ihn nicht höre. »Da schnarcht er wie ein Klotz! Warum bist du überhaupt zur Welt gekommen? Steh doch endlich auf, hörst du nicht . . .?« brüllte Sachar.

»Was? Was?« sagte Oblomow drohend und hob den Kopf.

»Warum stehen Sie denn nicht auf, Herr?« erwiderte Sachar sänftiglich.

»Nein – was hast du eben gesagt? He! Wie wagst du es – wa . . .?«

»Wie meinen?«

»Mir grob zu kommen?«

»Das haben Sie nur geträumt . . . bei Gott, Sie haben nur geträumt.«

»Du glaubst wohl, ich schlafe? Ich schlafe nicht, ich höre alles . . .«

Aber schon schlief er weiter.

»Na«, sagte Sachar verzweifelt, »du bist mir aber einer! Was liegst du wie ein Klotz da? Einem wird ja schlecht, wenn man dich nur ansieht. Schaut nur her, liebe Leute! . . . Pfui!«

»Stehen Sie auf! Stehen Sie auf!« begann er plötzlich mit banger Stimme. »Ilja Iljitsch! Sehen Sie nur, was hier geschieht . . .«

Oblomow hob rasch den Kopf, blickte umher und sank dann wieder mit einem tiefen Seufzer zurück.

»Laß mich in Ruh!« sagte er würdevoll. »Ich habe dir befohlen, mich zu wecken; aber jetzt hebe ich den Befehl wieder auf – hast du verstanden? Ich werde aufwachen, wenn es mir paßt.«

Mitunter kam es vor, daß Sachar dann von ihm abließ und sagte:

»Dann schlaf eben; der Teufel soll dich holen!«

Aber wieder ein andermal setzte er seinen Willen durch – so auch jetzt.

»Stehen Sie auf! Stehen Sie auf!« brüllte er, so laut er konnte, und zerrte Oblomow mit beiden Händen am Ärmel und am Schoß des Schlafrocks.

Plötzlich und unerwartet sprang Oblomow auf die Beine und stürzte auf Sachar los.

»Wart nur, ich will dir zeigen, was es bedeutet, seinen Herrn zu stören, wenn er ruhen will!« sagte er.

Sachar rannte davon, was ihn die Beine trugen, aber Oblomow hatte keine drei Schritte gemacht, als ihn seine Schlaftrunkenheit verließ. Er reckte sich und gähnte.

»Gib . . . Kwas . . .«, sagte er, zwischendurch gähnend.

Hinter Sachars Rücken ertönte plötzlich helles Lachen. Beide sahen sich um.

»Stolz! Stolz!« rief Oblomow ganz begeistert und flog dem neuen Besucher entgegen.

»Andrej Iwanowitsch!« sagte Sachar, übers ganze Gesicht grinsend.

Stolz schüttelte sich immer noch vor Lachen; er hatte sich die ganze Szene mit angesehen.

JULIANE WINDHAGER

Der Faulste im Land

Ein junger König hatte seine Kindheit noch nicht vergessen, weder die Vorwürfe seines Hofmeisters, wenn er nicht ausreichend gelernt hatte, noch die endlosen Monologe, mittels derer er sein Wissen eingetrichtert bekam. Gleichsam um sich zu rächen, stiftete er den Preis für Faulheit, jetzt, da der Hofmeister nichts mehr einwenden konnte. Und er freute sich schon auf die entrüsteten Gesichter bei Hof.

Eines Tages, es war Morgen und Frühling, fuhr dann der junge Landsherr in seiner sechsspännigen Karosse über Land. Überall herrschte reges Treiben: ein Müller mahlte, der Tischler hobelte, die Waschfrau wusch, die Bauern bestellten ihre Äcker. Einer allein tat nichts. Der wohlgenährte Bursche lag schlafend im Schatten eines Apfelbaumes und schnarchte so gewaltig, daß die Blätter zitterten. Saftige, rotgestreifte Äpfel hingen dem Schläfer beinahe in den Mund. Er kümmerte sich nicht darum.

Der König ließ eine Fanfare schmettern und beugte sich über den Burschen im Gras. Da begann dieser zu blinzeln und laut zu gähnen. »Man reiche mir meinen Beutel«, sagte der junge Mäzen, und so geschah es. »Der Saffianbehälter voller Dukaten soll dir gehören«, erklärte er, »denn, meiner Seele, du bist der Faulste in meinem Land!«

Der Bauernbursche blieb liegen, wo er war. Mürrisch über die Störung, schob er die Golddukaten beiseite. Lediglich sein rechter Zeigefinder wies auf die Hosentasche: dorthin solle man die Dukaten tun. Dann drehte er sich im Grase um und schnarchte weiter.

»Ich muß doch öfter über Land fahren«, murmelte der König und beschloß, seinen Hofpoeten eine lange Laudatio für den faulsten Menschen in seinem Lande schreiben zu lassen.

Von dem Mann im Grase könnte ich noch manches lernen, dachte der König, in seine samtenen Polster zurückgelehnt, indes die Schimmel vor der Karosse lostrabten und der Staub wirbelte. Zum Beispiel dürfte ich nicht zu meinem Wagen gehen, um einzusteigen, sondern müßte mich dorthin tragen lassen.

Aber ach, was ist schon vollkommen auf dieser Welt!

MAX FRISCH

Das Märchen von Rip van Winkle

Rip van Winkle, ein Nachkomme jener unerschrockenen van Winkles, die unter Hendrik Hudson dereinst das amerikanische Land erschlossen hatten, war ein geborener Faulenzer, dabei, wie es scheint, ein herzensguter Kerl, der nicht um der Fische willen fischte, sondern um zu träumen, denn sein Kopf war voll sogenannter Gedanken, die mit seiner Wirklichkeit wenig zu tun hatten. Seine Wirklichkeit, ein gar braves Weib, die jedermann im Dorf nur bedauern oder bewundern konnte, hatte es denn auch nicht leicht mit ihm. Rip fühlte es wohl, daß er einen Beruf haben müßte, einen männlichen Beruf, und liebte es, sich als Jäger auszugeben, denn dies hatte den Vorteil, daß er sich tagelang umhertreiben konnte, wo ihn niemand sah. Meistens kam er ohne eine einzige Taube zurück, beladen nur mit schlechtem Gewissen. [. . .]

Einmal zogen sie wieder auf die Eichhörnchenjagd, Rip und sein treuer Hund, strammen Schrittes, solange das Dorf sie sehen konnte; dann, wie üblich, machte Rip seinen ersten Halt, futterte ein bißchen von seinem Imbiß, und Bauz paßte auf, ob jemand um den Hügel käme. Dafür, wie üblich, bekam Bauz einen kleinen Knochen, und Rip steckte sich seine Pfeife an, um dem braven Hund, der laut an dem kahlen Knochen fletschte, auch eine geziemende Muße zu gönnen. Endlich trotteten sie weiter in den Morgen hinaus, in das weite Hügelland über dem glitzernden Hudson, eine herrliche Gegend, wie man noch heute feststellen kann, und es fehlte nicht an Eichhörnchen. Gott weiß, warum Rip sich vor allen Leuten immerfort als Jäger ausgab! In Gedanken versunken, die nie ein Mensch erfahren hat, schlenderte er durch den Wald. Auch Hasen gab es hier, ja sogar ein Reh! Rip blieb stehen und betrachtete das verwunderte Tier mit Andacht, die Hände in den Rocktaschen, die Flinte an der Schulter, die Pfeife im Mund. Das Reh, das ihn offenbar durchaus nicht für einen Jäger hielt, schickte sich an, in Gelassenheit zu weiden. Man muß ein Jäger sein! sagte sich Rip, indem er plötzlich an die abendliche Wirtschaft dachte und an sein getreues Weib, und nahm seine Flinte in den Anschlag. Er zielte auf das Reh, das ihn anblickte; er drückte auch ab, nur war kein Pulver drin! Es war seltsam, der Hund bellte, obzwar kein Schuß gefallen war, und im selben Augenblick hörte man Rufe aus der Schlucht: Rip van Winkle, Rip van Winkle! Ein gar merkwürdiger Geselle, keuchend unter einer harten Bürde, kam aus der ebenso unvermuteten wie felsigen Schlucht herauf, gebückt, so daß sein Gesicht nicht zu sehen war, doch schon die Kleidung war verblüffend, ein Tuchwams wie auf altertümlichen Bildern und weite Hosen mit bunten Bändern, ja, auch ein Knebelbart fehlte nicht, wie ihn die Vorfahren einst getragen hatten. Auf den Schultern aber trug er ein stattliches Fäßlein voll Branntwein. Rip ließ sich nicht lange rufen. Du bist ein höflicher Mensch! sagte der Geselle mit dem Knebelbart: Du bist ein hilfsbereiter Mensch! und mit diesen Worten, die Rip so gerne hörte, rollte er ihm das Fäßlein auf die Schultern, so daß Rip auf weitere Fragen verzichtete. Erst ging es den Berg hinauf, dann hinunter in eine andere Schlucht, eine Gegend, die Rip noch nie gesehen hatte. Auch Bauz, der treue Hund, fühlte sich gar nicht heimisch, schmiegte sich an die Beine seines Herrn, winselte. Denn es rollte wie Donner aus der Schlucht! Endlich war es soweit, das harte Fäßlein von seinen schmerzenden Schultern genommen, so daß Rip sich aufrichten und sich umsehen konnte. Das ist Rip van Winkle! sagte der Geselle mit dem Knebelbart, und Rip sah sich inmitten einer Gesellschaft von durchwegs alten Herren mit niederländischen Hüten, mit steifen und feierlichen Gesichtern, mit altertümlichen Krausen. Niemand sprach ein Wort, nur Rip nickte. Es war, wie sich zeigte, eine Gesellschaft von Kegelspielern. Daher das Rollen und Donnern in der Schlucht! Rip mußte sogleich die Krüge füllen, jeder der alten Herren nahm einen beträchtlichen Schluck, dann kehrten sie schweigend zu ihrem Kegelspiel zurück, und Rip, da er sich nun einmal gerne als höflichen Menschen zeigte, konnte nicht umhin, die Kegel aufzustellen. Nur ab und zu, hastig, konnte er einen Schluck aus dem Krug nehmen. Wacholderschnaps war es, sein Lieblingsschnaps! Aber schon wieder spritzten die Kegel auseinander und jedesmal mit einem gellenden Krach, dessen Echo durch die ganze Schlucht hallte. Rip hatte alle Hände voll zu tun. Und das Krachen und Rollen nahm kein Ende mehr. Kaum standen die schweren und etwas wackligen Kegel wieder in Ordnung, so daß Rip nach dem Wacholderschnaps greifen konnte, trat der nächste Herr in die Bahn, kniff sein linkes Auge, um zu zielen, und schob seine steinerne Kugel, die wie ein Gewitter rollte. Es war schon eine ziemlich seltsame Gesellschaft, wie gesagt, kein Wort wurde gesprochen, und so wagte denn auch Rip nicht zu fragen, wann er wohl wieder entlassen würde aus dieser Fron. Ihre Gesichter mit den niederländischen Hüten und den altertümlichen Krausen, wie die Vorfahren sie trugen, waren so würdig. Nur im Augenblick, wenn Rip neuerdings die Kegel aufstellte, hatte er das leidige Gefühl, daß man hinter seinem Rücken grinste, doch konnte Rip sich ja nicht umdrehen und schauen, denn schon, seine Hand noch an dem letzten Kegel, der wackelte, hörte er das drohende Rollen der nächsten Kugel und mußte zur Seite springen, damit sie nicht seine Beine zermalmte. Es war nicht zu sehen, wann diese Fron jemals ein Ende nehmen würde. Das Fäßlein mit dem Branntwein schien unerschöpflich, immer wieder mußte Rip den Krug füllen, immer wieder nahmen sie einen Schluck, immer wieder kehrten sie schweigend zu ihrem Kegelspiel zurück – Es gab nur eins: Rip mußte erwachen! . . . Die Sonne versank schon in den braunen Abenddunst, als Rip sich aufrichtete, die Augen rieb. Es war Zeit, nach Hause zu gehen, allerhöchste Zeit. Aber vergeblich pfiff er seinem Hund. Eine Weile, noch traumwirr, schaute Rip nach der Schlucht zurück und nach den Kegelspielern mit ihren niederländischen Hüten, mit ihren altertümlichen Krausen, aber das alles gab es ja gar nicht! Draußen glitzerte der breite Hudson wie einst und je, und wäre bloß der Hund mit seinem getreuen Gewedel gekommen, hätte Rip nicht länger an den Traum gedacht. Er hätte sich auf dem Heimweg überlegt, was er im Dorf erzählen würde. Ein wenig, gewiß, kamen sie ihm wie die wackligen Kegel vor, diese Geschichten, die er immer aufzustellen hatte, damit die andern sie umwerfen konnten. Von Bauz keine Spur! Endlich nahm Rip seine Flinte aus dem Gras, aber siehe da, sie war von Wacholder überwuchert. Und nicht nur das, rostig war sie auch, die jämmerlichste Flinte der Welt! Der hölzerne Schaft war verfault. Rip schüttelte den Kopf, drehte das Ding einige Male in der Hand, dann warf er es weg und erhob sich. Denn schon ging die Sonne unter. Daß die verblichenen Knochen, die neben seinem Beutel lagen, die letzten Reste seines treuen Hundes sein sollten, das Skelett von Bauz, das wollte Rip nicht glauben. Aber was sollte es anderes sein? Es stimmte schon, er träumte nicht, er rieb sich das Kinn und griff einen Bart, der ihm auf die Brust reichte, einen Greisenbart. Jahre waren vergangen. Wie viele? Jedenfalls war es spät. Von Hunger getrieben und wohl auch von Neugierde, wieviel an Leben ihm noch verblieben wäre nach jenem dummen Kegelspiel, kam Rip van Winkle in sein trautes Dorf, dessen Straßen und Häuser er nicht wiedererkannte. Lauter Fremde! Nur sein eigenes Häuschen stand noch verlottert wie je, leer und ohne Fensterscheiben, Wind wohnte darin. Und wo war Hanne, seine Frau? Langsam packte ihn doch das Grauen. Die alte Wirtschaft, wo man stets das Nötige erfuhr, war nimmer zu finden. Verloren und einsam, verstört, furchtsam und von fremden Kindern umringt, fragte er nach den alten Kumpanen. Man wies ihn auf den Friedhof oder zuckte die Achsel. Endlich fragte er (mit leiser Stimme) auch nach sich selbst: Ob denn niemand mehr da wäre, der Rip van Winkle kennt? Sie lachten. Rip van Winkle, der Eichhörnchenjäger, war ihnen wohlbekannt, und er hörte gar schnurrige Geschichten von dem Mann, der vor zwanzig Jahren, wie jedes Kind weiß, in eine Schlucht gestürzt oder den Indianern in die Hände gefallen war. Was sollte er tun? Scheu fragte er nach Hanne, der Frau jenes Eichhörnchenjägers, und da sie ihm sagten, ja, die wäre schon lange vor Kummer gestorben, weinte er und wollte gehen. Wer er denn selber wäre? fragte man ihn, und er besann sich. Gott weiß es! sagte er: Gott weiß es, gestern noch meinte ich es zu wissen, aber heute, da ich erwacht bin, wie soll ich es wissen? Die Umstehenden tippten mit dem Finger gegen ihre Stirnen, und umsonst erzählte er die wunderliche Geschichte mit den Kegeln, die kurze Geschichte, wie er sein Leben verschlafen hätte. Sie wußten nicht recht, was er damit sagen wollte. Er konnte es auch anders nicht sagen, und bald gingen die Leute wieder ihres Wegs, nur ein junges und ziemlich hübsches Weib blieb stehen. Rip van Winkle ist mein Vater gewesen! sagte sie: Was weißt denn du von ihm? Eine Weile blickte er in ihre Augen und spürte wohl auch die Versuchung zu sagen, daß er ihr Vater wäre, aber war er es denn, den sie alle erwarteten, der Eichhörnchenjäger mit den Geschichten, die immer ein wenig wackelten und umfielen, wenn sie lachten? Endlich sagte er: Dein Vater ist tot! Und so ließ auch das junge Weib ihn stehen, was ihn schmerzte, doch es mußte wohl sein. War er denn umsonst erwacht? Er lebte noch einige Jahre im Dorf, ein Fremdling in fremder Welt, und verlangte nicht, daß sie ihm glaubten, wenn er von Hendrik Hudson erzählte, dem Entdecker des Flusses und Landes, und von seiner Schiffsmannschaft, die von Zeit zu Zeit sich in den Schluchten versammle und Kegel spiele, und wenn er meinte, dort müßten sie ihren alten Rip van Winkle suchen. Man lächelte, gewiß, in heißen Sommertagen hörte man zuweilen ein dumpfes Rollen hinter den Hügeln, ein Gepolter wie von Kegeln; doch die Erwachsenen hielten es immer nur für ein gewöhnliches Gewitter, und das war es wohl auch. –

ERICH FRIED
Kleine Trompete

Es hat leise zu schnarchen begonnen. Neben ihm. Seine Frau. Ganz leise. Vielleicht ist es sie. Oder nicht sie, sondern das kleine Stechen. Und sie *und* das kleine Stechen. Kein gerades Stechen, sondern ein geknicktes Stechen. Eine kleine aber unerträgliche geknickte Nadel im Genick, ein wenig rechts von der Mittellinie. Rückgrat. Als Kind hat es Rückrad geheißen. Ein Zahnrad. Jeder Zahn tat weh. Ein stechender Schmerz zwischen nicht fühlbarem Körper und fühllosem Kopf. Nur durch den Schmerz Dasein, Wachsein.

Das Schnarchen ist kein Schnarchen. Es steht nicht einmal fest, von wem das kommt, was kein Schnarchen ist. Er hat sich auch schon oft selbst ganz leise zischen gehört, winseln fast, schon nach dem Fallen, schon nach dem Lokkerlassen der Muskeln, aber noch vor dem Einschlafen. Vor dem Schlafen, oder wenn das Erwachen noch nicht wach ist. Schnarchen ist es nicht. Aber was ist es?

Gegenprobe: Selber mit dem Atem rasseln, ganz leise, weniger als ein Knurren, weniger als ein Knarren. Nein, denn das andere Geräusch geht dennoch weiter. Es kann sogar das Bett sein. Es war oft das Bett. Rhythmische Atembewegungen verfangen sich in das Ineinander der stahldrahtgeflochtenen Unterlage. Verfangen. Alle Teile wollen ineinander, können nicht ineinander; wollen auseinander, können nicht auseinander. Manchmal ein Quieken. Unangenehm. Liebestörend.

Es ist doch seine Frau. Oder es *war* seine Frau. Und wird sie je wieder seine Frau sein? Jetzt ist sie es. Nicht seine Frau. Nicht Frau, sondern ein Schnarchen. Aber eigentlich kein Schnarchen, sondern ein ganz dünnes Trompeten. Die Nase nicht frei. Verschnupft. Bei jedem Atemzug. Es wird langsam lauter. Oder hört er nur genauer zu? Der Nacken tut weh. Dieses Kissen ist zu steil, zu dick, zu hoch, zu hart. Der geknickte Schmerz ist weg. Das Unbehagen ist auf den ganzen Nacken verteilt.

Eigentlich lustig, dieses Trompeten. Dünn und schwach, nur hörbar in der Hörstille, in der höheren Stille der Nachmitternachtnachtzeit.

Pfff-fff, pfff-fff, pfh-fh, pfh-fh. Das Geräusch ist nicht näher auszuhorchen, nicht weiter einzudenken. Irgendwo ist auch ein r drin, ein Knurren. Irgendwo auch ein Liedklang, ja, musikalisch, und vor allem eine Klage, fast ein Jammern. Und es hört nicht auf. Sehr lustig zuerst, aber wie ein Witz, der erkaltet. Pfh-fh. Es fröstelt schon ein wenig. Es wird nicht besser.

CURT MARONDE

Thema mit Variationen

Mit Humor betrachtet, ist Schnarchen ein musikalisches »Thema mit Variationen«. Beginnen wir mit dem munteren Rasselgeräusch. Der Schnarcher scheint damit beschäftigt, die Bettpfosten abzusägen oder ganze Wälder zu Kleinholz zu machen. Man sieht geradezu das sich rhythmisch bewegende Sägeblatt.

Dagegen ist das Schnarchen mit Kontrapunkt ein Crescendo und Diminuendo vieler Instrumente bis zum Furioso. Man fühlt sich in einen Konzertsaal versetzt. Diese Schlaf-Variante kann durchaus melodische Akzente haben.

Dann wieder klingt das Schnarchen wie ein mächtiger Blasebalg, wie ein Orchestrion oder wie das Wehklagen einer armen Seele im Fegefeuer. Andere Schläfer schnarchen pianissimo: das sanfte Schnurren einer Katze, das sinnliches Behagen ausströmt.

Eins ist allen Schnarchern gemeinsam: Sie schlafen beneidenswert fest und tief. Ihr Schnarchen zeugt von restloser Hingabe an den Schlaf; das akustische Zeugnis dafür, daß da einem Menschen rundherum wohl ist, daß Blut durch seine Adern pulst und seine Lungen arbeiten, daß er auch im Schlaf »leibt und lebt«. Der Schlaflose aber ist nahe daran, vor Neid und Nervosität zu zerplatzen. Er ist ja dazu verdammt, dem Schnarcher zuzuhören, der ihm laut oder leise, zärtlich schnurrend oder grausam sägend signalisiert: Ich bin in einer anderen, seligen Welt, im Nirvana der Schläfer, wo man nach Herzenslust schnarchen darf; und wen, zum Teufel, geht das was an?

Besitzen Sie das beneidenswerte Talent, bei Donner und Blitz, bei nervenzerfetzendem Straßenlärm und lautstärkstem Schnarchkonzert wie ein Murmeltier zu schlafen? Dann hätten Sie im England des 15. Jahrhunderts leben können. Damals schlief man im »Trinitybett«, das drei Stockwerke hatte. König Eduard der Vierte besaß so ein Monstrum von Bett, an dem die Hofschreiner zehn Jahre gebaut haben sollen. Oben ruhte die königliche Familie, darunter prominente Staatsdiener nebst den jeweiligen adligen Gästen, und im untersten Teil schlief die Dienerschaft. Insgesamt über hundert Personen. Das muß eine phantastische Schnarch-Orgie ergeben haben.

Warum schnarcht man überhaupt? Die medizinische Erklärung wäre, daß der Sauerstoffgehalt des Blutes während des Schlafens zu tief sinkt. Der Körper reagiert dann mit Vibrieren des »weichen« Gaumens als Sicherheitsventil. So wird der Sauerstoffgehalt des Blutes wieder aufgefrischt.

Ein anderer Grund: Man schnarcht, wenn beim Atmen durch den Mund der Luftstrom das entspannte Gaumensegel in Schwingung versetzt. Schnupfen, Heuschnupfen oder andere Erkältungskrankheiten, Polypen, vergrößerte Mandeln oder Drüsen, auch Tabakmißbrauch können Schnarchen bewirken oder verstärken. Nicht alle Schläfer, die durch den Mund atmen, schnarchen, doch die meisten, die beim Schlafen die Rückenlage einnehmen. [. . .]

Daß Schnarchen auch zum Lebensretter werden kann, diese Erfahrung machte ein bierseliger Schläfer in München. Der Polizei gelang dort auf der Wiesn beim Oktoberfest ein kurioser Fund.

Aus einem Müll-Container barg sie einen total betrunkenen Schläfer. Der mit ihm und mit abgenagten Hühnerknochen bis zum Rand gefüllte Behälter stand schon zum Abtransport in die Müllverbrennungsanlage bereit.

Der Volltrunkene, fest Schlafende war der Polizeistreife in der Morgenstille nur dadurch aufgefallen, daß er kräftig schnarchte.

BERNHARD LASSAHN

Käpt'n Blaubär bei den Schnarchindianern

So, ab in die Falle mit euch! Ab ins Bettchen, husch, husch! Es hat schon sieben Glasen geschlagen und draußen ist es auch schon dunkel. Ihr solltet wirklich längst schlafen. Schlaft ein und träumt was Schönes.

Ich gehe selber auch gleich ins Bett. Und morgen früh, wenn ich aufstehe, werde ich mir zuerst eine schöne Tasse Kaffee kochen. Eine Tasse beste Bärenbohne. Dabei fällt mir ein: Kennt ihr zufällig die Geschichte von den Schnarchindianern vom Orinoko? Nicht? Na so was. Dann hört mal zu: Eine ganz verpennte Bande war das. Nix wie Schnarchen hatten die im Kopp. Schnarchen, schnarchen, schnarchen. Aber die armen Schnarchindianer vom Orinoko konnten eigentlich nichts dafür. Schuld an dem ewigen Geschnarche war ihr Medizinmann. Der hatte die Indianer alle mit seinem bösen Blick angestarrt. Und wen der Medizinmann mit seinem bösen Blick anstarrt, musste machen, was er wollte. Und er wollte eben, dass sie alle immer nur schlafen, damit er ganz in Ruhe seinen Hokuspokus machen konnte. Ganz schön gemein, findet ihr nicht?

Zum Glück für die Indianer war ich damals gerade am Orinoko unterwegs, als Vertreter für Hallo-Wach-Kaffee. Den ganzen Kahn hatte ich bis oben hin voll mit Hallo-Wach-Kaffee – und zwar von der allerfeinsten Sorte. Beste Bohne, das kann ich euch brummen. Aber wie das eben so ist im traurigen Vertreterleben, keiner wollte mir meinen guten Kaffee abkaufen.

Da kam mir so ein ganzes Dorf voller schnarchender, schlapper und verpennter Indianer gerade recht. Also ging ich mit meinem guten Hallo-Wach-Kaffee an Land.

Doch da geriet ich gleich an den fiesen Medizinmann. Sofort versuchte er, mich auch einzuschläfern. Aber bei mir war er natürlich genau an den Richtigen bzw. an den Falschen geraten. Ich lass mich nun mal nicht gern mit bösen Blicken anstarren.

Und als der Medizinmann mich mit seinem bösen Blick anstarrte, hab ich einfach mit meinem bösen Blick zurückgestarrt. Der verlor auch gleich seinen Willen und musste von nun an tun, was ich wollte.

Ich sagte zu ihm: »Du bist ein Laubfrosch!«

Darauf ging der Medizinmann in die Knie und hüpfte und quakte nur noch friedlich vor sich hin. Ein selten dämlicher Anblick war das! Das könnt ihr mir glauben! Als die Indianer das sahen, wurden die schon so langsam wieder munter.

Dann hab ich erst mal 'ne ordentliche Kanne Kaffee auf einem Lagerfeuer gekocht. Genug für den ganzen Indianerstamm. Von meinem Kaffee sind die Indianer dann wieder richtig auf Zack gekommen. Denen klappten sofort die Fußnägel hoch. Die wurden putzmunter, als sie meinen

Kaffee geschlürft hatten. Die Rechnung für den Kaffee hab ich dann dem Medizinmann präsentiert. Als er die sah, ist er vor Schreck aus den Mokassins gekippt.

Tja, das war vielleicht ein Ding damals mit den Schnarchindianern am Orinoko! Die trinken noch heute den guten Hallo-Wach-Kaffee und sind auch sonst ganz muntere Leute. Jetzt, wo die meinen Kaffee haben, schnarchen die nur noch nachts.

Diesen Trick mit dem Anstarren beherrsche ich übrigens noch immer. Das stimmt. Passt mal auf. Guckt mir mal genau in die Augen. Ganz tief. Und jetzt macht ihr genau, was ich euch sage. Ich sage euch: »Ihr seid müde. Ihr wollt was Schönes träumen. Schlaft jetzt ein! Sofort!«

Geisterschläfer unterwegs

Ein Mönch auf Abwegen

An dieser Stelle möchte ich eine ziemlich merkwürdige Begebenheit einflechten, die mir der frühere Prior des Karthäuserklosters von Pierre-Châtel, Dom Duhaget, erzählt hat.

Dom Duhaget entstammte einer sehr angesehenen Familie aus der Gascogne, hatte mit Auszeichnung gedient und war zwanzig Jahre lang Hauptmann der Infanterie sowie Ritter des Saint-Louis-Ordens. Ich habe nie wieder einen Menschen von so angenehmer Frömmigkeit und so liebenswürdiger Unterhaltungsgabe kennengelernt.

»In dem Kloster, wo ich Prior war, bevor ich nach Pierre-Châtel kam«, sagte er, »hatten wir einen Mönch mit melancholischer Gemütsverfassung und finsterem Charakter, der als Schlafwandler bekannt war.

Manchmal verließ er bei diesen Anfällen seine Zelle und kehrte auch von selbst wieder zurück. Zuweilen verirrte er sich aber, und dann mußte man ihn zurückführen. Wir hatten einen Arzt konsultiert und ihm Medikamente gegeben, worauf die Rückfälle seltener wurden, so daß wir uns schließlich nicht mehr darum kümmerten.

Eines Abends legte ich mich nicht zur gewohnten Stunde schlafen, sondern beschäftigte mich an meinem Schreibtisch noch mit der Durchsicht einiger Schriftstücke, da hörte ich plötzlich, wie die Tür meines Zimmers, die ich fast niemals verschloß, leise aufging und sah diesen Mönch im völligen Zustand des Schlafwandelns eintreten.

Seine Augen waren geöffnet, aber ganz starr. Er war nur mit einem Unterkleid angetan und hielt ein großes Messer in der Hand.

Er ging geradewegs auf mein Bett zu, dessen Platz er

kannte, und schien sich durch Abtasten vergewissern zu wollen, ob ich auch wirklich darin lag. Hierauf stieß er dreimal so stark zu, daß die Klinge nicht nur die Decken durchbohrte, sondern auch noch tief in die Matratze, oder vielmehr in die Matte, die ich statt dessen verwendete, eindrang.

Als er zuerst an mir vorbeiging, hatte er ein angespanntes Gesicht und gerunzelte Brauen. Aber als er sich nach vollendeter Tat umwandte, waren seine Züge entspannt, und ich bemerkte einen Ausdruck der Befriedigung.

Der Lichtschein der beiden Lampen auf meinem Schreibtisch beeindruckte ihn nicht im mindesten, und er ging wieder, wie er gekommen war, öffnete und schloß vorsichtig die beiden zu meiner Zelle führenden Türen, und bald konnte ich mich überzeugen, daß er sich geraden Wegs und friedlich in die seine zurückbegab.«

»Sie können sich leicht vorstellen, in welcher Verfassung ich mich während dieser fürchterlichen Erscheinung befand«, fuhr der Prior fort. »Ich zitterte vor Entsetzen angesichts der Gefahr, der ich um Haaresbreite entronnen war, und dankte der Vorsehung, war aber derartig aufgeregt, daß ich die ganze restliche Nacht kein Auge mehr schließen konnte.

Am nächsten Morgen ließ ich den Schlafwandler rufen und fragte ihn, als ob ich nichts wüßte, was er die letzte Nacht geträumt habe.

Diese Frage verwirrte ihn. »Mein Vater«, erwiderte er, »ich habe einen so merkwürdigen Traum gehabt, daß es mir wirklich große Überwindung kostet, ihn Euch anzuvertrauen. Vielleicht war er das Werk des Teufels und . . .« »Ich befehle es Euch«, warf ich ein, »ein Traum ist immer unbewußt, er ist eine Sinnestäuschung, sprecht nur ganz offen zu mir.« – »Mein Vater«, sagte er daraufhin, »ich hatte mich kaum zu Bett gelegt, da träumte ich, Ihr hättet meine Mutter getötet. Ihr blutiger Schatten ist mir erschienen, um Rache zu fordern, und bei diesem Anblick erfaßte mich ein solcher Zorn, daß ich wie ein Wahnsinniger in Euer Zimmer stürzte, Euch im Bett liegen fand und dort erstach. Kurz darauf wachte ich schweißgebadet auf, verwünschte meine Tat und dankte dann Gott, daß dieses schwere Verbrechen nicht geschehen war ...« »Es ist mehr geschehen als Ihr ahnt«, sagte ich streng und ruhig.

Dann erzählte ich ihm, was vorgefallen war und zeigte ihm die Spuren der mir zugedachten Messerstiche.

Bei diesem Anblick warf er sich mir tränenüberströmt zu Füßen, schluchzte über das Unglück, das er mir unfreiwillig beinahe zugefügt hätte, und flehte mich an, ihm nach meinem Gutdünken jede erdenkliche Buße aufzuerlegen.

»Nein, nein«, rief ich aus, »ich werde Euch nicht für eine unbewußte Tat bestrafen, aber von nun an entbinde ich Euch vom Nachtgottesdienst und setze Euch davon in Kenntnis, daß Eure Zelle nach dem Abendessen von außen verschlossen und erst wieder bei Tagesanbruch geöffnet wird, um Euch die Teilnahme an der gemeinsamen Frühmesse zu ermöglichen.«

HONORÉ DE BALZAC

Bericht einer Hellseherin

Der Mesmerist zog den Ungläubigen zu einer recht dunklen Treppe hin und ließ ihn mit Vorsicht bis zum vierten Stockwerk emporsteigen. Damals ließ sich in Paris gerade ein außerordentlicher, mit dem Vertrauen auf eine unberechenbare Macht begabter Mann sehen, der über die magnetischen Kräfte all ihren Anwendungsarten nach verfügte. Dieser große Unbekannte, der noch lebt, heilte aus sich selbst und aus der Entfernung nicht nur die furchtbarsten, tiefsteingewurzelten Krankheiten sofort und von Grund aus wie voreinst der Heiland der Menschen, sondern er brachte auch unmittelbar die merkwürdigsten Erscheinungen des Somnambulismus hervor, indem er die widerstrebendsten Willen zähmte. Das Gesichtsgepräge dieses Unbekannten, der aussagt, daß er nur Gott offenbaren wolle und, gleich Swedenborg, mit den Engeln verkehre, ist das des Löwen; eine konzentrierte, unwiderstehliche Willenskraft bringt sich in ihm zum Ausdruck. Der eigentümliche Bug seiner Züge gewährt einen furchtbaren, überwältigenden Anblick; seine aus der Tiefe des Seins hervordringende Stimme ist wie mit einem magnetischen Fluidum geladen, sie dringt dem Hörer durch alle Poren ein. Nach Tausenden von Heilungen über die Undankbarkeit der Öffentlichkeit verstimmt, hat er sich in eine unzugängliche Einsamkeit zurückgezogen, in eine freiwillige Niedrigkeit. Seine allmächtige Hand, die sterbende Töchter ihren Müttern wiedergeschenkt hat, Väter ihren trauernden Kindern, angebetete Geliebte ihren liebestrunkenen Verehrern; die von den Ärzten aufgegebene Kranke geheilt hat, die in den Synagogen Hymnen singen machte und in den Tempeln und Kirchen von den Priestern der verschiedensten Kulte, welche alle durch das gleiche Wunder dem gleichen Gott wieder zugeführt wurden; die jenen Sterbenden, die nicht mehr dem Leben zurückgewonnen werden konnten, den Todeskampf erleichterte: diese gewaltige Hand, blendende Lebenssonne für die geschlossenen Augen der Somnambulen, würde sich nicht heben, um einer Königin ihren Thron wiederzugeben. In die Erinnerungen seiner Wohltaten eingehüllt wie in ein lichtes Grabtuch, entzieht er sich der Welt und lebt im Himmel. Doch im Morgenglanz seines Reiches gestattete dieser Mann, von seiner eigenen Macht schier überrascht, einigen Wißbegierigen, Zeuge seiner Wundertaten zu sein. Der Ruf dieses Ruhmes, der gewaltig war und morgen sich von neuem wieder erheben kann, weckte den Doktor Bouvard am Rand des Grabes. Endlich durfte der verfolgte Mesmerist die glänzendsten Phänomene dieser Wissenschaft erblicken, die er in seinem Herzen gleich einem Schatz bewahrt hatte. Das Unglück des Greises hatte den großen Unbekannten gerührt, der ihm einige Vorrechte zuteil werden ließ. Und so ließ Bouvard, während sie die Treppen hinaufstiegen, die Scherze seines alten Gegners mit einer schalkhaften Freude über sich ergehen. Er antwortete nur mit einem: »Du wirst sehen, du wirst sehen!« und mit jenem Kopfschütteln, das sich die Leute gestatten, die ihrer Sache sicher sind.

Die beiden Doktoren traten in eine mehr als bescheidene Wohnung ein. Bouvard begab sich, um dort Rücksprache zu nehmen, für einen Augenblick in ein an den Salon grenzendes Schlafgemach; Minoret, dessen Mißtrauen sich regte, wartete, doch kehrte Bouvard gleich zurück, nahm ihn und führte ihn in dies Gemach, wo sich der geheimnisvolle Swedenborgianer und ein Weib befanden, das in einem Sessel saß. Dieses Weib erhob sich nicht und schien das Eintreten der Greise nicht zu bemerken.

»Wie? Kein Apparat?« rief Minoret und lächelte.

»Nichts als die Macht Gottes«, antwortete ernst der Swedenborgianer, den Minoret auf fünfzig Jahre schätzte.

Die drei Männer ließen sich nieder, und der Unbekannte begann zu plaudern. Zum großen Erstaunen des alten Minoret, der glaubte, man halte ihn zum Narren, wurde von Regen und schön Wetter gesprochen. Der Swedenborgianer befragte den Besuch über seine wissenschaftlichen Ansichten und schien offenbar die Gelegenheit wahrzunehmen, ihn zu prüfen.

»Sie kommen aus bloßer Neugierde, mein Herr«, sagte er schließlich. »Ich habe nicht die Gewohnheit, eine Macht bloßzustellen, die meiner Überzeugung nach von Gott ausgeht; würde ich einen frevlerischen oder schlechten Gebrauch von ihr machen, so könnte sie mir entzogen werden. Doch wie mir Herr Bouvard sagt, handelt es sich darum, eine der unseren entgegengesetzte Überzeugung zu ändern und einen Gelehrten, der in gutem Glauben handelt, aufzuklären; und so will ich Sie befriedigen. Die Frau, die Sie hier sehen«, sagte er und wies auf die Unbekannte, »befindet sich in somnambulem Schlaf. Nach den Geständnissen und Offenbarungen aller Somnambulen besteht dieser Zustand in einem köstlichen Erleben, in welchem das innere Sein, von allen Fesseln losgelöst, mit denen die sichtbare Natur ihre Fähigkeiten behindert, in der Welt sich ergeht, die wir mit Unrecht unsichtbar nennen. Gesicht und Gehör betätigen sich dann in einer vollkommeneren Weise als in dem sogenannten ›wachen‹ Zustand und vielleicht ohne die Beihilfe der Organe, welche die Hülle dieser Flammenschwerter sind, die wir Gesicht und Gehör nennen. Für einen in diesen Zustand versetzten Menschen bestehen nicht mehr die materiellen Hemmnisse, oder sie sind von einem in uns befindlichen Leben durchdrungen, für das unser Körper ein Behälter, ein notwendiger Stützpunkt, eine Umhüllung ist. Für so neu entdeckte Wirkungen fehlen noch die Begriffe; denn heute haben die Worte ›unwägbar‹, ›unberührbar‹, ›unsichtbar‹ keinen Sinn bezüglich des Fluidums, dessen Tätigkeit sich durch den Magnetismus bezeichnet. Das Licht ist wägbar vermöge seiner Wärme, die, indem sie in die Körper eindringt, ihr Volumen vermehrt, und zweifellos ist die Elektrizität nur zu berührbar. Wir haben die Dinge verurteilt, anstatt die Unvollkommenheit unserer Werkzeuge anzuklagen.«

»Sie schläft?« fragte Minoret, indem er das Weib prüfend ansah, das den unteren Ständen anzugehören schien.

»Ihr Körper ist in gewissem Betracht aufgehoben«, antwortete der Swedenborgianer. »Die Unwissenden nehmen diesen Zustand für Schlaf. Doch sie wird Ihnen beweisen, daß ein geistiges All besteht und daß der Geist in ihm die Gesetze des materiellen Alls nicht mehr kennt. Ich werde sie in die Gegend schicken, wohin Sie wünschen, daß sie sich begibt; nach zwanzig Meilen von hier oder nach China, einerlei: sie wird Ihnen sagen, was dort geschieht.«

»Sie brauchen sie bloß zu mir nach Hause, nach Nemours zu schicken«, sagte Minoret.

»So soll's geschehen«, antwortete der geheimnisvolle Mann. »Geben Sie mir Ihre Hand; Sie werden zugleich Handelnder und Zuschauer, Wirkung und Ursache sein.«

Er ergriff Minorets Hand, die dieser ihm überließ; er hielt sie einen Augenblick, während er sich zu sammeln schien, und mit seiner andern Hand ergriff er die des im Sessel sitzenden Weibes; dann legte er die des Doktors in die des Weibes, indem er dem alten Zweifler ein Zeichen gab, er solle sich an die Seite dieser Pythia ohne Dreifuß setzen. Minoret nahm, als der Swedenborgianer sie in Verbindung miteinander gebracht, in den außerordentlich ruhigen Zügen des Weibes ein leichtes Erzittern wahr; doch eignete dieser, obwohl in ihrer Wirkung wunderbaren Bewegung eine große Einfachheit.

»Gehorchen Sie dem Herrn«, sagte er zu der Person, indem er dem Weibe, das von ihm Licht und Leben zu atmen schien, die Hand über dem Kopf ausstreckte, »und denken Sie, daß alles, was Sie für ihn tun, mir gefallen wird.«

»Sie können jetzt zu ihr sprechen«, wandte er sich an Minoret. »Gehen Sie nach Nemours, Rue de Bourgeois, zu mir«, sagte der Doktor.

»Lassen Sie ihr Zeit; lassen Sie Ihre Hand in der ihren, bis sie Ihnen durch das, was sie Ihnen sagen wird, beweist, daß sie angelangt ist«, sagte Bouvard zu seinem alten Freund.

»Ich sehe einen Fluß«, antwortete das Weib mit schwacher Stimme und schien, trotz ihren gesenkten Lidern, mit tiefer Anspannung in sich hineinzublicken. »Ich sehe einen hübschen Garten.«

»Warum treten Sie vom Fluß und vom Garten her ein?«

»Weil sie dort sind.«

»Wer?«

»Die junge Person und die Amme, an die Sie denken.«

»Wie ist der Garten?« forschte Minoret.

»Wenn man über die kleine Treppe, die zum Fluß herunterführt, eintritt, so hat man zur Rechten eine lange Galerie aus Backstein, in der ich Ihre Bücher sehe und die in einem kleinen, mit Holzglöckchen und roten Eiern verzierten Haus endet. Zur Linken ist die Hauswand, die mit einer Masse von Schlingpflanzen, wildem Wein und Jasmin bedeckt ist. In der Mitte befindet sich eine kleine Sonnenuhr. Viele Blumentöpfe sind da. Ihr Mündel besieht die Blumen, sie zeigt sie ihrer Amme; sie macht mit einem Pflanzstock Löcher und tut Körner hinein ... Die Amme harkt die Wege ... Obgleich das junge Mädchen rein wie ein Engel ist, zeigt sich bei ihr der erste Anfang der Liebe, leise wie eine Morgendämmerung.«

»Für wen?« fragte der Doktor, der bis jetzt nichts vernommen hatte, was ihm die Person nicht hätte sagen können, ohne Somnambule zu sein. Noch immer glaubte er an Taschenspielerei.

»Sie wissen nichts davon, obgleich Sie erst kürzlich sehr beunruhigt waren, weil sie Weib geworden ist«, sagte sie lächelnd. »Die Regung ihres Herzens ist der der Natur gefolgt ...«

»Und das ist eine Frau aus dem Volk, die so spricht?« sagte der alte Doktor.

»In diesem Zustand drücken sich alle mit einer eigentümlichen Klarheit aus«, antwortete Bouvard. [...]

Es ist nicht überflüssig, darauf hinzuweisen, daß nach jedem Satz, den das Weib sprach, zehn bis fünfzehn Minuten vergingen, unter denen ihre Aufmerksamkeit sich mehr und mehr anspannte. Man sah sie sehen! Ihre Stirn bot einen eigentümlichen Wechsel: es zeichneten sich auf ihr innere Anstrengungen, sie hellte sich auf oder zog sich zusammen von einer Macht, deren Wirkungen von Minoret nur an Sterbenden wahrgenommen worden waren in Augenblicken, wo ihnen die Gabe der Weissagung verliehen ist. Sie hatte mehrere Male Gesten, die denen Ursulas glichen.

»Oh, forschen Sie sie aus«, wandte sich die geheimnisvolle Persönlichkeit an Minoret, »sie wird Ihnen Geheimnisse sagen, die nur Sie wissen können.«

»Liebt mich Ursula?« frage Minoret.

»Fast so wie Gott«, sagte sie unter einem Lächeln. »Auch ist sie sehr unglücklich über Ihre Ungläubigkeit. Sie glauben nicht an Gott, als ob Sie etwas dagegen machen könnten, daß er ist! Sein Wort erfüllt die Welt! . . . Sie sind also die Ursache der einzigen Leiden des armen Kindes . . . Halt! sie übt Tonleitern; sie möchte eine noch immer bessere Musikerin sein, als sie's ist; sie ärgert sich darüber. Sie denkt folgendes: ›Wenn ich gut sänge, wenn ich eine schöne Stimme hätte, dann würde meine Stimme, wenn er bei seiner Mutter ist, bis zu ihm hinüberdringen.‹«

Der Doktor zog sein Notizheft und notierte sich genau die Stunde.

»Können Sie mir sagen, was sie für Körner gesät hat?«

»Reseda, wohlriechende Erbsen, Balsaminen . . .«

»Zuletzt?«

»Rittersporn.«

»Wo befindet sich mein Geld?«

»Bei ihrem Notar; aber Sie legen es in einer Weise an, daß Ihnen der Zins keines Tages verlorengeht.«

»Ja, aber wo befindet sich das Geld, das ich in Nemours zur Bestreitung meines Lebensunterhaltes während eines Halbjahrs brauche?«

»Sie tun es in ein großes, rot gebundenes Buch, das sich ›Pandekten des Justinian‹ betitelt, Band zwei, zwischen die zwei vorletzten Seiten; das Buch befindet sich über dem Glasbüfett, es ist ein Folioband. Sie haben eine ganze Reihe davon. Ihr Geldbestand befindet sich im letzten Band, gegen den Salon hin. Halt! der dritte Band steht vor dem zweiten. Aber Sie haben kein Bargeld, es sind . . .«

»Tausendfrankenscheine?« fragte der Doktor.

»Ich seh es nicht genau, sie sind zusammengefaltet. Nein, es sind zwei Scheine, jeder zu fünfhundert Franken.«

»Sie sehen sie?«

»Ja.«

»Wie sehen sie aus?«

»Einer ist sehr gelb und alt, der andere ist weiß und fast neu . . .«

Dieser letzte Teil des Verhöres schmetterte Doktor Minoret nieder. Er sah Bouvard mit stumpfer Miene an; doch Bouvard und der Swedenborgianer plauderten, mit dem Erstaunen der Zweifler vertraut, leise miteinander, ohne überrascht und erstaunt zu erscheinen.

Minoret bat sie, ihm zu gestatten, nach dem Mittagessen wiederkommen zu dürfen. Der Antimesmerist wollte sich sammeln, sich von seinem tiefen Schreck erholen, um von neuem diese gewaltige Macht zu prüfen, sie einer entscheidenden Probe zu unterziehen, Fragen zu stellen, deren Lösung auch den letzten Zweifel hinfällig machen sollte.

»Seien Sie heute abend um neun Uhr hier«, sagte der Unbekannte. »Ich werde für Sie dasein.«

Doktor Minoret befand sich in einem so gewaltig erregten Zustand, daß er ging, ohne zu grüßen, während Bouvard, der ihm folgte, ihm nachrief: »Nun, nun?«

»Ich glaube, ich bin verrückt, Bouvard«, antwortete Minoret, als sie wieder den Torweg durchschritten. »Wenn das Weib von Ursula die Wahrheit gesagt hat, da doch niemand auf der Welt als Ursula das weiß, was mir diese Zauberin enthüllt hat, so sollst du recht behalten. Ich wünschte mir Flügel, um nach Nemours zu eilen und ihre Aussagen sich bewahrheiten zu lassen. Aber ich werde einen Wagen nehmen und heut abend um zehn Uhr abreisen. Ah, mir steht der Verstand still!«

Ein Schlafwandler am Steuer

Es gab einen hervorragenden Piloten, der den Fluß befuhr, einen Herrn X, der ein Nachtwandler war. Man erzählte sich, daß, wenn er sich in Gedanken mit einer unangenehmen Strecke des Flusses beschäftigte, man mit ziemlicher Sicherheit damit rechnen konnte, daß er im Schlafe aufstand und umherwandelte und seltsame Dinge tat. Er fuhr ein paarmal zusammen mit George Ealer als Mitlotsen auf einem großen Passagierdampfer von New Orleans. Auf der ersten Fahrt fühlte sich George anfänglich unbehaglich, überwand dieses Gefühl aber mit der Zeit, als sich nichts ereignete, und Herr X *im Bett blieb, wenn er schlief.* Eines Abends, es war schon spät, näherte das Boot sich Helena (im Staate Arkansas); das Wasser stand niedrig und das Herüberkreuzen oberhalb der Stadt war eine äußerst unsichere und schwierige Angelegenheit. X hatte die Stelle noch nach Ealer passiert, und da es eine besonders dunkle, nebelige und recht finstere Nacht war, überlegte Ealer, ob es nicht besser sei, X rufen zu lassen, damit er ihm helfe, als sich auch schon die Türe öffnete, und X hereinspazierte. Nun ist in sehr dunklen Nächten das Licht ein Todfeind des Lotsen. Ein jeder weiß, daß man aus einem erleuchteten Raum heraus in solch einer Nacht nichts in den Straßen erkennen kann; macht man jedoch das Licht aus und steht im

Dunklen, so kann man die Gegenstände in der Straße ziemlich deutlich erkennen. In dunklen Nächten rauchen die Lotsen daher nicht; im Ofen im Steuerhaus darf kein Feuer brennen, wenn der Ofen einen Sprung hat, durch den auch nur der schwächste Strahl scheinen kann; die Heizöfen müssen mit großen Segeltüchern verhängt und die Oberlichter abgedeckt werden. Dann kann kein Lichtstrahl aus dem Schiff dringen. Das undefinierbare Etwas, das jetzt das Steuerhaus betrat, hatte Mr. X Aussehen und sagte:

»Gib mir das Ruder, George. Ich habe diese Stelle hier kürzlich erst gesehen, und sie ist so gewunden, daß es einfacher ist, ich fahre sie selbst statt sie dir zu erklären!«

»Das ist nett von dir und nichts ist mir lieber. Ich habe keinen Tropfen Schweiß mehr in mir. Ich bin in einem fort um das Steuerrad herumgelaufen wie ein Eichhörnchen. Es ist so dunkel, daß ich nicht feststellen kann, nach welcher Seite sich das Schiff wendet, bis es sich wie ein Karussell dreht.«

Ealer setzte sich keuchend und atemlos auf die Bank. Die dunkle Gestalt ergriff schweigend das Steuerrad, brachte mit wenigen Griffen das tanzende Schiff in eine stete Richtung, stand dann ruhig da und drehte das Rad ein bißchen nach der einen, dann nach der anderen Seite, so leicht und gemächlich, als sei heller Tag. Als Ealer dieses wunderbare Steuern beobachtete, wünschte er, er hätte nichts eingestanden. Er saß da starrte und staunte und meinte schließlich:

»Ich dachte wirklich, ich wüßte, wie man ein Dampfschiff steuert; aber das war wieder ein Irrtum meinerseits.«

X sagte nichts, sondern setzte schweigend seine Arbeit fort. Er läutete den Männern zum Loten; er läutete und gab Befehl, weniger Dampf zu geben. Sorgfältig und vorsichtig ließ er das Schiff innerhalb der unsichtbaren Markierungen fahren, stand mitten vor dem Steuerrad und starrte ruhig in die schwarze Nacht, nach vorne und nach hinten, um die

Stellung des Schiffes festzustellen. Als die Lotungen immer seichteres Wasser anzeigten, ließ er die Maschinen gänzlich anhalten, und die Todesstille und das Bangen des »Treibens« folgte. Als die seichteste Stelle des Wassers erreicht war, ließ er mit Volldampf fahren und führte das Schiff wunderbar darüber hinweg und begann sogleich vorsichtig und bedacht in die nächsten Markierungen der seichten Flußstelle zu steuern. Der gleiche geduldige und bedachte Gebrauch der Lote und Maschinen erfolgte. Das Schiff glitt darüber hinweg ohne Grund zu berühren, und dann begann er mit der dritten und letzten Schwierigkeit dieser Kreuzung. Unmerklich bewegte sich das Schiff durch das Dunkel, kroch Zoll für Zoll in die Markierungen und schwang sich dann mit vollem Dampf über das Riff in tiefes Wasser und die Sicherheit hinein.

Ealer ließ den lang angehaltenen Atem in einen großen Seufzer der Erleichterung ausströmen und sagte:

»Das war das sauberste Stück Lotsenarbeit, das je auf dem Mississippi vollbracht wurde. Hätte ich nicht selbst zugesehen, so würde ich nicht glauben, daß es möglich sei.«

Keine Antwort erfolgte und er fügte hinzu:

»Bleib noch fünf Minuten am Steuer, damit ich 'runter laufen kann, um eine Tasse Kaffee zu trinken.«

Eine Minute später biß Ealer ein Deck tiefer in ein Stück Kuchen und stärkte sich mit Kaffee. Die Nachtwache schaute kurz herein und wollte gerade wieder herausgehen, als sie Ealer bemerkte und rief:

»Wer ist am Steuer?«

»X.«

»Laufen Sie so schnell wie der Blitz ins Steuerhaus!«

In nächsten Augenblick flogen beide Männer die Treppe zum Steuerhaus hinauf, drei Stufen auf einmal nehmend. Niemand war dort. Der große Dampfer schoß allein nach seinem eigenen Belieben mitten im Strom dahin.

Mesmers magnetischer Schlaf

Von den frühesten Zeiten her, im Mittelalter wie im Altertum, hatte die Wissenschaft mit immer neuem Staunen die Erscheinung des Mondsüchtigen, des somnambulen Menschen als ein Geschehnis außerhalb der Regel betrachtet. Immer wieder wird ja unter Hunderttausenden oder Millionen normaler Naturen einer dieser sonderbaren Nachtwandler geboren, der, im Schlaf vom Mondblick getroffen, geschlossenen Auges von seinem Bette aufsteht, geschlossenen Auges, ohne zu sehen, ohne zu tasten, Treppen und Leitern zum Dach emporsteigt, dort die halsbrecherischsten Kanten, Dächer und Firste mit geschlossenen Lidern überklettert und dann wieder zu seinem Ruhelager zurückkehrt, ohne am nächsten Tage die geringste Ahnung und Erinnerung an seine nächtliche Irrfahrt ins Unbewußte zu empfinden. Vor diesem einen augenfälligen Phänomen versagten bis zu Puységur alle Erklärungen. Geisteskranke konnte man diese Art Menschen nicht nennen, denn im wachen Zustand übten sie tüchtig und verläßlich ihr Handwerk. Als Normale konnte man sie gleichfalls nicht ansehen, widersprach doch ihr Verhalten im somnambulen Schlaf allen gültigen Gesetzen der Naturordnung; denn wenn ein solcher Mensch mit geschlossenen Augen im Dunkel schreitet und doch mit geschlossenen Lidern, mit völlig verdeckter Pupille, ohne waches Tagauge die kleinsten Unebenheiten bemerkt, wenn er die gefährlichsten Steige (die er wach nie bewältigen würde) in nachtwandlerischer Sicherheit dahinschreitet, wer führt ihn da, daß er nicht fällt? Wer hält ihn, wer erhellt ihm den Sinn? Welche Art inneres Auge hinter den geschlossenen Lidern, welcher andere antinormale Sinn, welcher »sens intérieur«, welches

»second sight« führt diesen Wachträumer oder Traum-
wachen wie einen geflügelten Engel über alle Fährnisse hinweg? So fragten sich immer wieder die Gelehrten seit dem
Altertum: tausend, zweitausend Jahre lang stand hier der
forschende Geist vor einem jener magischen Lebensspiele,
wie sie die Natur immer wieder von Zeit zu Zeit in die gere-
gelte Ordnung der Dinge wirft, als wollte sie mit einer solchen unfaßbaren Abweichung von ihren sonst allgültigen
Gesetzen die Menschheit wieder an die Ehrfurcht vor dem
Irrationalen erinnern.

Da plötzlich, sehr unbequem und unerwünscht, stellt ein
Schüler dieses verteufelten Mesmer und nicht einmal ein
Arzt, sondern ein simpler Liebhabermagnetiseur, durch un-
widerlegbare Experimente fest, daß diese Erscheinung des
Dämmerzustandes kein einmaliger Lapsus im Arbeitsplan
der Natur sei, keine isolierte Abweichung wie ein Kind mit
einem Ochsenkopf oder siamesische Zwillinge innerhalb
der Myriadenreihe der menschlichen Normalität, sondern
ein organisches Gruppenphänomen, und – noch wichtiger
und noch peinlicher! – daß man diesen somnambulen Zustand der Willensauflösung und des unbewußten Tuns im
magnetischen (wir sagen: hypnotischen) Schlafe fast bei allen Menschen künstlich hervorrufen könne. Puységur, ein
vornehmer, reicher, der Mode entsprechend höchst philan-
thropisch gesinnter Graf, war schon früh und sehr leidenschaftlich für die Lehre Mesmers gewonnen worden. Aus
humanem Dilettantismus, aus philosophischer Neugier übt
er ohne Entgelt auf seinem Landgut von Buzancy magnetische Kuren nach den Vorschriften des Meisters. Seine
Kranken sind durchaus keine hysterischen Marquisen und
dekadente Aristokraten, sondern Kavalleriesoldaten, Bauernjungen, grober, gesunder, unneurasthenischer (und darum doppelt wichtiger) Versuchsstoff. Wieder einmal hat
sich eine Reihe Heilbedürftiger an ihn gewandt, und der

philanthropische Graf müht sich, der mesmerischen Vorschrift getreu, bei seinen Kranken möglichst heftige Krisen zu erzeugen. Aber auf einmal erstaunt, ja erschrickt er. Denn ein junger Schäfer namens Victor, statt auf die angewandte magnetische Streichung mit den erwarteten Zuckungen, Konvulsionen und Krämpfen zu antworten, wird ganz simpel müde und schläft friedlich unter seinen streichenden Händen ein. Da dieses Verhalten der Regel zuwiderläuft, nach welcher der Magnetiseur doch vor allem Konvulsionen hervorrufen soll und nicht Schlaf, versucht Puységur, den Tölpel aufzurütteln. Aber vergebens! Puységur schreit ihn an – der Bursche rührt sich nicht. Er schüttelt ihn, aber sonderbar, dieser Bauernjunge schläft einen ganz anderen Schlaf als den normalen. Und plötzlich, als er ihm nochmals anbefiehlt, aufzustehen, steht der Bursche wirklich auf, beginnt ein paar Schritte zu gehen, aber mit geschlossenen Augen. Trotz der geschlossenen Lider benimmt er sich vollkommen wie ein Wacher, wie ein Vollsinniger, ohne daß der Schlaf von ihm gewichen wäre. Er ist am hellichten Tage ein Somnambuler, ein Schlafwandler geworden. Verblüfft sucht Puységur nun mit ihm zu sprechen, ihn auszufragen. Und siehe, der Bauernjunge antwortet aus seinem Traumzustand vollkommen klug und klar auf jede Frage, und sogar noch in einer gewählteren Sprache als sonst. Puységur, erregt über das neuartige Geschehnis, wiederholt das Experiment. Und in der Tat: Nicht nur bei dem jungen Schäfer gelingt es, solches Schlafwachen, solchen Wachschlaf durch magnetische (richtiger suggestive) Behandlung zu erzwingen, sondern auch an einer ganzen Reihe anderer Personen. Puységur, leidenschaftlich von der unerwarteten Entdeckung gepackt, setzt seine Versuche jetzt mit doppeltem Eifer fort. Er gibt sogenannte posthypnotische Befehle, das heißt, er befiehlt dem im Schlafzustand Befindlichen nach seinem Erwachen bestimmte Handlungen vorzunehmen. Und tatsächlich, die Medien führen auch bei zurückgekehrtem normalem Bewußtsein die ihnen im somnambulen Zustand gegebenen Aufträge vollkommen befehlentsprechend aus. Nun braucht Puységur nur in seiner Broschüre die erstaunlichen Vorgänge aufzuzeichnen, und der Rubikon zur modernen Psychologie ist überschritten, das Phänomen der Hypnose erstmalig fixiert. [. . .]

Die Weitwirkung dieser einen, scheinbar winzigen Beobachtung aus Mesmers Werkstätte hat sich für die Zukunft als kaum übersehbar erwiesen. Über Nacht hat sich der Beobachtungsraum nach innen erweitert, gleichsam eine dritte Dimension ist gefunden. Denn indem an diesem simplen Bauernjungen in Buzancy festgestellt wird, es gebe in der menschlichen Denkwelt zwischen Schwarz und Weiß, zwischen Schlaf und Wachen, zwischen Vernunft und Trieb, zwischen Wollen und Willenszwang, zwischen Bewußt und Unbewußt noch eine ganze Anzahl gleitender, schwankender, schwebender Zustände, ist eine erste Differenzierung jener Sphäre eingeleitet, die wir Seele nennen. Jenes an sich höchst geringfügige Experiment legt unwiderleglich dar, daß selbst die ungewöhnlichsten, die scheinbar meteorisch aus dem Raum der Natur herausstürzenden Seelenphänomene ganz bestimmten Normen gehorchen. Schlaf, bisher einzig als negativer Zustand, als Abwesenheit des Wachseins und darum als schwarzes Vakuum empfunden, verrät in diesen neu entdeckten Zwischenstufen des Wachschlafes und Schlafwachens, wieviel geheime Kräfte im menschlichen Gehirn jenseits der bewußten Vernunft tätig gegeneinander spielen, und daß gerade durch die Ablenkung der zensurierenden Bewußtheit das seelische Leben sichtbarer in Erscheinung tritt – ein Gedanke, hier nur unbeholfen angedeutet, den die Psychoanalyse hundert Jahre später zu schöpferischer Entfaltung bringt.

Eine Frau spricht im Schlaf

Als er, mitten in der Nacht, erwachte,
schlug sein Herz, daß er davor erschrak.
Denn die Frau, die neben ihm lag, lachte,
daß es klang, als sei der Jüngste Tag.

Und er hörte ihre Stimme klagen.
Und er fühlte, daß sie trotzdem schlief.
Weil sie beide blind im Dunkeln lagen,
sah er nur die Worte, die sie rief.

»Warum tötest du mich denn nicht schneller?«
fragte sie und weinte wie ein Kind.
Und ihr Weinen drang aus jenem Keller,
wo die Träume eingemauert sind.

»Wieviel Jahre willst du mich noch hassen?«
rief sie aus und lag unheimlich still.
»Willst du mich nicht weiterleben lassen,
weil ich ohne dich nicht leben will?«

Ihre Fragen standen wie Gespenster,
die sich vor sich selber fürchten, da.
Und die Nacht war schwarz und ohne Fenster
und schien nicht zu wissen, was geschah.

Ihm (dem Mann im Bett) war nicht zum Lachen.
Träume sollen wahrheitsliebend sein . . .
Doch er sagte sich: »Was soll man machen!«
und beschloß, nachts nicht mehr aufzuwachen.
Daraufhin schlief er getröstet ein.

Warum wir schlafen
Ein ungeklärtes Phänomen

Als Jupiter mal seine Ruhe haben wollte

»Man erzählt, daß der Vater Jupiter, als er am Anfang das menschliche Geschlecht schuf, mit einem Schlag die Lebenszeit in zwei allenthalben gleiche Teile aufspaltete: den einen habe er mit Licht, den anderen mit Finsternis umhüllt, dies Tag und jenes Nacht genannt und der Nacht die Ruhe, dem Tag aber die Arbeit zugewiesen. Der Schlafgott Somnus war damals noch nicht geboren, und alle Menschen verbrachten ihre Lebenszeit wach. Aber an Stelle des Schlafes war für die Wachenden bis dahin die nächtliche Ruhezeit angezeigt. Dann aber, indem der menschliche Geist voll Unruhe und zum Handeln und zur Unordnung geneigt ist, begannen die Menschen allmählich, sich tags und nachts zu beschäftigen und keine Stunde der Ruhe zu widmen. Da soll Jupiter, als er sah, daß bereits nächtliche Streitereien und Bürgschaftsleistungen abgemacht und Vorladungen auf die nächste Nacht ausgesprochen wurden, bei sich überlegt haben, einen seiner Brüder zu bestellen, sich um die Nacht und die Ruhe der Menschen zu kümmern: Neptun führte seine zahlreichen und schweren Sorgen um das Meer ins Feld, daß die Wellen nicht alle Länder samt ihren Bergen überfluteten oder Stürme in ihrer Bewegung alles von Grund auf erschütterten, Bäume und Saaten mit der Wurzel herausrissen. Vater Dis führte an, daß auch kaum mit viel Mühe und großer Sorge die unterirdischen Gefilde in Schranken gehalten würden, daß kaum der Acheron durch Ströme, Sümpfe und stehende Gewässer der Styx befestigt werde. Daß er endlich einen Hund als Wächter angestellt habe, um die Schatten abzuschrecken, die nach oben flüchten wollten. Diesem Hund habe er drei Kehlen zum Bellen, drei Schlünde und drei furchtbare Zahnreihen verliehen. Da habe Jupiter noch bei anderen Göttern nachgefragt und gemerkt, daß die Gunst des Wachseins allmählich zunehme. Iuno lasse die meisten Geburten in der Nacht vonstatten gehen; Minerva, die Lenkerin der Künste und der Künstler, bevorzuge stark das Wachsein; Mars unterstütze durch die Stille nächtliche Ausbrüche und Hinterhalte; Venus aber und Liber seien bei weitem am meisten denen, die die Nächte durchbrächten, gewogen. Da faßt Jupiter den Plan, den Schlaf zu schaffen, und nimmt ihn in die Reihe der Götter auf, setzt ihn zum Hüter von Nacht und Ruhe und gibt ihm die Schlüssel der Augen. Auch Säfte von Kräutern, womit der Schlaf die Herzen der Menschen betäuben könnte, mischte Jupiter mit eigener Hand. Die Kräuter der Sicherheit und der Lust wurden aus dem himmlischen Hain geholt, auf den Wiesen des Acheron aber suchte man das Kraut des Todes. Von diesem Tod mischte er aber nur einen, und zwar einen sehr kleinen, Tropfen bei, soviel wie die Träne eines Menschen, der seine Tränen zu verbergen sucht. ›Mit diesem Saft‹, so sprach er, ›träufle den Menschen Schlaf durch die Tore ihrer Augen ein: Alle, die du beträufelst, werden danach sogleich niedersinken und unbeweglich mit toten Gliedern liegen. Doch fürchte dich nicht, denn sie leben und werden sich wenig später, sobald sie erwacht sind, erheben.‹ Danach versah Jupiter den Schlaf mit Flügeln, nicht wie bei Merkur an den Knöcheln, sondern wie bei Amor an den Schultern. ›Denn du sollst nicht‹, sagte er, ›mit Sandalen und beflügelten Knöcheln zu den Pupillen und Augenlidern der Menschen eilen, oder mit Wagenlärm und Pferdeschnauben, sondern sanft und mild mit zarten Schwingen wie eine Schwalbe herbeifliegen und nicht wie die Tauben mit den Flügeln schlagen.‹ Damit der Schlaf außerdem den Menschen noch angenehmer sei, schenkt er ihm viele liebliche Träume, damit, je nachdem, womit sich einer gern beschäftige, der Gönner im Traum einen Schauspieler sehe, oder einen Flötenspieler höre, oder einem Wagengespann auf seiner Fahrt Weisungen gebe. Damit Soldaten im Traume siegten, Feldherren triumphierten, und Wanderer im Traum heimkehrten. Solche Träume werden meistens wahr.«

SIGMUND FREUD

Rückzug

Der Schlaf ist ein Zustand, in welchem ich nichts von der äußeren Welt wissen will, mein Interesse von ihr abgezogen habe. Ich versetze mich in den Schlaf, indem ich mich von ihr zurückziehe und ihre Reize von mir abhalte. Ich schlafe auch ein, wenn ich von ihr ermüdet bin. Beim Einschlafen sage ich also zur Außenwelt: Laß mich in Ruhe, denn ich will schlafen. Umgekehrt sagt das Kind: Ich geh' noch nicht schlafen, ich bin nicht müde, will noch etwas erleben. Die biologische Tendenz des Schlafes scheint also die Erholung zu sein, sein psychologischer Charakter das Aussetzen des Interesses an der Welt. Unser Verhältnis zur Welt, in die wir so ungern gekommen sind, scheint es mit sich zu bringen, daß wir sie nicht ohne Unterbrechung aushalten. Wir ziehen uns darum zeitweise in den vorweltlichen Zustand zurück, in die Mutterleibsexistenz also. Wir schaffen uns wenigstens ganz ähnliche Verhältnisse, wie sie damals bestanden: warm, dunkel und reizlos. Einige von uns rollen sich noch zu einem engen Paket zusammen und nehmen zum Schlafen eine ähnliche Körperhaltung wie im Mutterleibe ein. Es sieht so aus, als hätte die Welt auch uns Erwachsene nicht ganz, nur zu zwei Dritteilen; zu einem Drittel sind wir überhaupt noch ungeboren. Jedes Erwachen am Morgen ist dann wie eine neue Geburt. Wir sprechen auch vom Zustand nach dem Schlaf mit den Worten: wir sind wie neugeboren, wobei wir über das Allgemeingefühl des Neugeborenen eine wahrscheinlich sehr falsche Voraussetzung machen. Es ist anzunehmen, daß dieser sich vielmehr sehr unbehaglich fühlt. Wir sagen auch vom Geborenwerden: das Licht der Welt erblicken.

HOIMAR VON DITFURTH

Genetische Erinnerung

Es gibt eine Erfahrungsregel, die sogenannte Dollosche Regel – genannt nach dem berühmten belgischen Paläontologen Dollo –, die besagt, daß ein einmal rückgebildetes Organ im Verlaufe der weiteren Evolution niemals wieder von neuem entsteht, auch dann nicht, wenn eine erneute Umstellung der Lebensweise das als noch so zweckmäßig oder wünschenswert erscheinen läßt. So kam es, daß die Rochen fliegen lernten. Diese seltsamen Tiere *fliegen* buchstäblich unter Wasser, wobei sie die äußersten Ränder ihrer abgeplatteten Körper als Schwingen benutzen, in denen fortwährend schlängelnde Bewegungen wellenförmig von vorn nach hinten ablaufen. Es ist ein Fliegen im Zeitlupentempo, denn Wasser ist dicker als Luft. Ein Rochen aber, der nur einen Augenblick aufhört, mit dem Saum seines Körpers zu flattern, sinkt im Wasser sofort nach unten.

Bei dieser Vorgeschichte und nach solchen Erfolgen der bedingungslosen Anpassung ist es nur natürlich, daß das Leben nach dem Auszug aus dem Wasser fortfuhr, das gleiche Rezept anzuwenden. Auch auf dem trockenen Lande setzten die dorthin emigrierten Lebewesen alle ihre Anpassungsfähigkeit dafür ein, sich den dort herrschenden, fremdartigen Bedingungen zu unterwerfen und so wie bisher aus der Not eine Tugend zu machen. Es gelang ihnen auch jetzt wieder in erstaunlichem Ausmaß, mit

Methoden, die dem Erfinder »Evolution« alle Ehre machten.

Diese bedingungslose Bereitschaft zur Unterwerfung unter die bestehenden Verhältnisse hatte unter freiem Himmel nun aber eine sehr seltsame Konsequenz. Hier fand sich das Leben erstmals in eine Umgebung versetzt, zu deren Eigenschaften das ständige Kommen und Gehen periodischer Temperaturschwankungen gehörte. In einem rhythmischen Wechsel, in Abhängigkeit nämlich von Tag und Nacht, wurde es abwechselnd immer von neuem warm und wieder kalt.

In diese Schwankungen wurden nun selbstverständlich auch die Landlebewesen einbezogen. Das aber bedeutete nichts anderes, als daß ihre Aktivität an jedem Abend, wenn die Sonne unterging und die Erde sich abkühlte, abnahm, bis die Tiere schließlich in die Bewußtlosigkeit der Kältestarre verfielen. Es mag in äquatorialen Gegenden und in Wärmezeiten nicht in jeder Nacht bis zu diesem Extrem gekommen sein. Schwankungen der Lebensintensität waren aus diesem Grunde aber damals auf der ganzen Erde gänzlich unvermeidbar, und schon in den höheren Breiten, nördlich und südlich der subtropischen Regionen, muß alles Leben damals im Abstand von jeweils 12 Stunden durch die einbrechende nächtliche Kälte »angehalten« worden sein.

Hier erlosch an jedem Abend alles Leben. In den Wäldern der Saurier herrschte nachts Totenstille. Der Jäger hörte zu fressen auf. Und erst dann, wenn am nächsten Morgen die Sonne wieder am Himmel erschien, löste sich der Bann. Wir können das noch heute an jeder Eidechse und an jedem Molch beobachten. Es kommt, wie jeder weiß, daher, daß diese Tiere »Kaltblüter« sind.

Dieser Ausdruck ist eigentlich aber grundfalsch. Er erschwert daher auch unnötig das Verständnis für die eigentliche Natur des Phänomens. Diese Tiere sind nämlich in Wirklichkeit nicht kalt, sie haben keine *eigene* Temperatur, das ist das Entscheidende. Sie nehmen einfach – Ausdruck der traditionellen Unterwerfung unter die Umweltbedingungen – passiv die Temperatur an, die ihre Umgebung hat. Der wissenschaftliche Fachausdruck »poikilotherm« = wechselwarm gibt den Sachverhalt sehr viel besser wieder.

In den langen Jahrmilliarden, während derer das Leben bis dahin im Wasser existiert hatte, war das ohne spürbare Konsequenzen geblieben. Denn zu den paradiesischen Umständen dieser Existenz hatte, wie wir uns erinnern wollen, auch die Bequemlichkeit einer andauernden Temperaturkonstanz gehört. Mit dieser war es jetzt endgültig vorbei. Und deshalb war alles Leben in der neuen Umgebung mit einem Male einem unentrinnbaren 24stündigen Wechsel von Aktivität und scheintoter Erstarrung unterworfen.

Während des gewaltigen Zeitraums, der zwischen dem geologischen Augenblick liegt, an dem die ersten Amphibien das Wasser verließen, und dem Ende der Herrschaft der Saurier, zwang die Erde durch ihre Rotation allem auf ihren Kontinenten existierenden Leben diesen Rhythmus auf. Das Ganze war ohne jeden Sinn, ohne biologische Vorteile, zu keinem wie auch immer gearteten evolutionären Fortschritt zu nutzen. Es war einfach die unvermeidbare, stumpfsinnige Folge der Tatsache, daß das Tempo aller chemischen Reaktionen bei sinkender Temperatur immer mehr abnimmt und daß sich unterhalb einer bestimmten Grenze mit derartig verlangsamten Reaktionen ein effektiver Stoffwechsel nicht mehr aufrechterhalten läßt. 300 Millionen Jahre lang haben die blinden Konsequenzen dieser Tatsache alles Leben auf den Kontinenten der Erde geprägt.

Kommt es womöglich daher, daß wir heute noch an jedem Abend müde werden? Den Physiologen ist es bisher trotz aller Anstrengungen nicht gelungen, einen einleuch-

tenden Grund, eine überzeugende Ursache dafür zu entdecken, daß wir schlafen müssen. Eine biologische Notwendigkeit dazu besteht nicht. Ist es nicht auffällig, daß
Meeresbewohner keinen Schlaf brauchen? Wenn wir daher, zusammen mit so vielen anderen Landlebewesen, in
jeder Nacht von neuem in die Bewußtlosigkeit des Schlafes
versinken, so könnte es sich dabei durchaus um eine Erinnerung unserer Gene an die seltsame Art und Weise handeln, in
der die Saurier ihre Nächte zu verbringen gezwungen waren.
Eine 300 Millionen Jahre alte Gewohnheit verliert sich nicht
so rasch.

HELMUT M. BÖTTCHER

Kleine Geschichte der Schlaftheorien

Schlaf tritt ein mit dem Erlöschen des Bewußtseins, der Sin-
neswahrnehmungen und der Willensantriebe. Sie alle hängen, wie die Wissenschaft als sicher annimmt, vom Großhirn ab. Demgemäß hat man gefolgert, daß der Schlaf vom
Großhirn gesteuert wird, und zwar aus jenem Bereich, den
wir als graue Substanz bezeichnen.

Eben dies hat sich aber als offenbar irrig erwiesen. Man
konnte das deutlich machen, als man Tauben und Hunden
das Großhirn entfernte. Auch in diesem Zustande schliefen
und wachten sie weiterhin im gewohnten Wechsel.

Schon eine verhältnismäßig einfache Überlegung hätte
zu im Prinzip gleichen Folgerungen geführt: Die Großhirn-
rinde ist, entwicklungsgeschichtlich gesehen, verhältnismäßig jung. Sie wurde erst später als andere Teile des Hirns
vom Menschen »erworben«, also im Laufe seiner späteren
Entwicklung aufgebaut. Der Schlaf jedoch ist ein Urphäno-
men, es kann kein Zweifel daran bestehen, daß schon die
entwicklungsgeschichtlichen Vorfahren des Menschen vor

vielen Millionen Jahren geschlafen haben, genauso wie auch jetzt die Tiere schlafen, selbst wenn sie keine Hirnrinde, ja, überhaupt kein Großhirn besitzen.

Der Schweizer Physiologe W. R. Hess konnte an Katzen mit Hilfe elektrischer Reizströme nachweisen, daß Economos Schlafstörungszentrum tatsächlich vorhanden war. Seine Untersuchungen behoben aber auch nicht alle Zweifel. Vor allem amerikanische Forscher gelangten im Gegensatz zu Hess zu der Folgerung, daß von einem Schlafzentrum überhaupt keine Rede sein könne.

Sie folgern aus ihren Forschungen, daß es im Gegenteil ein »Wachzentrum« gebe. Das heißt: Der »normale« Zustand des Tieres und des Menschen ist zu schlafen. Das tat er wahrscheinlich zunächst alle Zeit im Mutterleib, und er würde es weiterhin so halten, wenn es nicht eben das Wachzentrum gäbe, dessen Aufgabe darin besteht, den ganzen Organismus zu aktivieren. Sobald jedoch seine Funktionen ausfallen oder vermindert werden, kommt es zum Schlaf.

Indes auch gegen diese Meinung lassen sich wiederum Einwände erheben. Sie geben Economo oder Hess mehr oder weniger recht, führen allerdings zum Teil an ihnen vorbei bzw. über sie hinaus. Winterstein gelangt schließlich zu der Folgerung: Der Mechanismus des Schlafes besteht in einer erregungshemmenden Blockade. Sie ist in sinnreicher Weise in das Getriebe der lebenerhaltenden Regulation eingebaut. Voraussetzung jedes Schlafes ist darum die Ausschaltung von Reizen, die Einschlafen oder Weiterschlafen stören.

Wer schlafen will, dessen ruhebedürftiges Gehirn muß geschützt werden durch Sperren, die sich den Reizen entgegenstellen und ihren Weg blockieren. Dabei handelt es sich selbstverständlich sowohl um äußere wie auch um innere Reize. Es geht um Licht, Lärm, Schmerz oder Unbehagen nicht weniger wie um erregende Gedanken, Sorgen, Gefühle, Nöte und sonstige Bedrängungen jeder anderen Art. Der Kernpunkt des Problems liegt also darin, daß der Mensch, der nach Schlaf begehrt, die Beziehungen seines Organismus zur Außenwelt regelt – zu einer Außenwelt, in die auch sein eigenes Ich mit allen seinen Reizempfindungen und Reizempfindlichkeiten miteinbezogen ist. Erst, wenn die Ruhe hergestellt und gesichert ist, kann sich das Nervenzentrum ganz der Erholung widmen. Es wird dieses Ziel auf mannigfaltigem Wege verwirklicht: Der störungsfreie Schlafort, bequemes Lager oder die Fernhaltung von Lichtreizen sind ebenso wichtig wie die seelische Abkehr von der Außenwelt oder einer bewegten Welt des Innern. Das Innen wie das Außen müssen unwichtig werden. Das Ergebnis dieser Reizablenkung ist der Schlaf.

Überspringen wir verschiedene Fragestellungen der Schlafforschung, um gleich mit Winterstein zu fragen: *»Wie werden wir wach erhalten? Vielleicht lautet die Antwort: Der Schlaf ist einfach der natürliche Zustand unseres Gehirns, in dem es sich dauernd befindet, solange es nicht gestört und durch Reize verschiedenster Art wachgehalten wird.«* Noch einen Schritt weiter ging Pawlow. Er gewöhnte seine Versuchshunde daran, daß sie im Anschluß an einen bestimmten »Freßton« gefüttert wurden. Die erste Folge nach Ertönen dieses Zeichens war der Eintritt der Speichelsekretion, eines bedingten Reflexes. Verzögerte aber Pawlow in Fortsetzung der Versuche die gewohnte Fütterung, dann verzögerte sich auch der Speichelfluß, und die Tiere wurden nun merkwürdigerweise von einer unüberwindbaren Schläfrigkeit befallen. Daraus folgerte der Physiologe: Hemmung ist lokalisierter Schlaf – Schlaf dagegen ist ausgebreitete Hemmung.

Aufgrund dieser und anderer Untersuchungen hielt Hess seine frühere Auffassung nicht mehr aufrecht. Nunmehr folgerte er: Es gibt kein Schlafzentrum. Wohl aber gibt es umgekehrt ein »Wachzentrum«. Seine Aufgabe ist es, den gesamten Organismus zu aktivieren. Versagt es, oder fällt seine Funktion aus, dann ist das Ergebnis: Schlaf.

Winterstein allerdings pflichtet ihm nicht bei. Er erkennt den Kernpunkt des Schlafproblems darin, daß der Organismus seine Beziehungen zur Außenwelt löst. Damit setzt er das Nervenzentrum in den Stand, sich gegen die stoffwechselsteigernden Einflüsse äußerer Reize und gegen die ermüdenden Wirkungen der »Wacharbeit« zu schützen und die durch das Wachsein eingetretenen schädlichen Veränderungen zu beseitigen. Er tut dies durch das Aufsuchen eines gegen Reize abgesicherten Schlafortes, durch bequemes Lager, durch Schließung der Augen, durch seelische Abkehr von der Außenwelt. Dadurch wird er blind und taub gegen die Umwelt.

Die Ausbreitung dieser umgrenzten Hemmung auf den Gesamtbereich des Erlebens – das ist dann der Schlaf. Sein Mechanismus besteht in einer jegliche Erregung hemmenden Blockade, in einer Sperre gegen das Außen. Sie ist sinnreicherweise in das Getriebe der lebenerhaltenden Regulation eingebaut.

Alles in allem gesehen scheint es so zu sein, daß wir nicht schlafen, *weil* unser Hirn durch Ermüdung die Fähigkeit zu funktionieren verloren hätte, sondern *damit* es vor den Gefahren eines solchen Verlustes geschützt werde. Gibt es ein Schlafzentrum im Hirnstamm, so kann seine Aufgabe vornehmlich darin bestehen, daß es die Erregungsbahnen zur Hirnrinde unterbricht und damit die Verbindung zur Außenwelt aufhebt.

Der Regulator dieser Wechselspiele wird im allgemeinen in unserem Willen zu finden sein. Die Erfahrungen zeigen uns allerdings, daß wir durch den geschilderten Mechanismus selbst gegen unsern Willen zum Einschlafen gezwungen werden können. Daß wir durch unsern Willen auch wieder zum Erwachen gelangen können, beweist nichts in so erstaunlicher Weise wie die »Weckuhr«, die wir uns selber einbauen, wenn wir uns vornehmen, zu einer bestimmten Zeit wieder aufzuwachen.

Der Rhythmus zwischen Wachen und Schlafen ist genau abgestimmt; hüten wir unseren Willen, diesen Rhythmus allzu kräftig zu korrigieren.

THOMAS WILLKE

Wer nicht schläft, bleibt dumm

Früher dachten die Forscher, daß Schlaf nur da wäre, um Energie zu sparen, also eine Erholungsphase für den Körper sei. Das stellte sich aber als falsch heraus. Gerade die Tiere mit dem am stärksten ausgeprägten Schlafverhalten, die warmblütigen Säuger und Vögel, sparen kaum Energie. Sie haben immer einen hohen Grundverbrauch, um ihre Körpertemperatur zu halten. Außerdem stellten die Wissenschaftler fest, daß der Hauptnutznießer von Schlaf das Gehirn ist. Eine der wichtigsten Funktionen scheint dabei das Aufarbeiten von Erlerntem zu sein.

Vor allem in den sogenannten REM-Phasen (von Rapid Eye Movement = schnelle Augenbewegungen) scheint das Gehirn im Gedächtnis zu kramen und Ereignisse vom vergangenen Tag noch einmal aufzuarbeiten, ohne dabei von augenblicklichen Sinneseindrücken gestört zu werden. Säugerbabys und Jungvögel haben viel zu lernen. Für sie ist alles neu. Dementsprechend schlafen sie nicht nur besonders viel, sondern haben auch einen hohen Anteil an REM-Phasen. Bei den Babys aller Säugetiere, einschließlich des Menschen, beträgt er 50 bis 80 Prozent. Im Laufe des Lebens fällt er schließlich auf etwa 20 Prozent. Je älter wir sind, um so besser kennen wir die Welt und müssen nicht mehr so viel Neues lernen. Wie wichtig REM für den Lernerfolg ist, haben Experimente an Menschen und Tieren gezeigt. Während des Tages haben Wissenschaftler die Versuchspersonen oder -tiere bestimmte Aufgaben üben lassen. In der Nacht weckten die Forscher ihre »Opfer«, sobald sich im EEG des Gehirns das typische REM-Muster zeigte. Das Ergebnis: Tiere und Menschen mit gestörtem REM-Schlaf lernen deutlich schlechter als ihre »ausgeschlafenen« Artgenossen. Der Traumschlaf verfestigt die am Tage gelernten Dinge und verankert sie tiefer im Gedächtnis – das ist offenbar seine wichtigste Aufgabe.

Wir können zum Teil sogar mitverfolgen, wie unser Gehirn die Gedächtnisinhalte aufarbeitet, denn die REM-Phasen sind die Zeit, in der wir träumen. Wirklich erholsamen Schlaf gibt es also nur mit Träumen. Das ist ein großes Problem für Menschen, die regelmäßig Schlaftabletten nehmen. Die Medikamente verhindern die REM-Phasen und die Träume.

Ohne Risiken und Nebenwirkungen

Ein Schläfer in Nöten

Und in der Tat befiehlst Du mir, daß ich der Fleischeslust, der Augenlust, der Weltsucht mich enthalte. Du hast Enthaltsamkeit vom Beischlaf außerhalb dem Ehebett befohlen, und was die Ehe selbst betrifft, hast Du sie zwar gestattet, aber einen Zustand angeraten, der ihr überlegen ist. Und da Du es gegeben hast, ist es auch so gekommen, bevor ich noch Verwalter Deines Sakramentes wurde. Aber immer noch leben in meinem Gedächtnis, über das ich so viel gesprochen habe, die Bilder solcher Dinge, die meine Gewohnheit dort befestigt hat: begegnen sie im Wachen mir, entbehren sie freilich der Kräfte, im Schlaf jedoch erzeugen sie nicht nur Ergötzen, sondern Einwilligung und die fast völlig gleiche Tat. So viel vermag die Vorstellung des Bildes in meiner Seele auf mein Fleisch auszuüben, daß sogar das falsche Bild den Schläfer überwältigt, was nicht einmal dem echten bei dem Wachenden gelingt. Bin ich in solcher Lage etwa nicht mehr ich, o Herr, mein Gott? Und doch ist der Unterschied zwischen mir und mir so groß, den dieser Augenblick herbeiführt, wo ich in den Schlaf übergehe und wo ich aus ihm zurückkehre! Wo bleibt da die Vernunft, mit der der wache Mensch solchen Lockungen Widerstand leistet und unerschüttert bleibt, auch wenn die Dinge selbst sich ihm aufdrängen? Schließt die Vernunft sich mit den Augen? Schläft sie, wenn unsere Körpersinne schlafen? Woher kommt es aber dann, daß wir oft auch im Schlafe widerstehen, unsrem Vorsatz eingedenk, ganz keusch verharren und den Lockungen die Zustimmung verweigern? Und dennoch ist der Unterschied so groß, daß, wenn es anders kommt, wir als Erwachende zur Ruhe des Gewissens wiederkehren und an dem Abstand selbst es deutlich fühlen, daß wir an einer Tat, die irgendwie in uns zu unsrem Schmerz geschah, doch keinen Anteil hatten.

Ist etwa Deine Hand nicht mächtig genug, allmächtiger Gott, um nicht jede Schwäche meiner Seele zu heilen und mit Deiner überreichen Gnade auch die geilen Regungen meines Schlafes auszulöschen? Du wirst mir Deine Gnadengaben immer stärker mehren, Herr, damit mir meine Seele, befreit von der Fessel der Begierde, folgt zu Dir, so daß sie nicht nur aufständig ist gegen sich, um im Schlafe keine solchen Schimpflichkeiten zu vollbringen, die durch tierische Bilder bis zum Fluß des Fleisches verführen, sondern ihnen auch nicht zustimmt. Denn daß ihr nichts von dieser Art gefalle, auch nicht das wenigste, das durch den kleinsten Wink in keuscher Regung eines Schläfers unterdrückt werden kann, und das nicht nur für heute, sondern auch für später: das ist für den Allmächtigen doch nicht zu viel, der Du weit mehr zu tun vermagst, als was wir bitten und verstehen.

CHRISTOPH WILHELM HUFELAND

Wie man alt wird

Ich habe gezeigt, daß der Schlaf eine der weisesten Veranstaltungen der Natur ist, den beständigen reißenden Strom der Lebenskonsumtion zu bestimmten Zeiten aufzuhalten und zu mäßigen. Er gibt gleichsam die Stationen für unsre physische und moralische Existenz, und wir erhalten dadurch die Glückseligkeit, alle Tage von neuem geboren zu werden, und jeden Morgen durch einen Zustand von Nichtsein in ein neues erfrischtes Leben überzugehen. Ohne diesen beständigen Wechsel, ohne diese beständige Erinnerung, wie ekel und unschmackhaft würde uns nicht bald das Leben, und wie abgetragen unser geistiges und physisches Gefühl sein! Mit Recht sagt der größte Philosoph unsrer Zeiten: *Nehmt dem Menschen Hoffnung und Schlaf*, und er ist das unglücklichste Geschöpf auf Erden.

Wie unweise handelt also derjenige, der dadurch, daß er sich den Schlaf übermäßig abbricht, seine Existenz zu verlängern glaubt. Er wird seinen Zweck weder *in-* noch *extensiv* erreichen. Zwar mehr Stunden wird er mit offenen Augen zubringen, aber nie wird er das Leben im eigentlichen Sinn des Wortes, nie jene Frischheit und Energie des Geistes genießen, die die unausbleibliche Folge jedes gesunden und hinreichenden Schlafs ist, und die allem, was wir treiben und tun, ein ähnliches Gepräge aufdrückt.

Aber nicht bloß fürs intensive Leben, sondern auch fürs extensive, für die Dauer und Erhaltung desselben ist gehöriger Schlaf ein hauptsächliches Mittel. Nichts beschleunigt unsre Konsumtion so sehr, nichts reibt so vor der Zeit auf und macht alt, als Mangel desselben. Die physischen Wirkungen des Schlafs sind: Retardation aller Lebensbewegungen, Sammlung der Kraft und Wiederersetzung des den Tag über Verlorengegangenen (hier geschieht hauptsächlich die Restauration und Ernährung), und Absonderung des Unnützen und Schädlichen. Es ist gleichsam die tägliche Krise, wo alle Absonderungen am ruhigsten und vollkommensten geschehen.

Fortgesetztes Wachen verbindet also alle lebenszerstörenden Eigenschaften, unaufhörliche Verschwendung der Lebenskraft, Abreibung der Organe, Beschleunigung der Konsumtion und Verhinderung der Restauration.

Aber man glaube nicht, daß deswegen ein zu lange fortgesetzter Schlaf das beste Erhaltungsmittel des Lebens sei. Zu langes Schlafen häuft zu viel überflüssige und schädliche Säfte an, macht die Organe zu schlaff und unbrauchbar, den ganzen Körper feist und schwerfällig, und kann auf diese Art ebenfalls das Leben verkürzen.

Genug, niemand sollte unter sechs und niemand über acht Stunden schlafen. Dies kann als eine allgemeine Regel gelten.

Um ferner gesund und ruhig zu schlafen, und die ganze Absicht des Schlafs zu erreichen, empfehle ich folgende Punkte:

1. Der Ort des Schlafs muß still und dunkel sein. Je weniger äußere sinnliche Reize auf uns wirken, desto vollkommener kann die Seele ruhen. – Man sieht hieraus, wie zweckwidrig die Gewohnheit ist, ein Nachtlicht zu brennen.

2. Man muß immer bedenken, daß das Schlafzimmer der Ort ist, in dem man den größten Teil seines Lebens zubringt; wenigstens bleibt man an keinem Ort in *einer* Situation so lange. Äußerst wichtig ist es daher, an diesem Orte eine gesunde und reine Luft zu erhalten. Das Schlafzimmer muß also geräumig und hoch, am Tage nicht bewohnt, auch nicht des Nachts geheizt sein, keine ausdünstenden Stoffe, Blumen und dergleichen enthalten, und die Fenster müssen beständig offen erhalten werden, außer des Nachts.

3. Man esse abends nur wenig und nur kalte Speisen, und immer einige Stunden vor Schlafen. Ein Hauptmittel um ruhig zu schlafen und froh zu erwachen.

4. Man liege ohne allen Zwang und Druck fast ganz horizontal im Bett, nur den Kopf ausgenommen, der etwas erhöht sein muß. Nichts ist schädlicher, als halb sitzend im Bett zu liegen, der Körper macht da immer einen Winkel, die Zirkulation im Unterleibe wird erschwert, auch das Rückgrat immerfort gedrückt, daher ein Hauptzweck des Schlafs, freier und ungehinderter Blutumlauf, dadurch verfehlt, ja in der Kindheit und Jugend Verwachsung und Buckel oft durch diese Gewohnheit erzeugt wird.

5. Alle Sorgen und Tageslasten müssen mit den Kleidern abgelegt werden; keine darf mit zu Bette gehen. Man kann

hierin durch Gewohnheit erstaunlich viel über sich erhalten. Ich kenne keine üblere Gewohnheit als die, im Bett zu studieren und mit dem Buche einzuschlafen. Man setzt dadurch die Seele in Tätigkeit, gerade in dem Zeitpunkt, wo alles darauf ankommt, sie völlig ruhen zu lassen, und es ist natürlich, daß nun diese aufgeweckten Ideen die ganze Nacht hindurch im Kopfe herumspuken und immerfort bearbeitet werden. Es ist nicht genug, physisch zu schlafen, auch der geistige Mensch muß schlafen. Ein solcher Schlaf ist ebenso unzureichend, als der entgegengesetzte Fall, wenn bloß unser Geistiges, aber nicht unser Körperliches schläft; z. E. das Schlafen in einem erschütternden Wagen auf Reisen.

6. Hierbei muß ich noch eines besondern Umstandes erwähnen. Es glaubt nämlich mancher, es sei völlig einerlei, *wenn* man diese sieben Stunden schliefe, ob des Tags oder des Nachts. Man überläßt sich also abends so lange wie möglich seiner Lust zum Studieren oder zum Vergnügen, und glaubt es völlig beizubringen, wenn man die Stunden in den Vormittag hinein schläft, die man der Mitternacht nahm. Aber ich muß jeden, dem seine Gesundheit lieb ist, bitten, sich vor diesem verführerischen Irrtum zu hüten. Es ist zuverlässig nicht einerlei, sieben Stunden am Tage oder sieben Stunden des Nachts zu schlafen, und zwei Stunden abends vor Mitternacht durchschlafen sind für den Körper mehr wert, als vier Stunden am Tage. Meine Gründe sind folgende: Die vierundzwanzigstündige Periode, welche durch die regelmäßige Umdrehung unsres Erdkörpers auch allen seinen Bewohnern mitgeteilt wird, zeichnet sich besonders in der physischen Ökonomie des Menschen aus. In allen Krankheiten äußert sich diese regelmäßige Periode, und alle andern so wunderbar pünktlichen Termine in unsrer physischen Geschichte werden im Grunde durch diese einzelne vierundzwanzigstündige Periode bestimmt. Sie ist

gleichsam die Einheit der Naturchronologie. – Nun bemerken wir, je mehr sich diese Periode mit dem Schluß des Tages ihrem Ende nähert, desto mehr beschleunigt sich der Pulsschlag, und es entsteht ein wirklich fieberhafter Zustand, das sogenannte *Abendfieber*, welches jeder Mensch hat. Höchstwahrscheinlich trägt der Zutritt des neuen Chylus ins Blut etwas dazu bei. Doch ist's nicht die einzige Ursache, denn wir finden's auch bei Kranken, die nichts genießen. Mehr noch hat sicher die Abwesenheit der Sonne und die damit verbundene Revolution in der Atmosphäre Anteil. Eben dieses kleine Fieber ist die Ursache, warum nervenschwache Menschen sich abends geschickter zur Arbeit fühlen als am Tage. Sie müssen erst einen künstlichen Reiz haben, um tätig zu werden, das Abendfieber ersetzt hier die Stelle des Weins. Aber man sieht leicht, daß dies schon ein unnatürlicher Zustand ist. Die Folge desselben ist, wie bei jedem einfachen Fieber, Müdigkeit, Schlaf und Krisis durch die Ausdünstung, welche im Schlaf geschieht. Man kann daher mit Recht sagen: Jeder Mensch hat alle Nacht seine kritische Ausdünstung, bei manchen mehr, bei manchen weniger merklich, wodurch das, was den Tag über Unnützes oder Schädliches eingeschluckt oder in uns erzeugt wurde, abgeschieden und entfernt wird. Diese tägliche Krisis ist jedem Menschen nötig und zu seiner Erhaltung äußerst unentbehrlich; der rechte Zeitpunkt derselben ist der, wo das Fieber seinen höchsten Grad erreicht hat, das ist der Zeitpunkt, wo die Sonne gerade im Zenit unter uns steht, also die Mitternacht. Was tut nun der, der dieser Stimme der Natur, die in diesem Zeitpunkt zur Ruhe ruft, nicht gehorcht, der vielmehr dieses Fieber, welches das Mittel zur Absonderung und Reinigung unsrer Säfte werden sollte, zu vermehrter Tätigkeit und Anstrengung benutzt? Er stört die ganze wichtige Krise, versäumt den kritischen Zeitpunkt, und gesetzt, er legt sich nun auch gegen

Morgen nieder, so kann er doch nun schlechterdings nicht die ganze wohltätige Wirkung des Schlafs in dieser Absicht erhalten, denn der kritische Zeitpunkt ist vorbei. Er wird nie eine vollkommene Krise, sondern immer nur unvollkommene haben, und Ärzte wissen, was dieses sagen will. Sein Körper wird also nie vollkommen gereinigt. – Wie deutlich zeigen uns dies die Kränklichkeiten, die rheumatischen Beschwerden, die geschwollenen Füße, die unausbleiblich Folgen solcher Lukubrationen sind!

Ferner, die Augen werden bei dieser Gewohnheit weit stärker angegriffen, denn man arbeitet da den ganzen Sommer bei Lichte, welches der, der den Morgen benutzt, gar nicht nötig hat.

Und endlich verlieren die, welche die Nacht zur Arbeit und den Morgen zum Schlaf anwenden, gerade die schönste und schicklichste Zeit zur Arbeit. – Nach jedem Schlafe sind wir, im eigentlichsten Verstande des Wortes, verjüngt, wir sind früh allemal größer als abends, wir haben früh weit mehr Weichheit, Biegsamkeit, natürliche Reizbarkeit, Kräfte und Säfte, genug, mehr den Charakter der Jugend, sowie hingegen abends mehr Trockenheit, Sprödigkeit, Erschöpfung; also der Charakter des Alters herrscht. Man kann daher jeden Tag als einen kleinen Abriß des menschlichen Lebens ansehen, der Morgen die Jugend, der Mittag das männliche Alter, der Abend das Alter. Wer wollte nun nicht lieber die Jugend des Tages zu seiner Arbeit benutzen, anstatt erst abends, im Zeitpunkt des Alters und der Erschöpfung seine Arbeiten anzufangen? – Früh sieht die ganze Natur am reizendsten und frischesten aus, auch der menschliche Geist ist früh in seiner größten Reinheit, Energie und Frischheit; noch ist er nicht, wie des Abends, durch die mancherlei Eindrücke des Tages, durch Geschäfte und Verdrießlichkeiten getrübt und sich unähnlich gemacht, noch ist er es mehr selbst, originell und in seiner ursprünglichen Kraft. Dies ist der Zeitpunkt neuer Geistesschöpfungen, reiner Begriffe, Anschauungen und großer Gedanken. Nie genießt der Mensch das Gefühl seines eigenen Daseins so rein und vollkommen, als an einem schönen Morgen; wer diesen Zeitpunkt versäumt, der versäumt die Jugend seines Lebens!

Alle, die ein hohes Alter erreichten, liebten das Frühaufstehen, und *J. Wesley*, der Stifter einer eignen methodischen Sekte, ein origineller und merkwürdiger Mann, war so sehr von der Notwendigkeit dieser Gewohnheit überzeugt, daß er's zu einem Religionspunkt machte, früh aufzustehen, und er wurde dabei 88 Jahre alt. Sein Motto, was ich hier als eine echte Lebensmaxime empfehlen will, war: Early to bed, and early arise, Makes the man healthy, wealthy and wise. (Früh zu Bett und früh wieder auf, macht den Menschen gesund, weise und reich).

Aber schon oft hörte ich bei diesem Rate den Einwurf, man könne nicht einschlafen, wenn man sich auch zur rechten Zeit zu Bett legte, und dann sei es doch besser außer Bett, als mit Langeweile und Verdruß im Bett zu wachen. – Diesen Personen gebe ich die Versicherung, daß dies bloß Verwöhnung ist, und empfehle folgendes gewisse Mittel dagegen: Man lasse sich alle Morgen zu einer bestimmten Stunde und zwar früh wecken, selbst wo es nötig ist, mit einem selbstauferlegten Zwang; dies braucht man nur 6-8 Tage pünktlich zu befolgen, und man wird zuverlässig abends bald und sanft einschlafen. Nicht im baldigen Niederlegen, sondern im Frühaufstehen liegt das wahre Mittel gegen das zu lange Aufbleiben des Nachts. Aber von dieser bestimmten Stunde des Aufstehens muß man keinen Tag abgehen, auch wenn man noch so spät zu Bett gegangen ist.

Die Kunst zu gähnen

Ein Hund, der vorm Kamin liegt und gähnt, ermahnt die Jäger, ihre Sorgen auf morgen zu verschieben. Sein Beispiel ist unwiderstehlich; die ganze Gesellschaft muß ihm folgen und ebenfalls gähnen: der Auftakt zum Schlafengehen; was aber nicht heißt, daß Gähnen ein Zeichen von Müdigkeit wäre; die tiefe Durchlüftung des Zwerchfells, die dabei stattfindet, stellt vielmehr den Abschied dar, den wir der Aufmerksamkeit und dem Geist des Streits geben. Die Natur kündigt durch diese energische Maßnahme an, daß sie es leid ist, zu denken, und sich damit begnügt, zu leben.

Jeder kann die Beobachtung machen, daß Aufmerksamkeit und Überraschung einem, wie man sagt, den Atem verschlagen. Die Anatomie erklärt, warum; sie zeigt, daß alle der Verteidigung dienenden Muskeln am Brustkorb ansetzen und, sobald sie sich bewegen, diesen einschnüren. Bemerkenswert in dieser Hinsicht, daß die Geste des Armhochnehmens, das Zeichen der Kapitulation, zugleich das beste Mittel ist, die Brust von Druck zu befreien; es ist auch das beste Mittel, um tief zu gähnen. Leicht einzusehen demnach, wieso uns jede Art von Sorge buchstäblich das Herz abdrückt. Die von der Sorge in Gedanken diktierte Handlung engt uns die Brust ein und erzeugt Angst; daraus wiederum ergibt sich ein Zustand der Gereiztheit gegen einen selber. Auf diesem Zwang beruht das Gezwungene der Förmlichkeit; sie verstärkt ihn sogar noch durch Ansteckung; denn Langeweile wirkt ansteckend. Dafür stellt Gähnen aber auch das ansteckende Heilmittel gegen die ansteckende Förmlichkeit dar. Wieso Gähnen einer Krankheit gleich ansteckt? Ich glaube eher, daß Ernst, Aufmerksamkeit und Sorge wie Krankheiten anstecken, und daß Gähnen, das eine Art Wiedergesundung und Rache des Lebens bedeutet, genau umgekehrt als emphatische Erklärung der Sorglosigkeit wirkt. Es ist gleichsam das von allen erwartete Signal, wegzutreten und es sich wohl sein zu lassen, und dem kann sich keiner entziehen; der ganze Ernst hatte nur diese Befreiung vom Ernst zum Ziel.

Lachen und Schluchzen sind ähnliche, nur in sich widersprüchlichere Lösungen, weil in ihnen der Gedanke, der bedrückt, und der Gedanke, der befreit, sich einen Kampf liefern. Gähnen dagegen verjagt alle Gedanken. Deshalb ist das, was gähnt, immer ein Hund. Jeder hat schon einmal die Beobachtung gemacht, daß bei Krankheiten nervöser Natur, bei denen eben der Gedanke die Krankheit ausmacht, Gähnen immer ein günstiges Zeichen ist. Aber ich glaube, daß Gähnen, genau wie der Schlaf, den es ankündigt, sich bei allen Krankheiten als heilsam erweist. Ein Zeichen dafür, daß unsere Gedanken nicht nur in den nervösen Krankheiten eine Rolle spielen; eine Sache, die weniger verwundern würde, wenn man einmal daran dächte, wie weh man sich tun kann, wenn man sich auf die Zunge beißt. Die übertragene Bedeutung dieses Ausdrucks beweist, daß das Bedauern, welches man Gewissensbiß nennt, bis zur Verletzung gehen kann. Gähnen ist umgekehrt in jeder Hinsicht ungefährlich.

CHRISTIAN MORGENSTERN

Der vorgeschlafene Heilschlaf

Palmström schläft vor zwölf Experten
den berühmten »Schlaf vor Mitternacht«,
seine Heilkraft zu erhärten.

Als er, da es zwölf, erwacht,
sind die zwölf Experten sämtlich müde.
Er allein ist frisch wie eine junge Rüde!

LIN YUTANG

Die Kunst des Schlafens

Da war ein Jogi, der wanderte im Land umher und suchte
die Geheimlehre zu verbreiten, wie man seine Lebenskraft
erhalten und das Leben verlängern könne. Er wollte sie auch
mir mitteilen. So fragte ich ihn, was man tun könne, um ein
hohes Alter zu erreichen und worin solcher Segen zu finden
sei. Ich dachte, es wäre schön, wenn sich seine Lehren mit
meiner Denkart deckten, und daß ich, wenn es nicht der Fall
wäre, mich doch wenigstens seiner annehmen könnte.

Dieser Mensch erklärte mir, das Geheimnis der Langle-
bigkeit läge in der Kontrolle der Atmung, und Seelenruhe
sei durch Meditation und fromme Versenkung zu erreichen. Ich sprach zu ihm: »Eure Mittel sind mühevoll und
unnatürlich, nur ein Mensch Euresgleichen kann sich ihrer
bedienen. Ich jedenfalls bin dazu zu faul, außerdem bewege
ich mich gern und versuche, mich an allem zu freuen. Das
ist leider nichts für mich.«

»Was habt Ihr denn für ein Mittel?« fragte er. »Ich würde

es gern kennenlernen. Wir könnten dann unsere Ansichten gegeneinander abwägen.«

Und dies gab ich zur Antwort:

»Nach der natürlichen Planung der Dinge ist es dem Menschen aufgegeben, sich die Hälfte seiner Zeit zu beschäftigen, und die andere Hälfte zu ruhen. Bei Tage sitzt er, geht umher oder steht, und nachts ruht er sich aus. Wenn ein Mensch tagsüber arbeitet und nachts nicht ruht und das Tag um Tag so treibt, kann man sich auf sein baldiges Begräbnis vorbereiten. Ich versuche, mir meine Gesundheit zu erhalten, indem ich die Hälfte meiner Zeit ausruhe und in der andern Hälfte tätig bin. Wenn mich irgend etwas so quält, daß es mir den Schlaf raubt, ist dies ein Zeichen drohender Gefahr. Ich kann dann die mir verbleibenden Jahre an den zehn Fingern abzählen!

Mit andern Worten: Das Geheimnis guter Gesundheit liegt in einem gesunden und ruhigen Schlaf. Wer gut schläft, erneuert seine Kräfte, erfrischt seinen Organismus und kräftigt seine Muskeln. Man braucht ja nur einen kranken Menschen mit einem gesunden zu vergleichen. Ein Mensch, dem es nicht vergönnt ist, sich ordentlich auszuruhen, wird krank; seine Augen bekommen dunkle Schatten, und alle möglichen Krankheitssymptome treten auf. Der Zustand eines kranken Menschen verschlimmert sich immer mehr, wenn er nicht richtig schläft. Nach einem gesunden Schlaf jedoch erwacht er wieder voller Begierde auf ein neues Leben. Ist der Schlaf also nicht ein zuverlässiges Zaubermittel? Er heilt nicht nur eine einzige Krankheit, sondern Hunderte, er ist ein Heilmittel, das Tausenden von Menschen das Leben erhält. Seine Gesundheit in der Beherrschung der Atmung und in mühevollen Yogaübungen zu suchen, setzt indessen ungeheure Konzentration voraus und die Anstrengung, wach zu bleiben! Soll ich das beste Heilmittel der Welt gegen ein nicht erprobtes Rezept eintauschen?«

Der Mann ging ärgerlich davon und gab mir nicht die Möglichkeit, ihm meine Gründe auseinanderzusetzen.

In einem alten Gedicht heißt es: »Nach langem, gesunden Schlaf in bambusumschatteter Stille bin ich der Hast des Tages weit entrückt. Wenn mich der Einsiedler vom Huaschan besucht, frag ich ihn nicht, wie man Unsterblichkeit erlangt, wohl aber, was ich tun muß, um stets gut zu schlafen.« Ein modernes Sprichwort lautet: »Zunächst laß deine Gedanken ruhen, dann erst deine Augen.«

Zum Schlafen bedarf es der passenden Zeit und eines geeigneten Ortes, und es gibt auch gewisse Schlafgewohnheiten, die man vermeiden sollte. [. . .]

Die Vorliebe für ein Nachmittagsschläfchen ist begreiflich, es sollte aber nur dem Sommer vorbehalten bleiben, wenn die Tage lang und die Nächte kurz sind. Es ist nur zu natürlich, daß man müde wird, wenn es heiß ist, und genauso wie es dem Menschen gut tut zu trinken, wenn es ihn dürstet, tut ihm Schlaf gut, wenn er müde ist. Wer sich entsprechend verhält, zeigt gesunden Menschenverstand. Am besten ist die Zeit nach dem Mittagessen für ein Schläfchen geeignet. Man sollte zunächst eine Weile warten, bis das Essen teilweise verdaut ist, und sich dann in Muße dem Ruhelager zuwenden. Man rede sich aber ja nicht ein, daß man entschlossen sei, ein Nickerchen zu machen. Man würde sich auf diese Weise verkrampfen, und ein gesundes Ausruhen wäre unmöglich. Am besten ist es, sich zunächst mir irgend etwas zu beschäftigen. Mittendrin wird man dann von Müdigkeit übermannt, und der Sandmann kommt. Das Traumland läßt sich nicht gewaltsam erreichen. Ich liebe die Gedichtzeile, in der es heißt: »Während ich einnicke, gleitet das Buch mir aus der Hand.« So naht der Schlaf, ohne daß man ihn zu erlisten trachtet und ohne daß man es merkt. Darin liegt das Geheimnis der Kunst des Einschlafens.

Weiter muß auch der Ort, an dem man zu schlafen gedenkt, mit Bedacht gewählt werden. Er sollte kühl und ruhig sein. Wenn es nicht still ist, ruhen zwar die Augen, aber nicht die Ohren. Wenn es zu heiß ist, ruht die Seele, jedoch nicht der Leib, und beide geraten in Widerstreit miteinander. Das verstößt gegen die Grundregel für eine gute Gesundheit.

Schließlich wollen wir den Schlafenden selbst betrachten. Manche Leute sind mit Geschäften überladen, andere wiederum haben viel Zeit. Daraus ergibt sich folgerichtig, daß ein Mensch der Muße wenig Schlaf braucht; der geschäftige Mensch hat ihn vor allem nötig. Aber gerade er schläft oft schlecht. Wohl ruhen seine Augen beim Schlafen aus, aber nicht sein Geist. Also ist der Schlaf für ihn in Wirklichkeit gar keine Erholung. Am schlimmsten ist es, wenn er morgens im Halbschlaf zu denken anfängt, wenn ihm plötzlich einfällt, was er versäumt und vergessen hat. Es ist etwas sehr, sehr Wichtiges! Er meint, wenn er noch ein Auge voll Schlaf nähme, würde ein Unglück geschehen! Und dieser Gedanke macht jede Ruhe unmöglich. Er wird verkrampft und steht nervöser auf, als er sich hingelegt hat. Ein Mensch der Muße bringt dagegen erst seinen Geist zur Ruhe, ehe er die Augen schließt, und öffnet er sie wieder, ist sein Geist zuvor schon frisch und erholt erwacht. Sorglos schläft er ein, um sorgloser aufzuwachen. Solcherart ist der Schlaf eines Menschen der Muße.

Aber wie viele gibt es schon davon auf dieser Welt? Jeder kann nicht ein Leben führen, das er mit Nichtstun verbringt. Folglich muß man sich nach einer Methode umsehen. Es empfiehlt sich, alle dringenden Tagesgeschäfte am Vormittag zu erledigen und das, was man nicht schafft, andern zu übertragen. So ist man sicher, daß alles geregelt ist und seine Ordnung hat. Dann kann man es sich leisten, das Kopfkissen zu suchen und sich jenem Schlummer zu überlassen, der als das »dunkle, süße Dorf« bezeichnet worden ist. Man wird dann ebenso gut schlafen wie der Mensch der Muße.

Etwas anderes noch: Um einen vollkommenen Schlaf genießen zu können, bedarf es eines ruhigen Gewissens. Ein solcher Mensch wird dann nicht »erschrecken, wenn es um Mitternacht an seiner Tür klopft«, wie ein Sprichwort sagt. Er wird das Picken der Hühner auf der Tenne auch nicht für die Schritte eines Büttels halten!

Wie man aus der Kiste kommt

GEORG WILHELM FRIEDRICH HEGEL

Verstehen Sie das?

Das Unterscheiden der Individualität als *für sich seiender* gegen sich als nur *seiender*, als unmittelbares *Urteil*, ist das *Erwachen* der Seele, welches ihrem in sich verschlossenen Naturleben zunächst als Naturbestimmtheit und *Zustand* einem [anderen] Zustande, dem *Schlafe*, gegenübertritt. – Das Erwachen ist nicht nur *für uns* oder äußerlich vom Schlafe unterschieden; es selbst ist das *Urteil* der individuellen Seele, deren Fürsichsein für sie die Beziehung dieser ihrer Bestimmung auf ihr Sein, das Unterscheiden ihrer selbst von ihrer noch ununterschiedenen Allgemeinheit ist. In das Wachsein fällt überhaupt alle selbstbewußte und vernünftige *Tätigkeit* des für sich seienden Unterscheidens des Geistes. – Der Schlaf ist Bekräftigung dieser Tätigkeit nicht als bloß negative Ruhe von derselben, sondern als Rückkehr aus der Welt der *Bestimmtheiten*, aus der Zerstreuung und dem Festwerden in den Einzelheiten in das allgemeine Wesen der Subjektivität, welches die Substanz jener Bestimmtheiten und deren absolute Macht ist.

FRIEDRICH NIETZSCHE

Des Tages erster Gedanke

Das beste Mittel, jeden Tag gut zu beginnen, ist: beim Erwachen daran zu denken, ob man nicht wenigstens *einem* Menschen an diesem Tage eine Freude machen könne. Wenn dies als ein Ersatz für die religiöse Gewöhnung des Gebetes gelten dürfte, so hätten die Mitmenschen einen Vorteil bei dieser Änderung.

Daß man wieder derselbe wird

Warum kann ich den Augenblick nicht hinauszögern, da ich zu mir komme, nicht säumen im umfassenden Zustand?

Warum sollte ich diesen Morgen gerade mich wählen? Was zwingt mich, meine Freuden und meine Leiden wieder an mich zu nehmen? Und wenn ich nun meinen Namen, meine Wahrheiten, meine Gewohnheiten, meine Ketten, wieder fahrenließe gleich Träumen der Nacht – wie einer, der verschwinden und ein neuer Mensch werden will, am Ufer des Meers sorgfältig seine Kleider und Papiere zurückläßt?

Werde ich nicht jetzt von den Träumen belehrt, vom Erwachen ermahnt? Und der Sommermorgen, ist er nicht der Augenblick, nicht der gebieterische Rat, ein anderer zu werden? Der Schlaf hat das Spiel durcheinandergebracht, die Karten gemischt; und die Träume haben alles vermengt, alles von neuem in Frage gestellt . . .

Das Erwachen kennt eine Zeit der Geburt, der Geburt aller Dinge, bevor irgendeines entsteht. Da ist eine Nacktheit, ehe man sich wieder ankleidet.

Vom Erwachen

Auf einmal ist es. Da. Sprudelt hervor, zerreißt die Schleier zarten Schlafs im milden Morgengrauen. Alles, wie es war. Die Nacht schwand wie im Fluge, ohne eine Spur. Unversehens den fertigen Tag vor der Tür kann nichts mehr überraschen. Beim Erwachen ist es immer zu spät, um diesen Augenblick zu erwischen: kommt man zu sich, ist es vorbei.

Ja, er ist am Strand: im Haus am Strand. Das Erste, was er wahrnimmt, ist der Druck des Lakens auf den großen Zeh seines rechten Fußes: er streckt ihn, bewegt ihn zur Seite, spürt die Kühle des frischen Leinens. An die Finsternis seines Zimmers in der Stadt gewöhnt, ist ihm das Halbdunkel fremd. Die Fensterriegel sind aufgetrieben, klebrig, schwitzen Harz. Eben aufgegangen, rötet die Sonne die Astlöcher der kiefernen Fensterläden. Warmer Schatten. Jetzt löst er ganz langsam das linke Bein, bis es mit dem rechten einen weiten Winkel bildet. Als ob er eine Furt durchwate, zieht die Frische des unberührten Lakens sanft seine Waden herauf. Dann eine plötzliche Bewegung, er dreht sich halb zur Rechten, kommt auf die Seite zu liegen. Er spürt seine Umrisse auf dem Kissen, eine hauchdünne Linie. Enrique hat noch immer nichts gedacht. Er glaubt, er habe noch nichts gedacht. Ist er müde? Er geht der Frage nach, ohne sich eine Antwort zu geben. Er schließt die Augen und überlegt, was er tun soll. Er muß überhaupt nichts tun. Samtweich. Einklang. Er rollt sich zusammen. Streckt sich gleich wieder. Streckt einen Arm aus und berührt die kühle, gekalkte Wand.

Nur das, wonach ihm der Sinn steht. Behagen. Wonniges Nichtstun. Balsam. Er dreht sich noch einmal um, schiebt die Arme unter das Kissen. Im Bett fühlt er sich umfriedet, beschützt. Die Unterarme dürfen nun von der gleichen, angenehmen Kühle kosten wie zuvor die Beine. Es muß noch sehr früh sein. Er streckt sämtliche Hände und Füße nach den vier Ecken des Bettes aus. Gewißheit, daß es nicht weiter geht. Diese ganze Fläche ist er, mehr bringt er nicht zustande. Mit genüßlicher Anstrengung versucht er einige Zentimeter hinzuzugewinnen, indem er seine Gelenke so weit wie möglich reckt, seine Muskeln mit aller Kraft anspannt. Er meint, seine Sehnen zu spüren, seine Fußspitzen. Wieviel er wohl in der Diagonale mißt? Er hat keine Lust, das auszurechnen. Ruhe. Süßer Frieden. Rast. Was ist das Erwachen? Unbemerkt schwindet der Schlaf, man kommt wieder zu sich. Das Denken kehrt zurück. Stille von drinnen und draußen. Um den Schlaf wiederaufzunehmen und erneut zu erfahren, reicht es nicht aus, die Augen zu schließen. Außerdem: wozu? Er bleibt, wer er war, süßes Kontinuum. Er lebt. Er öffnet die Augen zum frühen Licht des Tages. Es ist wahr. Stille. Hand in Hand mit dem Nichtstun liegen die Stunden lang vor ihm hingestreckt.

Efeu. Siebenschläfer. Die Entdeckung, daß das Fenster ein Fenster ist, und daß die wohlig wärmende Sonne ungehindert grüßt, während Seele und Muskeln kraftlos daliegen. Süße Erschöpfung des Ruhens. Die Zimmerdecke sieht genau wie gestern aus: dieses leicht Abgeblätterte mit den halb abgelösten Partikeln, schon als er es zum ersten Mal sah. Ewig weißes Wohlbefinden. Das Haupt in reine Kissen gebettet. Reine Laken, reine Wände, reine Sonne. Noch sind die Fliegen nicht geschlüpft. Behagen. Das Badezeug anziehen und auf zum Meer! Zum Meer, das er jetzt dumpf hört. Freundlich lecken die Wellen den feinen Sand, ocker von der Feuchtigkeit, zwei Schritte weiter oben strohgelb. Enrique entdeckt sein Mittelmeer und streckt ein Bein aus dem Bett.

GÜNTER CLAUSER

Die Kopfuhr

Unsere Vorfahren interessierten sich seit jeher nur für eine Art des Aufwachens, nämlich für die, welche wunsch- oder vorsatzgemäß zu einer ungewohnten Stunde erfolgt. Das gewohnheitsgemäße morgendliche Erwachen oder das auf Grund von Organgefühlen (volle Blase usw.) wurde nicht beachtet. Das überrascht zunächst, da uns ja bereits bei unserer ersten Orientierung aufgefallen war, daß die meisten Befragten morgens von selbst erwachen können, dies aber nicht immer zur außergewöhnlichen Zeit fertigbringen. Das Phänomen des Terminerwachens ist also anscheinend weniger vertreten. Wenn es trotzdem unseren Vorfahren allein der Beachtung wert schien, so dürfen wir daraus schließen, daß man etwas Besonderes darin erblickte. Man machte nur bei besonderen Anlässen von ihm Gebrauch. Wie wollte z. B. ein Jäger ohne Uhr wach werden, wenn er zu mitternächtlicher Stunde auf den Hochsitz wollte, oder wie ein Fischer, der seine Reußen noch vor Anbruch des Tages ziehen mußte? Gerade die naturverbundenen Schichten unseres Volkes sind häufig gezwungen, in abgelegenen Gefilden ihrem Beruf nachzugehen, in welche die Stundenschläge der Dorfuhr nicht mehr dringen. Zwar genügt ihnen am Tage der Stand der Sonne zur Zeitorientierung, doch die Nächte, an denen kein Mond am Himmel zu sehen ist, entbehren einer solchen Hilfe. Die Bauern, Jäger, Fischer und Schäfer wußten, daß es auch ohne dies ging, und die Verschiedenartigkeit ihrer Methoden verrät, daß man sich allerorts damit beschäftigt hat. Die Bayern klopfen einfach die Zahl der entsprechenden Stunde an den Bettpfosten und werden dadurch wach. Im Rheinland und in Westfalen tritt man kurz vor dem Einschlafen dreimal unten an die Bettlade, wenn man um drei Uhr erwachen will. Im Spreewald muß man sich nach dem Zubettgehen an die große Zehe fassen, sich konzentrieren und sagen: »Ich will um soundsoviel Uhr aufwachen.« In Schlesien, Thüringen und im Erzgebirge sowie im Vogtland klopft man die gewünschte Zeit einfach gegen die Wand seines Zimmers und geht dann ganz sicher, daß man nicht verschläft. Viele Bauern machen sich so viele Knoten in ihr Taschentuch, wie der Zahl der Stunden entspricht, zu der sie wach werden wollen (eigene Beobachtung). Unter das Kopfkissen gelegt, verfehlt es seine Wirkung nie. Auch heute ist oft mit dem Vorsatz des Erwachens eine bestimmte Technik verbunden, von deren großer Bedeutung jeder überzeugt ist, der die Fähigkeit des Terminerwachens besitzt. Weit verbreitet fanden wir die Art, sich vor dem Einschlafen das Zifferblatt einer Uhr anzusehen und sich vorzustellen, die Zeiger würden Stunde um Stunde zurücklegen bis zum vorgenommenen Zeitpunkt. Mit dem Bild dieser Zeigerstellung schläft man dann beruhigt ein. Andere stellen sich bildhaft die Tätigkeit vor, die Anlaß des außergewöhnlichen Erwachens bildet. Eidetiker können dies besonders gut. Auch das reine »Darandenken« verfehlt seine Wirkung nicht bei denen, die auf ihre Methode schwören. Wichtig scheint dabei zu sein, im letzten Augenblick vor dem Einschlafen an den Vorsatz zu denken. Es gibt auch Leute, die bis zum Einschlafen den Satz denken müssen: »Ich werde um soundsoviel Uhr erwachen.« Der Kundige erkennt die Ähnlichkeit mit dem Coué'schen Kettensatz: »Es geht mir von Stunde zu Stunde besser.« Klopfen also die einen die Zahl der entscheidenden Stunde und hören sie gewissermaßen vorweg, so sehen sie die anderen auf dem Zifferblatt oder im Geiste voraus. Viele denken so angestrengt an das Erwachen, als erlebten sie es bereits. Anderen genügt, sofern sie sich über Notwendigkeit und Zeitpunkt des Aufwachens klar geworden sind, im letzten Augenblick vor dem Einschlafen noch einmal zu denken: »Ich will« oder »ich muß«. Was machen aber jene, die nicht so sehr von ihren Fähigkeiten überzeugt sind oder bei denen der Wunsch des Erwachens stärker ist als der Wille oder die Fähigkeit dazu? Es gibt einen alten Brauch, der vor allem in Süddeutschland weit verbreitet ist. Man bittet die armen Seelen im Gebet, daß sie einen zu einer bestimmten Stunde wecken. Die Gläubigen versichern, daß die armen Seelen diesen Auftrag recht exakt ausführen und schildern das Erwachen als besonders angenehm. Man kann also ruhig einschlafen und sich ganz auf die Seelen der Toten verlassen. Das Erwachen selbst wird häufig als »Emporsteigen« oder »Auftauchen« geschildert. In Franken gewinnt man die Hilfe der Verstorbenen, indem man vor dem Schlafengehen ein Vaterunser betet unter Benennung der Stunde, zu der man erwachen will. Man kann auch den Schutzengel bitten, daß er einen zur rechten Zeit weckt. Die Meinung, daß die Himmlischen für das Wecken der Kleinen zuständig sind, spiegelt sich in vielen Kindergebeten, so z. B. in dem weitest verbreiteten: »Abends, wenn ich schlafen geh, 14 Englein um mich stehn, zwei, die mich decken . . . zwei, die mich wecken . . .« Sehr häufig kann man die Beobachtung machen, daß der heilige St. Veit um rechtzeitiges Aufwachen angerufen wird. Man kann sich von ihm wecken lassen, wenn man ein Vaterunser betet mit dem Zusatz: »Ein Vaterunser für St. Veit, daß er mich weckt zur rechten Stund' und Zeit.« Auf Grund dieser Fähigkeit wurde St. Veit sehr bald zum Patron derer, die am häufigsten und am dringlichsten auf seine Hilfe angewiesen sind, nämlich die Bettnässer. Die Kinder in Österreich beten: »Heiliger St. Veit, weck' mich zur rechten Zeit, daß ich nicht verschlafe und zur rechten Zeit erwache.«

GÜNTER KUNERT

Traumfortsetzung

Am Ende der Nacht oder schon im Tag, der unbemerkt aufdämmert, kommt der Augenblick des Aufwachens: genußvoll, falls kein Weckerläuten vom unruhig lauernden Instinkt erwartet wird: keine Unannehmlichkeiten, wie ein Gang zu einem Amt, zu einem Arzt, zu einer Arbeit. Dann wird Aufwachen zum Erwachen. Ein zögerndes und vorsichtiges Einschleichen ins eigene Bewußtsein, darinnen noch die Schatten nebelhafter Gestalten sich tummeln und höchst wichtige, immer unsinnigere Angelegenheiten betreiben und vor der ihnen nahenden Aufmerksamkeit sich in Auflösung zurückziehen. Aus der zweidimensionalen Geräuschgardine vor dem Fenster emanzipieren sich nun einzelne Laute und Töne, lüften ihr Inkognito und geben sich zu erkennen: als Vogelgezwitscher, als aufsteigendes Dröhnen der morgendlichen Verkehrsmaschine von West via Ost nach West; selbstsicherer Hammerschlag; ein gutgelauntes Teppichklopfen; frühstücksappetitanregender Wasserkesselpfiff; ein fernes dumpfes Rollen von Eisenbahnen, deren Waggons der Erwachende mit einer vagen Sehnsucht belädt, daß sie weit hinausfährt nach da und nach dort, überallhin wo – wie hier jetzt – die Sonne scheint, was vom Bett aus nur am Schattenkreuz auf dem Vorhang erkennbar ist. Aber da man es erkennt, bleibt einzig der logische Schluß, daß die Augen bereits offen sein müssen, obschon ganz passiv, da sie eher einen Eindruck erleiden, als daß sie von selbst etwas sehen: das tun sie danach auf die Uhr. Oh, spät schon!

Gleich ist der Tag, ehe er begonnen, vorbei, und während man noch dem angenehmen Erwachen nachträumt, überlegend, ob es sich durch Lidschließen nicht noch um Sekunden verlängern ließe, das vogelschwingenleichte Glück, der Moment des Freiseins von jeder Daseinsschwere, vergeht er unaufhaltsam, und die ganze Erdenlast sinkt ungemach auf den noch liegenden Atlas erneut herab.

Über den natürlichen Feind der Schläfer

Bauern, so heißt es, kommen zu Versammlungen meist zu spät, und das liegt daran, daß sich die künstliche Zeiteinteilung gegenüber dem natürlichen Zeitablauf nicht durchsetzen konnte. Jahreszeiten, Sonnenauf- und -untergänge, anstehende Arbeiten, das sind die Größen, nach denen sich die Zeit bemessen läßt, nicht nach der Uhr. Auch fällt die Feldarbeit völlig unregelmäßig an: Im Sommer überlastet, finden die Bauern im Winter etwas mehr Muße, und im entsprechenden Rhythmus verlängern oder verkürzen sich auch die Schlafzeiten. Im Stadtleben hingegen wird die Zeit zu einem Vehikel für soziale Verpflichtungen, der Arbeitszeit stellt man die Freizeit gegenüber, und beides wird minutiös bemessen. Die Zeit in Einheiten unterteilen, sie phasenweise nach genau differenzierten Funktionen gliedern, das heißt, die Zeit in den Griff zu bekommen, und für uns Angestellte, die wir niemals Zeit haben oder die wir, besser gesagt, eine Handelsware daraus machten, für uns erfanden die Uhrmacher ein zum Terror bestimmtes Meßinstrument: den Wecker.

Dank der Schule schon im zartesten Alter durch sein schrilles Läutwerk aus dem Bett gescheucht, wissen wir schon gar nicht mehr, wie es ist, nicht zu festgesetzter Stunde aufstehen zu müssen, und wären heute völlig unfähig, es den Bewohnern Sybaris' gleichzutun, die gleichermaßen Hähne und laute Handwerker, vor Angst, aus dem Schlaf gerissen zu werden, aus ihren Mauern verbannten. Der Städter, frühmorgendlichem Vogelgezwitscher gegenüber taub, hat sich schon vor langer Zeit mehr oder weniger geniale Dinge einfallen lassen, um das Vergessen im Schlaf nicht zuviel werden zu lassen. Klepshydra und Gnomon, die es schon im pharaonischen Ägypten gab, zeigten zwar jeweils die zwölfte Stunde der Nacht und die zwölfte Stunde des Tages an – die Stunde »der Vernichtung der Feinde Ras« und die Stunde, »welche die Schönheit Ras schaut« –, sie weckten Schlafende allerdings nicht. Dazu mußte man die große Zeit Roms und seine von Vitruv beschriebenen horologia ex aqua abwarten, mit automatischen Schwimmern versehene Wasseruhren, die nach Ablauf jeder Stunde Kieselsteine oder Eier in die Luft warfen oder auch Pfiffe aussandten, um den Schläfer zu wecken. Was Seneca nicht daran hinderte, zu vermerken, in Rom sei es einfacher, die Philosophenschulen auf einen Nenner zu bringen, als die Uhren aufeinander abzustimmen. Dem zunächst in Klöstern benutzten Kerzenwecker scheint da mehr Erfolg beschieden gewesen zu sein: An das Ende einer durch den unteren Teil einer Kerze gezogenen Schnur wird ein kleines Gewicht angebracht. Ist die Kerze niedergebrannt, fängt die Schnur Feuer, brennt durch, und das Gewicht fällt klirrend auf eine Metallunterlage, was den Küster weckt, gewöhnlich den Bruder Jakob, der daraufhin schnell die Glocken läuten geht.

Von einer anderen Lösung berichtet Anthony Burgess; er hat sie, wie er sagt, während seiner Kindheit in Nordengland noch selbst erlebt: Man gibt jede Woche dem knocker up, dem »Aufwecker«, einen halben Penny, damit er zur festgesetzten Zeit mit seinem langen Stock ans Fenster klopft. Man kann auch um die große Zehe eine Schnur binden und sie aus dem Fenster hängen lassen. Zur vereinbarten Stunde braucht dann nur jemand sanft daran zu ziehen, um den Schläfer zu wecken.

Was die Gemeinschaftswecker anbelangt, so haben Trommeln und Signalhörner die an die unpassendsten Geräusche gewöhnten Soldaten und Internatsschüler noch nie am Weiterschlafen gehindert. Nein, aufwachen sei »ein sehr heikles Problem«, hatte mir ein Kapuzinermönch an der Amazonasmündung eines Tages anvertraut, »ja, sehr heikel«. Und er führte dann im einzelnen die Schwierigkeiten an, nach einem durch das Geschrei von Brüllaffen und durch Papageiengekreisch unterbrochenen Schlaf seine Tätigkeit wiederaufzunehmen; so jedenfalls glaubte ich ihn verstanden zu haben, bevor seine Hängematte ihn erneut verschlang...

Der eigentliche Wecker, eine mit Läutwerk versehene Uhr, die zur eingestellten Stunde weckt, stammt aus dem Jahr 1440; seine Erfindung wird einem Franzosen zugeschrieben. Aber selbst schon im 14. Jahrhundert, im ›Rosenroman‹ (1305), ist eine oriloge erwähnt. In seinem Werk ›Warm and Snug‹ beschreibt Lawrence Wright, wie der 1542 geborene Mathematiker Thomas Allen eines Tages seine Uhr im Schlafzimmer vergaß. Die Dienerin, die das Bett zu machen gekommen war, hörte ihr Ticken, glaubte, dieses Ding sei vom Teufel bewohnt, und warf die Uhr aus dem Fenster. Vom 17. Jahrhundert an jedenfalls nahm die Zahl der jede Stunde einmal schlagenden Nachttischuhren zu; 1752 tauchen die ersten Uhren mit Läutwerk auf. Die Menschen des 17. und 18. Jahrhunderts waren geradezu wild auf Uhren. Heißt es nicht, Ludwig XIII. habe eine Leidenschaft für Wecker gehabt und sei niemals auf Reisen gegangen, ohne gleich mehrere davon mitgenommen zu haben? Er legte sie auf den Nachttisch und verbrachte dann die halbe Nacht damit, sie aufeinander abzustimmen, da er es nicht ertragen konnte, wenn sie nicht die gleiche Zeit anzeigten. Diese Vorliebe seines Vaters hat Ludwig XIV., und der Hofstaat mit ihm, übernommen; er konnte nicht einschlafen, wenn er nicht das Ticken seiner Nachttischuhr hörte, und als fortschrittlicher Mann liebte er es, von ihrem Läutwerk geweckt zu werden.

Mit der Entwicklung von Uhren und einem verbindlichen »Stundenplan« erhielt die Zeit einen ganz neuen Stellenwert. Die Furcht vor Verspätung trieb die Menschen dazu, ihr Martyrium immer feiner auszugestalten. So wollte man auch mitten in der Nacht noch erkennen können, wie spät es ist, und 1762 fertigte der Pariser Uhrmachermeister Musy eine Nachtlampe an, die einen Kranken weckte und ihm gedämpftes Licht spendete, damit er seine Arznei nehmen konnte. Ein 1768 verbessertes Modell erlaubte überdies sogar, eine Tasse Suppe warmzuhalten. Noch weiter durchdacht, wiewohl etwas brutal, ist die 1781 von dem Marseillaiser Morgues erfundene Uhr, bei der ein zur eingestellten Zeit ausgelöster Schuß gleichzeitig eine Kerze entzündete.

Meine Vorliebe, wenn bei derart grausamen Apparaturen von einer solchen überhaupt die Rede sein kann, gilt R. W. Savages genialem System, das er 1851 im Crystal Palace als alarm bedstead vorstellte: ein Weckbett, das, falls der Wecker nicht genügte, das Aufstehen dadurch beschleunigte, daß die Bettdecken weggezogen wurden; wenn das immer noch nichts nutzte, neigte sich die Matratze um fünfundvierzig Grad und warf den Schläfer hinaus. Eine etwas sanftere Variante dieses jähzornigen Apparats wurde auf der Leipziger Messe vorgestellt: nach dreimaligem, immer lauter werdendem vergeblichem Läuten zog ein mechanischer Arm dem Schläfer die Nachtmütze vom Kopf, während ein anderer Arm ein Schild schwenkte, das darauf hinwies, daß Zeit zum Aufstehen sei. Schließlich und endlich kippte auch hier die Matratze den Widerspenstigen auf den Boden, während ihm ein dritter beweglicher Arm eine auf kleiner Flamme warmgehaltene Tasse Kaffee reichte.

Neben dem telefonischen Weckdienst, dessen Brutalität seinesgleichen sucht, bleibt eine der traumatisierendsten Vorrichtungen noch immer der blecherne Wecker mit doppeltem Läutwerk, der, sobald er losrasselt, sich zu bewegen und auf dem glatten Marmor des Kamins umherzurutschen beginnt unter der Gefahr, hinunterzufallen und in tausend Stücke zu zerschellen – von so schlechter Qualität ist er nämlich –, wenn man nicht auf der Stelle einschreitet, um sein Toben zu beenden ... Und da steht man dann, ein bißchen dümmlich, und freut sich, einmal mehr nichts von der Zeit verloren zu haben, von der man sagt, daß sie Geld sei ...

WILHELM GENAZINO

Kurz vor vier

Kurz vor vier Uhr morgens, noch halb in der Nacht, höre ich sie zum ersten Mal. Ich bin schnell wach und lausche in den Hinterhof hinunter. Ich weiß nicht, ob es immer dieselbe Amsel ist, die anfängt. Eine Weile, nicht lange, höchstens drei Minuten, singt sie alleine. Dann fällt eine zweite in den Gesang ein, dann eine dritte, bis nach etwa zehn Minuten die große Kastanie in der Mitte des Hinterhofs ein tönender Baum geworden ist. Ich habe die Vorstellung, daß die Amseln am Abend zuvor untereinander klären, wer am nächsten Morgen anfängt; anders, vermute ich, ist der immer nur einstimmige Anfang nicht denkbar. Ich stehe auf und öffne die Balkontür, damit ich das Tönen nah und deutlich hören kann. Bald, wenn die Morgendämmerung über dem Hof liegt, schwirren die Vögel im Halbdunkel hin und her. Sie begleiten ihre Kurzflüge mit knappen Trillern, die enden, wenn die Vögel ihre Flugziele erreicht haben. Mir gefällt das Geräusch, das entsteht, wenn die Tiere in welken Blättern, die noch vom vorigen Herbst herumliegen, eine Weile herumrascheln, um dann, wieder mit einem überraschend ausgestoßenen Triller, auf den nächsten Ast aufzusteigen. Eindringlicher als sonst ist ihr Gesang, wenn es in der Nacht geregnet hat; die Vögel sind dann erregter, ihre Brust ist mächtiger und die Töne ausdauernder. Eine Dreiviertelstunde dauert es ungefähr, bis sich das Morgengrauen in helles Tageslicht verwandelt hat. Jetzt geht die Aufgeregtheit der Tiere zurück, aber das Tönen bleibt. Ich liege im Bett und höre in den Hof hinunter und merke plötzlich, daß ich durch das Anhören der Vogellaute ganz und gar ruhig geworden bin. Es ist, als sei ich selber ein schweigendes Tier, das außer der weithin hörbaren Versicherung, daß es unter seinesgleichen lebt, nichts wissen muß. Aber die kleine Täuschung dauert nur kurz. Nach zwei oder drei Minuten kann ich die Konzentration des Hörens nicht länger aufrechterhalten, der Schein zerfällt. Eine Weile versuche ich, in den Stand der bloßen Angerufenheit zurückzukehren, es gelingt nicht. Ich verlasse das Bett und bin sofort in den Tagesereignissen. Von der Küche aus höre ich das Tönen der Amseln wie jemand, der es nicht hört.

Zugabe
oder Das berühmte
Viertelstündchen

GEORG CHRISTOPH LICHTENBERG

Ein kleiner Unterschied

Es ist eine bekannte Sache,
daß die Viertelstündchen
größer sind, als die Viertelstunden.

KARL JULIUS WEBER

Postscriptum

Ein zweiter Schlaf ist ein Postscriptum, das Männer den
Weibern überlassen sollten, die Siesta oder Mittagsschlaf
ein brennendes Licht am hellen Tage, woran wir in unserem
Klima uns im Alter höchstens gewöhnen sollten, meinetwe-
gen auch in den Hundstagen, aber nicht über eine halbe
Stunde. Nach einer Siesta beging David sein Verbrechen
mit der Bathseba, und Sancho's Siesten dauerten vier bis
fünf Stunden. Für Leute in den Fünfzigern mögen sie ihr
Gutes haben (ich gab erst im Sechzigsten nach); man genießt eines zweiten Morgens und eines gestärkten zweiten
Erwachens, wenn die Siesta kurz war. Für Kopfarbeiter, damit sie nicht vor der Verdauung gleich wieder über ihre Arbeit herfallen, ist sie gewiß so gut als das Essen in zwei
Theile getheilt für den Magen. Kaufmann Green zu Königs-
berg, Kants Freund, und Hippels Mann nach der Uhr hielt
stets seine Siesta; Kant setzte sich neben ihn und schlief
auch ein, der Dritte oder Vierte, der dazu kam, that Glei-
ches, bis endlich Einer nach der Uhr sah und weckte, wo
dann diese Alten bis sieben Uhr zusammenblieben, aber
Schlag sieben gingen sie auseinander, und die Nachbarn
pflegten zu sagen: »Es ist noch nicht sieben, Kant ist noch
nicht vorbeigegangen.«

Der Mann, der im Schlaf aß

»Nun, da war also einmal ein schwarzer Mann, und dieser Neger hatte ein großes, fettes Opossum und ein halbes Pfund süßer Kartoffeln. Er nahm das Opossum und die Kartoffeln mit heim und legte beides hin – das Opossum auf die eine Seite der Feuerstelle, die Kartoffeln auf die andere Seite. Dann holte er sich Holz und Späne, machte ein Feuer und stellte einen Topf darauf. Er legte das Opossum hinein, und die Kartoffeln tat er in die Asche, damit sie dem Topf Gesellschaft leisteten. Er saß da und wartete, bis das Possum gar war, und während er wartete, pfiff er sich ein Lied. [. . .]

Nach einer Zeit nahm er die Kartoffeln aus der Asche und schob den Topf vom Feuer fort. Er wollte das Opossum noch etwas abkühlen lassen, weil es besser schmeckt, wenn man sich nicht den Mund daran verbrennt und der Braten etwas von der Soße aufgesogen hat. Er entschloß sich, unterdessen noch ein Schläfchen zu machen. Dabei, so dachte er sich aus, würde er gewiß von einem Opossumbraten träumen, und wenn er dann aufwachte, konnte er noch das echte Opossum verspeisen.

Nun, gesagt, getan. Er lehnte sich in seinem Stuhl zurück, der alte schwarze Mann, er nickte und nickte und bewegte seinen Mund, als kaue er Braten, er grunzte wohlig im Schlaf und fühlte sich gut. Aber während er dort saß und schlief, roch ein anderer Neger den Bratenduft und schlich sich zur Tür herein. Er hob den Deckel des Topfes, und siehe da, lag doch im Topf der herrlichste Opossumbraten. Er schaute neben den Herd, und da standen auch noch die Süßkartoffeln. Nun, was geschah, kannst du dir denken. Opossum und Süßkartoffeln und ein hungriger Neger. Ehe man es sich versehen hatte, waren von dem Opossum nur noch die Knochen übrig und von den Kartoffeln nur noch die Schalen. Darauf nahm der Dieb etwas von der Soße und rieb sie dem Schlafenden auf Lippen und Hände. Dann schlich er sich fort.

Nicht lange darauf wacht der andere schwarze Mann auf. Er streckt sich, sieht den Topf an und lacht.

›He da! Du bist doch noch da? Ich sage dir jetzt ›Guten Tag‹ und gleich drauf sage ich zu dir ›Auf Wiedersehn!‹ Er nimmt den Deckel vom Topf, und da ist kein Opossumbraten mehr. Er sieht sich nach den Kartoffeln um. Keine Kartoffeln mehr da, nur noch die Knochen und die Schalen findet er. Dem Neger vergeht seine gute Laune, und er denkt nach. Er betrachtet seine Hände und sieht, daß sie fettig sind von der Soße. Er leckt sich mit der Zunge über die Lippen und schmeckt dort Soße. Er schüttelt den Kopf. Wieder schaut er auf seine Finger und spricht: ›Das Opossum war dort.‹ Er leckt sich noch einmal über die Lippen und sagt: ›Dort war das Opossum auch.‹ Er reibt sich den Bauch und spricht: ›Aber ich will verflucht sein, wenn das Opossum dorthin gelangt ist!‹«

SIGISMUND VON RADECKI

Schlafchancen

Das Einschlafen, auch Einnicken, Einduseln usw. genannt, gehört zu den merkwürdigsten Fähigkeiten des Menschen. Man stelle sich vor, daß ein ausgewachsener Industriekapitän, Chauffeur oder Betriebschemiker, der soeben noch die verzwicktesten Kombinationen von Zweimal-zwei-ist-vier gelöst hat, sich plötzlich auf die Seite legt, aufseufzt, umzusehends den Aspekt eines schnarchenden Sackes Kartoffeln zu gewinnen – man stelle sich das vor, und man wird zugeben, daß hiermit die phantastischesten Stellen eines Mondromans überboten sind. Es wäre anzunehmen, daß hier ein offenbarer Fall von force majeure vorliegt, wüßte man nicht, daß eben dieser Industriekapitän, Chauffeur usw. die Metamorphose nicht nur widerspruchslos über sich ergehen läßt, sondern oftmals geradezu herbeizwingt, und zwar durch Reiben der Augen, Lektüre von Tatsachenberichten, Zählen von Schäfchen oder Schlucken von garantiert unschädlichen Tabletten. Und das Erstaunlichste ist, daß sie, die doch in wachem Zustande Wert darauf legen, sich durch Gehaltsklasse, Rang, Ruhm, Persönlichkeit oder Bartwuchs von ihren Mitmenschen abzuheben, daß sie also plötzlich danach gieren, alle in denselben Sack Kartoffeln verwandelt zu werden, der die Devise »Mann ist Mann« auf vorbildliche Weise erfüllt. Das alles wäre bereits seltsam genug. Kaum glaublich ist jedoch die Tatsache, daß dieser Sack eben damit Fähigkeiten gewinnt, die über jene des Industriekapitäns, Chauffeurs oder Betriebschemikers weit hinausgehen: er, der Sack, beginnt zu träumen, mehr noch, wird zu einer Antenne des Übernatürlichen, hört Prophetien, wird von Verstorbenen besucht und erblickt Lotterienummern, die zuweilen wirklich als Treffer herauskommen. – Finde sich darin zurecht, wer kann.

Nun wäre das alles recht schön, wenn es nicht einen Haken hätte: daß man nämlich oft dann einschlafen soll, wenn man es nicht kann, und infolgedessen dann muß, wenn man es nicht soll. Denn das Unglück will, daß die meisten öffentlichen Gelegenheiten einen um so mehr zum Schlaf einladen, je weniger sie ihn gestatten: Predigt, Theater, Büro, Gerichtssaal, Parlament – alles ebensoviel herrliche Schlafchancen, überredend wie Ammenmärchen mit rauschendem Geplätscher – und nun der flammende Erzengel vor dem Kartoffelkeller des Unbewußten: du darfst nicht! Man kann sich da die größten Unannehmlichkeiten zuziehen. Der Predigtschlummer könnte immerhin noch durch tiefe Andacht camoufliert werden, doch ein Kohlenbergmann roch dabei einst den Weihrauch in der Nase, träumte, es sei die brennende Lunte der Gesteinssprengung, und fuhr mit dem beruflich pflichtgemäßen Schrei »Es brennt!« in die Höhe – worauf bei der Panik mehrere Menschen zerquetscht wurden und er in Gewahrsam kam. Auch kannte ich einen geistvollen Mann, der bei Bühnenstücken einzuschlafen pflegte, weshalb er nur selten ins Theater ging. Einmal aber ging er doch, weil ihn der Autor sehr gebeten hatte, und als ich den Zuschauerraum betrat, bot sich folgendes Bild: Von der Logenbrüstung hingen kraftlos zwei Arme und ein eingeschlafener Kopf herab, unten im Parterre dagegen herrschte Aufregung, weil ein fallender Operngucker einen dicken Herrn auf die Glatze getroffen hatte. Besonders aufreizend aber wirkt ein Nickerchen im Parlament. Einem englischen Premierminister widerfuhr es, daß das soeben redende Oppositionsmitglied ausrief: »– Selbst jetzt, in diesen Gefahren, ist der edle Lord eingeschlafen!« – »Ich wünschte, ich wäre es –«, gab der Premier schläfrig zur Antwort.

Ganz furchtbar jedoch ist das Schlafen im Büro, denn abgesehen von dem Schaden für die Volkswirtschaft, wird man hier doch gerade dafür bezahlt, daß man *nicht* schläft – und nun klappert das Blei in den Augendeckeln, vor dem Meer von Schläfrigkeit wird der brechende Bewußtseinsdamm immer wieder notdürftig zugestopft, und endlich sinkt der Oberkörper in kleinen Rucken, wie ein Sekundenzeiger von 12 bis 6, bis der Schnabel auf den Tisch pickt, so daß man wieder hochfährt und das Spiel von neuem anhebt ... eine chinesische Marter. Oh, ich kenne das, ich bin selber in einem Büro gewesen. Dort war einer einmal eingeschlafen, das Kinn klebte fest auf der Konstruktionszeichnung, und eh wir ihn wecken konnten, ging die Tür auf und der Chef mit noch einem großen Tier herein – aber leise, wie Chefs meistens gehen: offenbar wollte er dem großen Tier die Vorzüglichkeit seines Büros demonstrieren. Das Zimmer stand voll Schlaf und atemloser Spannung. Jetzt war er bis zum Schläfer gekommen [gerade ihn hatte er was zu fragen], jetzt faßte er ihn am Arm . . . welch ein Erwachen, Plieräugigkeit plus Entsetzen, und nun noch exakte Antworten geben! . . . Taktvoll verließen die beiden Großen den Raum. Stille. Endlich aus dem Hintergrund eine plärrende Stimme: *»Im Büro einschlafen, und sich dann noch vom Chef wecken lassen!! . . .«* Der pointierteste Satz, den ich je gehört habe.

In der Tat, das neuere Leben mit seiner vielfachen Beanspruchung, die sich etwa in der Devise »Schlaf schneller, Genosse!« ausspricht und in ihrer Wirkung zuweilen dem Stich der Tsetsefliege gleichkommt, kann einen Zustand hervorbringen, den man als gestraffte Somnolenz bezeichnen darf. Zum Beispiel mußte jemand dringend ein Filmehepaar sprechen: er fragt am Morgen an – die Herrschaften sind auf der Probe; am Nachmittag – die Herrschaften sind auf dem Tennisturnier; am Abend – im Theater; um Mitternacht – wieder auf der Probe. Da erkundigte er sich: »Wann schlafen denn die Herrschaften?« Der Portier: *»Eigentlich immer.«* Vielleicht bewirkt dieser Zustand das interessante Phänomen des Aus-dem-Schlaf-Redens. Dem gewöhnlichen Aus-dem-Schlaf-Reden verdanken Ehehälften bekanntlich die wertvollsten Aufschlüsse, weil da zuweilen eine Lisi genannt wird, die in wachem Zustande gar nicht vorkommt. Etwas Ähnliches kann nun auch im Schrifttum passieren. So gab es vor Jahrzehnten ein Erpresserblatt, dessen Chef aber bereits das Gefängnis drohte. Die Leitartikel waren noch sehr triumphierend geschrieben, doch die Metaphern, die Bilder, die darin gebraucht wurden, sie kreisten bereits alle um die Gefängnissphäre: immerfort wurden Kerkerluft, Kreuzverhöre und Ratten zum Vergleich herangezogen ... das nennt man dann *aus dem Schlaf reden*. Aber der Mensch ist so verderbt, daß er auch künstlich aus dem Schlaf redet, weil dieser Immunität verleiht. So gab es vor Jahren in Livland eine Schule, deren unbeliebter Leiter nachts die Schlafsäle inspizierte. Da taten die Jungen folgendes: wenn er mit der Kerze hereinkam, so mimten sie »unruhigen Schlaf«. Trat er nun ans Bett, so wurden die wirr geflüsterten Worte deutlicher: ». . . dieser Schuft . . . dieser [jetzt kam sein eigener Name] . . . der hat ja dreißig Ohrfeigen verdient . . . dreißig sonore Backpfeifen . . .« usw. Weckte er sie aber wütend auf, so wußten sie von nichts, und er konnte nichts tun.

Wenn man aber schlafen soll und nicht kann, so heißt es, sich einschläfern. Das ist der einzige schöne Selbstmord, wie Jean Paul sagt, der süße Eintagstod. Die unschuldigsten Mittel sind das Betthupferl, das Bettmümpfeli, Brom, Ammenmärchen und Lektüre. Der Mensch würde sich für einen Gott halten, wenn er nicht schliefe, doch eben darum windet er sich in Schlaflosigkeit wie ein Wurm und bettelt um Nichtsein. Auf Adam aber ließ der Herr einen tiefen Schlaf fallen, als er ihm das nahm, was dieser seitdem suchen sollte: den schönen Mangel. Es war die erste Operation unter Narkose und zugleich, wie behauptet wird, des Mannes letzter ruhiger Schlaf. Man will sich ins Schneckenhaus des Schlafes zurückziehen, man nimmt instinktiv die Stellung des Kindes im Mutterleibe oder des Skelettes im Hockergrabe ein, man fleht um Pflanzendasein als nirwanalechzender Buddhist – aber das hilft alles nichts, denn entweder ist man zu müde, um einzuschlafen [das gibt es], oder zu wach, und die Lebenskerze bleibt an beiden Enden angezündet ... Das ist, im Gegensatz zur afrikanischen Schlafkrankheit, die europäische Wachkrankheit: ein wundes U-Boot müht sich vergebens, unter den Bewußtseinsspiegel zu tauchen. Hier ein unschädliches Mittelchen, das ich bei Karl Kraus gefunden habe: »Man zeichne die Figuren in die Luft, die der Schlaf am liebsten hat; ohne das absurdeste Spielzeug steigt er nicht ins Bett: Ein Kalb mit acht Füßen, ein Gesicht, dem die Zunge bei der Stirn heraushängt oder der Erlkönig mit Kron' und Schweif. Man stelle die Unordnung her, die der Schlaf braucht, ehe er sich überhaupt mit unsereinem einläßt ... Nichts imponiert dem Schlaf mehr. Ich habe das Experiment oft bei wachstem Bewußtsein unternommen, und es gelang so vollständig, daß ich mir das Gelingen nicht mehr bestätigen konnte.«

Doch wer weiß, vielleicht genügt dem Leser auch schon die Lektüre des vorliegenden Artikelchens; Schreiber dieses spürt jedenfalls, daß er selbst bereits anfängt, wunderbar schläfrig zu werden ... die Welt versinkt – die Uhr tickt – das Kopfkissen ist zurechtmodelliert – und ich wünsche Ihnen allen angenehme Ruhe!

HEINZ KNOBLOCH

Das ansteckende Gähnen

Das Gähnen ist eine Atembewegung, die sich von dem normalen Atemvorgang unterscheidet. Dabei wird der Mund unwillkürlich aufgerissen, ein tiefes Einatmen folgt, ein Recken und Strecken der Glieder und ein Anspannen der Bauchdecke. So kommt es zu einer besseren Durchlüftung der Lungen bei gleichzeitiger Verlagerung des Blutes aus dem venösen in das arterielle Kreislaufgebiet. Der Mensch gähnt immer dann, wenn sein Hirn relativ blutleer ist, denn das verträgt sich nicht mit dem wachen Bewußtsein und der Aufmerksamkeitsleistung. Daher gähnen wir bei Müdigkeit, morgens nach dem Aufwachen, bei überlastetem Magen nach schweren Mahlzeiten, die zur Blutfülle im

Bauchraum führen, aber auch bei Hunger. Durch die Bauchpresse beim Gähnen wird aus den Reservetanks der Leber Blut freigesetzt und in den Kreislauf gedrückt.

Wahrscheinlich haben wir ein Gähnzentrum, das im Bereich der tieferen Nervenzentren liegt. Ein Reflexmechanismus, ähnlich wie beim Husten und Schlucken, tritt in Aktion und löst eine unserer Grundeigenschaften aus, manchmal auch die dazugehörige Hand vor den Mund. Es genügt aber schon das Gähngeräusch, um das Gähnen in Gang zu bringen.

Das Gähnen hat ein »Gedächtnis« – kaum hört oder sieht es sich, da erinnert es sich schon daran, daß es das auch kann und möchte. Wir kennen diesen Vorgang vom Essen und Trinken her oder vom Rauchen, wenn wir einen anderen Menschen damit beschäftigt sehen.

So locker sitzt das Gähnen, daß schon die Vorstellung davon oder das Lesen dieser Zeilen genügen kann, um Gähnen hervorzurufen.

(Stimmt's?)

Es ist eine Bewegungsnachahmung. Und wer das Wort dafür (Allelomimetik) noch aussprechen kann, wird nicht gleich einschlafen.

MICHAEL JUNGBLUT

Die Kunst, mit offenen Augen zu schlafen

»Es war eine sehr wichtige Konferenz. Alle Teilnehmer bestätigten sich dies jedenfalls gegenseitig. Es ging auch um ein sehr wichtiges Thema. Darüber herrschte ebenfalls Einvernehmen. Erschienen waren daher auch lauter wichtige, zum Teil bedeutende Persönlichkeiten: Politiker, Wissenschaftler, hohe Beamte, Publizisten. Jedes ihrer Worte war gewichtig genug, um neun Stunden lang simultan in drei

Sprachen übersetzt zu werden. Von dem Referat, mit dem die Diskussion eingeleitet werden sollte, durfte jeder – und darauf wies der Präsident auch vorsorglich noch einmal hin – einen tiefen Einblick in die innere Problematik des Themas und einen umfassenden Überblick über den gegenwärtigen Stand der weltweiten Diskussion erwarten.

Der Referent geht in der Tat den Dingen sofort auf den Grund. Der weit über die Grenzen seines Faches bekannte Wissenschaftler auf der anderen Seite des Konferenztisches lauscht daher mit geschlossenen Augen, der Geschäftsführer eines sehr einflußreichen Verbandes ebenfalls. Der Präsident der Versammlung, ein international bekannter und geschätzter Politiker, hält die rechte Hand so an die Stirn, daß nicht zu erkennen ist, ob er konzentriert auf die Tischplatte blickt oder ebenfalls die Lider andächtig geschlossen hat. Der Professor zu seiner Linken, um dessen ökonomischen Rat nicht nur die Regierung seines eigenen Landes häufig bittet, greift in die Tasche seines Jacketts: Sicher will er sich jetzt Notizen machen ... nein, ein Hautscherchen kommt zum Vorschein, mit dem er sorgfältig kleine Fusseln und Fäden von seinem Anzug schnippelt.

Der Kopf des berühmten Wissenschaftlers ist inzwischen etwas nach vorn gefallen. Der Präsident, der gerade von einer mindestens ebenso wichtigen Sitzung kommt und morgen ebenfalls eine bedeutsame Tagung leiten wird, hat den Kopf jetzt in beide Hände gestützt. Auf dem glatten Holz rutschen ihm die Ellenbogen aber immer wieder auseinander. Er schreckt jedesmal hoch und macht sich emsig Notizen. Danach lehnt er sich zurück. Doch auch das glatte Leder seines Sessels gibt zu wenig Halt: Er droht vom Stuhl zu fallen. Das macht ihn für Sekunden munter. Der Präsident nutzt sie, um wieder blitzschnell zum Bleistift zu greifen und sich Notizen zu machen.

Den Seinen gibt's der Herr im Schlaf.

Der Staatssekretär hört übrigens auch mit geschlossenen Augen zu, bewahrt dabei aber eine tadellose Haltung. Er hat gerade mehrere Tage und Nächte an einer internationalen Konferenz teilgenommen, und jeder spürt: Der Mann hat Erfahrung.

Der Präsident hat jetzt mindestens zehn Minuten durchgehalten. Grimassenschneiden und alle möglichen skurrilen Verrenkungen im Sessel haben ihm geholfen, über diese Distanz zu kommen. Dafür fällt er jetzt endgültig und ganz ungeschützt in Schlaf – und das Kinn herunter. Der berühmte Wissenschaftler hat dagegen die Folgen des guten Essens überwunden und blickt interessiert im Saal umher.

Es ist erfreulich, wie gut sich der Präsident von seinen vielen internationalen Verpflichtungen erholt. Er schläft jetzt tief und entspannt.

Wider Erwarten kommt der Referent doch noch zu seinem Ende. Der Präsident ist sofort präsent, dankt für die ungewöhnlich anregenden Ausführungen, ist davon überzeugt, daß sie eine hervorragende Grundlage für die Diskussion sind. Seltsamerweise waren bei den letzten Sätzen des Referenten alle plötzlich hellwach. Andere haben übrigens die ganze Zeit eifrig mitgeschrieben. Was wohl? Der Referent hat lange und temperamentvoll geredet – aber was hat er eigentlich gesagt?«

Wer sich mit Tagungen auskennt, erkennt die Realitätsnähe dieser Notizen: Direkt aus dem Konferenzleben gegriffen. Es handelte sich offenbar um eine Zusammenkunft guttrainierter Konferenzgänger. Viele Teilnehmer hielten sich am Bleistift fest und wach, einige verfügten sogar über das wichtige »Ammenschlaf-Talent«: So wie eine Amme oder Mutter ruhig Blitz und Donner verschläft, aber sofort aufschreckt, wenn ihr Baby sich räuspert, so haben hochtrainierte Konferenzgänger ihr Talent aktiviert, stundenlange Reden an sich vorbeirauschen zu lassen, aber sofort voll da zu sein, wenn die Stimme des Referenten dem Schluß entgegenvibriert.

Wer sich mit moderner Tagungstechnik sehr gut auskennt, erkennt auch sofort das eigentliche Problem der geschilderten Konferenz: Die Teilnehmer sind ohne Konferenzbrille erschienen.

Die Konferenzbrille ist eine neue amerikanische Erfindung, mit der die individuelle Neigung zum Einschlafen und der kollektive Zwang zum Wachsein bei Konferenzen auch von jenen in Einklang gebracht werden können, die nicht über die Gabe verfügen, mit offenen Augen zu schlafen. Wie viele große Erfindungen ist die Konferenzbrille ein ganz einfaches Instrument: Eine farbig getönte Brille mit offenen Augen, hinten auf die Brillengläser gemalt.

Perfekt!

Perfekt?

Bei der Verwendung der Konferenzbrille stellt sich noch zu häufig der sogenannte »Cheshire cat effect« ein. Die Cheshire-Katze stammt ursprünglich aus dem englischen Kunstmärchen »Alice in Wonderland« und zeichnet sich dadurch aus, daß sie lächeln und sich in Luft auflösen kann. Wenn sie lächelt und sich dann auflöst, bleibt nur noch das Lächeln zurück. Der »Cheshire cat effect« bezeichnet ein ähnliches Phänomen: Wenn der Konferenzgänger schnarchend im Stuhl liegt und die Konferenzbrille mit den offenen Augen noch voller Interesse auf den Konferenztisch schaut.

Es ist eben doch nichts perfekt.

Rettet den Schlaf!!

Die alten Griechen hatten den Schlaf zu einem Gott erklärt. Besser sollte es ihm nie mehr gehen. Schon den mittelalterlichen Kirchenvätern wurde er suspekt. Das war zu nah an sündigen Dingen, als dass man sich damit hätte anfreunden können. Immerhin bemühte man sich zu Beginn der Aufklärung noch um ein Recht auf Schlaf.[1] Das kann man von der Moderne nicht mehr so unbedingt sagen. Wie alles, so wird auch der Schlaf nun vermessen, gewogen und in kleine Listen eingetragen, ohne dass man damit herausgefunden hätte, wer oder was der Schlaf ist. Man weiß aber jetzt, dass er am wirksamsten ist, wenn er nicht weniger als sechs und nicht mehr als acht Stunden lang genossen wird und zwar am besten, wenn man so gegen 22.00 Uhr damit beginnt. Das wäre soweit in Ordnung, wenn wir ihn dann auch tatsächlich genießen würden. Aber so ist das nicht gemeint. Schlaf ist dazu da, um wach zu werden, er ist ein bloßes Mittel zum Zweck. Schlimmer hätte der Sturz nicht sein können: Vom Gott zum notwendigen Übel.

Sechs bis acht Stunden also sind der Durchschnitt. Wer dauerhaft weniger schläft, läuft Gefahr, irgendwann schlapp zu machen. Der Schlaf ist lebensnotwendig. Von ihm hängt unsere Leistungs- und Lernfähigkeit ebenso ab wie unsere seelische und körperliche Gesundheit. Jedes Kind weiß, dass wir schlafen müssen.

All das ist richtig und es ist doch falsch. Die Perspektive stimmt nicht. Betrachten wir die Sache vom Bett aus, am besten, wenn man es gerade eben aufgesucht hat und dieses gemütliche Gefühl sich auszubreiten beginnt. Dann ist es

---

1 Vgl. Ch. Thomasius, De iure circa somnum et somnia, 1687

doch wohl eher so, dass wir schlafen dürfen! Müdigkeit ist doch, wie Hunger und Durst und wie die Erotik ein Bedürfnis, das uns entsteht, damit wir es genüsslich befriedigen. Das hat uns die Evolution schlau eingerichtet, dass sie die lebenserhaltenden Vorgänge mit Lust verbunden hat, abgesehen von der Arbeit natürlich, die eine Erfindung der Menschen ist, und nicht eben ihre beste. Arbeit macht aus diesem wunderbaren Gefüge ein schreckliches Durcheinander, und tut dann noch so, als sei sie der Sinn des Lebens überhaupt. Wir arbeiten nicht mehr um zu essen, wir essen, damit wir wieder arbeiten können und genau dieses auf den Kopf gestellte Verhältnis betrifft auch unseren Schlaf.

Das fängt doch schon morgens an. Steht doch keiner mehr auf, weil er satt ist, also ausgeschlafen hat. Nein, man zwingt sich dazu, mit etwas aufzuhören, was genau in diesem Augenblick die köstlichste und wichtigste und schönste aller Beschäftigungen ist. Man quält und windet sich; überwindet sich schließlich mit einem kräftigen Ruck, der an manchen Tagen, juristisch gesehen, sicherlich den Tatbestand der Körperverletzung erfüllt. Die blanke Schinderei. Und warum? Wird man etwa dick vom Ausschlafen? Macht es vielleicht krank? Ja, das weiß man seit mehr als zweihundert Jahren, also etwa seitdem es Fabrikhallen gibt mit darin befindlichen Maschinen, die von morgens bis abends bedient werden müssen, bei Strafe des Untergangs. Lange schlafen, so lehrte der Arzt Wolf Davidson im 18. Jahrhundert, führt zu Fettigkeit, Ansammlung von Säften, Wassersucht, zur Zerrüttung der Seelenkräfte und zu Blödsinn und kann schließlich in Schlagfluss und Tod übergehen.[2]

Neuerdings hat man freilich anderes herausgefunden. Ein Forscherteam der Universität von Westminster entdeckte, dass Leute, die morgens vor 7.20 Uhr aufstehen,

2 Vgl. Wolf Davidson, Über den Schlaf

ausgemachte Frühaufsteher also, eine ungleich höhere Menge des Stresshormons Kortisol aufweisen, als Langschläfer. Eine Folgestudie ergab daraufhin, dass letztere weitaus weniger unter Muskel- und Kopfschmerzen, Erkältungen und schlechter Laune litten.[3] Da haben wir es: Wer früh aufsteht, hat nicht nur mehr Zeit, um Überstunden zu machen; er belastet auch noch das Gesundheitssystem überdurchschnittlich und kommt zu guter Letzt noch als ausgemachter Piesepampel daher. Was das gesellschaftliche Zusammenleben angeht, so sind Frühaufsteher zweifelsohne als egoistische Nutznießer zu betrachten, die versuchen, sich gegenüber der Allgemeinheit einen Vorteil dadurch zu verschaffen, dass sie in betrügerischer Absicht so tun, als ginge die Sonne früher auf.

Aber beschäftigen wir uns nicht länger mit diesen unangenehmen Zeitgenossen. Schließlich geht es hier um den Schlaf. Reden wir also vom Schlaf und seinen Liebhabern. Ihnen soll hier eine Lanze gebrochen werden. Nein, das Bild passt hier ganz und gar nicht. Sagen wir, wir schütteln ihnen ein Kissen auf.

Langschläfer sind, ganz im Gegensatz zur landläufigen Meinung, die über sie besteht, ausgesprochen engagierte Kämpfernaturen. Mit Ausdauer und unter großem körperlichen Einsatz stehen sie liegend für eine Idee ein, die in jüngster Zeit die allgemeine Diskussion beherrscht: Die Idee der Nachhaltigkeit. Nur so viel Energie zu verbrauchen, wie vorrätig ist, nur das zu verarbeiten, was im selben Zeitraum wieder nachwachsen kann, das ist für einen Langschläfer die oberste Maxime. In praktischer Konsequenz bedeutet das: Schlafen, sobald man müde wird und, was wahrscheinlich noch wichtiger ist: Schlafen bis zum Aufwachen – ausschlafen also. Der nachhaltige Schläfer

3 Vgl. Frankfurter Rundschau 13. November 1999

liegt demnach keineswegs aus Faulheit im Bett, sondern aus einem natürlichen Instinkt für den Zusammenhang des großen Ganzen. Das wird ihm freilich nicht gedankt. Er muss sich in übelster Weise beschimpfen lassen als Schlafmütze, Faultier oder Trottel. Auch hier jedoch kommt in jüngster Zeit Unterstützung von wissenschaftlicher Seite.

Ein sympathischer Kritiker der herkömmlichen Schlafordnung ist zum Beispiel der kanadische Psychologe Stanley Coren. Er behauptet, und unterstützt dies mit schlagkräftigen Argumenten und Beweisen, dass wir von der Evolution her programmiert sind, nicht auf sechs bis acht, sondern auf acht bis zehn Stunden Schlaf täglich. Noch vor hundert Jahren verbrachte man durchschnittlich anderthalb Stunden länger im Bett als heute. Wir leben, so seine These, in einer »unausgeschlafenen Gesellschaft«, in der eine Vielzahl von Problemen unserem permanenten Schlafdefizit zuzuschreiben sind. Bekannt sind die Beispiele ›Exxon Valdes‹ und ›Tschernobyl‹; Katastrophen, die aus fatalen Fehlern übermüdeter Belegschaften entstanden sind.[4] Ausgesprochen sinnvoll wäre also, Corens Plädoyer zu folgen und mehr zu schlafen, denn die zwei Stunden, die der Nachtruhe abgezwackt werden, summieren sich nach einer Woche zu vierzehn – es fehlt uns mehr als eine ganze Nacht. Eine ständige Katerstimmung ist das Ergebnis, so Coren, und wenn man sich auf den Straßen, in Büros und Parlamenten umsieht, kann man ihm nicht unbedingt widersprechen.

Abgesehen von einigen Ausnahmen, sind wir also alle Langschläfer von Natur aus. Der Mensch schlechthin ist so! Warum sind sie dann aber so hoffnungslos in der Minderheit? Es gibt einen Grund hierfür: Die ›Edison-Falle‹. Edison ist bekanntlich der Erfinder vieler nützlicher Dinge,

4 Vgl. Stanley Coren, Die unausgeschlafene Gesellschaft

unter anderem auch der Glühbirne. Es besteht ein enger Zusammenhang zwischen dieser Erfindung und seinen Schlafgewohnheiten. Er war nämlich, wir ahnen es schon, ein notorischer Kurzschläfer und Frühaufsteher, zudem noch begabt mit missionarischem Eifer. Die fatale Konsequenz seiner Erfindung war das Wegfallen der natürlichen Schranke, die vorher die Dunkelheit dargestellt hatte. Jetzt konnte bis tief in die Nacht hinein alles Mögliche unternommen werden und Edison dachte dabei wirklich ans Unternehmen, an die Arbeit nämlich, die nun rund um die Uhr vonstatten gehen konnte.

In der ›Edison-Falle‹, so könnte man sagen, befinden sich nicht nur die bedauernswerten Menschen, die nächtelang Fließbänder und andere schlimme Dinge bedienen müssen, sondern auch alle, die sich nachts für den Spaß entschädigen, den sie tagsüber nicht haben, und zwar obwohl sie am nächsten Morgen wieder rechtzeitig aus den Federn müssen. Frühaufsteher sein, heißt hier, aus der Not eine Tugend machen, nein, es heißt eher, sich in die eigene Tasche zu lügen. Denn was man vermeintlich an Stunden gewinnt, geht dem nächsten Tag an Intensität verloren. Und was noch schlimmer ist: »Was man dem Schlaf raubt, holt sich die Krankheit wieder.«[5]

Abhilfe könnte hier die Befolgung eines Kernsatzes aus dem Fundus der Langschläfer-Weisheiten leisten: »Verschlafe ruhig die volle Hälfte deines Lebens, du wirst dann die andere Hälfte doppelt gelebt haben.«[6] Schlaf wäre demnach keine verlorene Zeit, wie uns die Edisons und Napoleons einreden wollen. Er wäre, so könnte man sagen, um sich diesen Leuten verständlich zu machen, eine gut ange-

5 Karl Peltzer, An den Rand geschrieben.
6 Carl Ludwig Schleich. In ähnlicher Form auch als altes chinesisches Sprichwort

legte Investition. Allerdings eine, die sich nur langfristig auszahlt, weswegen Zeit und Geld doch lieber in anderen Dingen angelegt werden. Also wird der Schlaf aufs Nötigste reduziert, das Bett erst dann aufgesucht, wenn der Wecker mit furchtbarem Erwachen droht.

Wie? Man geht ins Bett, weil man aufstehen muss? Das ist ungefähr so, als ob jemand einen Apfel isst, weil er hinterher die Schalen wegwerfen will. Kann man als Apfel eigentlich nur sauer werden und dem Schlaf wird es nicht anders gehen. Er trotzt. Er bleibt einfach auf dem Sofa sitzen, wo man ihn vorhin noch hatte. Da kann man locken und rufen und betteln, selbst die 6500 Tonnen Schlafmittel, die jährlich allein in Deutschland konsumiert werden, helfen nur scheinbar. Spät in der Nacht, wenn es ihm selbst zu ungemütlich wird im Wohnzimmer, dann kommt er vielleicht, aber nur, wenn er will. Bis dahin wird herumgewälzt und Stoßseufzer werden zur Decke gerichtet und an morgen wird gedacht und garantiert kommen unerledigte Steuererklärungen aufs Tapet oder ähnlich unschöne Dinge. Es nutzt das Gewissen die Chance, kräftig zuzubeißen, jetzt ist die beste Zeit dazu. Aber das ist nur der erste Teil. Am nächsten Morgen folgt die Rache auf dem Fuß, auf dem falschen nämlich, mit dem man aufsteht. Einen Schritt gemacht und schon ist der Tag futsch.

Warum aber ist das so? Warum gehen wir eigentlich nicht gerne ins Bett? So, wie ein Hungriger sich über die dampfenden Schüsseln hermacht, müsste doch auch ein Müder Appetit aufs Bett haben und mit Freuden in die Falle springen. Tut er aber nicht. Er lungert im Wohnzimmer herum, macht dies und jenes, nichts Gescheites bringt er jetzt ohnehin nicht mehr zustande, aber ins Bett gehen, das schiebt er von Minute zu Minute mit immer fadenscheinigeren Argumenten hinaus. Gelegentlich mag das mit einer Angst zusammenhängen, dass etwa ein Krokodil unter sei-

nem Bett liegen könnte. Auch Diebe und Mörder mag er zuzeiten dort vermuten. Immerhin kennt die Geschichte
hierzu Beispiele genug. Vom Alten Testament über Shakespeare bis zu Edgar Wallace werden Schläfer gemeuchelt
und auch im richtigen Leben soll das schon vorgekommen
sein. Dann ist da noch die Erfahrung, die dem einen oder
anderen vielleicht auch nicht ganz geheuer ist: Der Schlaf,
›der kleine Bruder des Todes‹, weht uns für Stunden in das
Nichts. Unser mühsam aufgerichtetes Ich, unsere Gedanken und Erinnerungen, unser Bewusstsein und unsere Sprache, die ganze Identität also wird buchstäblich aufgelöst.
Wer weiss, ob wir nicht ins aprilfrische Bett gehen, um am
Morgen, wie Kafkas Gregor Samsa, als Maikäfer aufzuwachen? Man mag sich mit Valéry darüber wundern, dass
man sich jeden Morgen wieder zum selben zusammen-
setzt[7], aber allein die Vorstellung, arm, krank und verlassen
ins Bett zu gehen, um reich, gesund und allseits beliebt zu
erwachen, wird wohl niemand davon abhalten, endlich die
Decke über die Ohren zu ziehen.

Nein, ausschlaggebend für das fortgesetzte Herumlun-
gern vor der Schlafzimmertüre wird wohl etwas anderes
sein. Es ist der Wunsch oder besser der Zwang, immer noch
etwas aus dem Tag herausholen zu wollen, noch etwas zu
erleben. Wir wollen »Rock around the clock« und nicht
diesen Nimbus des Langweiligen, der das Bett umgibt, sobald man es alleine oder doch wenigstens nur zum Schlafen
aufsucht.

Wie?! Der Schlaf ist ein Langweiler? Hier wird wohl jeder echte Schläfer heftig widersprechen. Hat man etwa nie
von heißäugigen Geliebten geträumt, die mit offenen Armen nach brennenden Küssen verlangen, auf dem Rücken
eines ungesattelten Pferdes, das durch wasserumrauschte

7 Vgl. Paul Valéry, Wie man wieder derselbe wird

Blumenwiesen galoppiert? Nein? Dann aber bestimmt von anderen Dingen, die nicht weniger erregend waren. Und was ist mit dieser glücklichen Erfahrung, die wir während der durchschnittlich fünfzehn Minuten machen, die wir zum Einschlafen benötigen? Man muss sich doch einmal vor die geschlossenen Augen führen, welche Gelegenheit sich hier bietet. Da gibt es etwas in unserem Leben, das es uns erlaubt, alles zu vergessen. Nicht nur die Probleme und Ängste, die man hat, sondern auch den, der sie hat. Einfach alles. Wir vergehen, wir zerfließen, wir lösen uns in Wohlgefühl und Wohlgefallen auf, völlig ohne Risiken und Nebenwirkungen und in der Gewissheit, dass am nächsten Morgen alles wieder da ist. Das Allermeiste zumindest und manchmal sogar noch mehr, denn so manches überschlafene Problem findet am Morgen eine ganz einfache Lösung und so manche Idee, die am Abend partout nicht kommen wollte, steht am Morgen vor uns wie die Venus von Botticelli. Und wenn es dann einmal im Jahr vorkommt, dass wir tatsächlich ausgeschlafen haben, fühlen wir uns dann nicht ganz aphroditisch wie neu geboren, haben wir dann nicht so eine Ahnung von dem, was es heißen könnte, Mensch zu sein?

Ernst Penzoldt vermutet, der Schlaf könnte ein Überbleibsel aus dem Paradies sein und das ist wirklich ein treffendes Bild. Schlaf war vielleicht zudorten nur eine Spielart all der Freuden und Annehmlichkeiten, die den beiden Nackedeien zuteil wurden. Vielleicht auch, dass Gott keine andere Idee mehr hatte, womit er die beiden den lieben langen Tag sonst noch beschäftigen konnte. Was war schon viel zu tun, außer essen und trinken und vertrauten Umgang mit den Vögeln des Himmels zu pflegen oder was da vielleicht sonst noch passiert sein mag. Bot es sich doch an, sich das eine oder andere Mal zu einem Nickerchen in einem lispelnden Hain auszustrecken.

Faszinierend die Vorstellung, dass die Vertreibung aus diesem Paradies nur den Tag betraf, dass uns der Schlaf das Tor wieder öffnet und wir immer noch zurückkehren können zu den Zuständen, die dort herrschen. Zumindest so lange, bis der Wecker, der Erzfeind, das Flammenschwert der Moderne, uns erneut vertreibt, damit der fatale Spruch vom Schweiß des Angesichts von neuem in Erfüllung gehen kann. Denkbar wäre freilich auch, dass die Götter den Schlaf erfanden, weil sie wenigstens am Abend und in der Nacht ihre Ruhe vor den Dummheiten der Menschen haben wollten.

Für einen wirklichen Liebhaber des Schlafes sind das alles müßige Betrachtungen. Ihm geht es allein um den Genuss. Edison hatte die Sache schon recht gut erkannt: »Die meisten Menschen ... schlafen einhundert Prozent mehr als nötig, und zwar weil es ihnen Spaß macht.« Er muss ein rechter Spaßverderber gewesen sein oder vielleicht dachte er auch nur als Geschäftsmann mit Ärger daran, dass die besten Dinge, zu denen der Schlaf nun mal gehört, umsonst sind. Der Spaß aber, den die Schläfer an ihrer Leidenschaft haben, ist gerade dann besonders groß, wenn er ohne jeden Hintergedanken betrieben wird. Sich loszulösen von den Dingen der Welt, ist für den Philosophen Bergson geradezu das Kennzeichen des Schlafes. »Schlafen heißt: desinteressiert sein.«[8] Oder, um es mit Chesterton zu sagen: »Wenn man schon im Bett liegt, dann muss man es völlig unbegründet tun.«[9]

Hier aber beginnt die hohe Kunst des Schlafens. Wer sie erlernen will, dem bleibt nur eines: ÜBEN!

8 Henri Bergson, Die seelische Energie, S. 92
9 Gilbert K. Chesterton, Über das Im-Bett-Liegenbleiben

QUELLENVERZEICHNIS

Theodor W. Adorno
  Nur ein Viertelstündchen, S. 53, aus: Minima Moralia. Reflexionen aus dem beschädigten Leben. © Suhrkamp Verlag Frankfurt am Main 1975, S. 217-218.

Alain
  Die Kunst, zu gähnen, S. 203; aus: Die Pflicht, glücklich zu sein. Aus dem Französischen von Albrecht Fabri. © Suhrkamp Verlag Frankfurt am Main 1975, S. 52-53.

Hans Christian Andersen
  Die Prinzessin auf der Erbse, S. 91; aus: Sämtliche Märchen in zwei Bänden. 1. Band. Aus dem Dänischen von Thyra Dohrenberg. Wissenschaftliche Buchgesellschaft Darmstadt 1983, S. 29-30.

Antike Fabel
  Als Jupiter mal seine Ruhe haben wollte*, S. 181; aus: Cornelius Fronto: De Feriis Alsiensibus. Zitiert nach Georg Wöhrle: Hypnos, der Allbezwinger. Eine Studie zum literarischen Bild des Schlafes in der griechischen Antike. Franz Steiner Verlag Stuttgart 1995, S. 98-100.

Aristoteles
  Über die Lage des Körpers*, S. 87; aus: Die Lehrschriften. In ihrer Entstehung erläutert und übersetzt von Paul Gohlke. Bd. IX: Probleme. Verlag Ferdinand Schöningh, Paderborn 1961, S. 91, 104-105.

Max Aub
  Vom Erwachen, S. 214; aus: Vivo. Eine Liebesgeschichte. Aus dem Spanischen von Lorenz Rollhäuser. Herausgegeben von Anja Faas. Verlag Mathias Gatza Berlin 1991, S. 9-11.

Aurelius Augustinus
  Ein Schläfer in Nöten*, S. 195; aus: Dreizehn Bücher. Bekenntnisse. Herausgegeben und übertragen von Carl Johann Perl. Verlag Ferdinand Schöningh Paderborn 1964, S. 269-270.

Ingeborg Bachmann
  Ein Geschäft mit Träumen, S. 127; aus: Werke. Band 2: Erzäh-

lungen. Herausgegeben von Christine Koschel, Inge von Weidenbaum, Clemens Münster. © Piper Verlag GmbH, München 1978, S. 41-47.

Honoré de Balzac
Bericht einer Hellseherin*, S. 163; aus: Ursule Mirouët. Aus dem Französischen von Johannes Schlaf. Insel-Verlag Leipzig 1966, S. 80-88.

Henri Bergson
Erinnerungen*, S. 119; aus: Der Traum. In: Die seelische Energie. Aufsätze und Vorträge. Übersetzung von Eugen Lerch. Eugen Diederichs Verlag, Jena 1928, S. 76-78, 82, 84-85.

Tania Blixen
Tiefe Brunnen*, S. 65; aus: Wintergeschichten. © der deutschen Ausgabe 1985 Deutsche Verlags-Anstalt, Stuttgart; *Das Gefühl der Freiheit**, S. 123; aus: Jenseits von Afrika. Übersetzt von Rudolf von Scholtz. Wilhelm Heyne Verlag München 1986, S. 82-83. © der deutschen Ausgabe 1938 Deutsche Verlags-Anstalt, Stuttgart/Berlin.

Ernst Bloch
Mit sich allein*, S. 43; aus: Schlafen. In: Werkausgabe. Band 1: Spuren. © Suhrkamp Verlag Frankfurt am Main 1969, S. 11.

Giovanni Boccaccio
In die Zukunft sehen*, S. 105; aus: Über Träume. In: Vom Glück und vom Unglück berühmter Männer und Frauen. Auswahl und Übersetzung aus dem Lateinischen von Werner Pleister. © Manesse Verlag, Zürich 1992, S. 78-80.

Otto Friedrich Bollnow
Hoffnungsvolles Vertrauen*, S. 65; *Über das Liegen**, S. 98; aus: Mensch und Raum. W. Kohlhammer Verlag, Stuttgart 1963, S. 187, S. 170, 172-175.

Helmut M. Böttcher
Kleine Geschichte der Schlaftheorien*, S. 187; aus: Ein Drittel jedes Lebens. Eine kleine Kulturgeschichte des Schlafes. Herausgeber: Medizinisch-wissenschlaftliche Abteilung der Chemie Grunethal GmbH, Stolberg (ohne Jahresangabe), S. 94-97.

Jean Anthèlme Brillat-Savarin
Vom Sinn der Schlafmütze*, S. 69; *Ein Mönch auf Abwegen**,

S. 161; aus: Physiologie des Geschmacks. Aus dem Französischen übertragen von Anjuta Dünnwald. F. Bruckmann KG München 1962, S. 142, S. 131-133.

Calderón de la Barca
Das Leben, ein Traum, S. 106; aus: Das Leben, ein Traum. 2. Akt. Nachdichtung von Eugen Gürster. © 1955 Philipp Reclam jun., Stuttgart, S. 62-63.

Miguel de Cervantes
Ritter in Nöten*, S. 31; aus: Don Quijote von der Mancha. Textrevision nach der anonymen Ausgabe 1837 von Konrad Thorer. Insel Verlag Leipzig 1908, S. 183-184, 186-192.

Günter Clauser
Die Kopfuhr, S. 216; aus: Die Kopfuhr. Das automatische Erwachen. Ferdinand Enke Verlag Stuttgart 1954, S. 5-7, 69-71.

Pascal Dibie
Über den natürlichen Feind der Schläfer*, S. 221; aus: Wie man sich bettet. Die Kulturgeschichte des Schlafzimmers. Aus dem Französischen von Brunhild Seeler. Deutscher Taschenbuch Verlag München 1993, S. 214-218. © 1987 by Éditions Grasset & Fasquelle. Klett-Cotta, Stuttgart 1989.

Charles Dickens
Von einem, der einschlief*, S. 137; aus: Ausgewählte Werke. Fünfter Band. Die Pickwickier. Zweiter Teil. Übersetzt und herausgegeben von Richard Zoozmann. Max Hesses Verlag, Leipzig 1909, S. 145-151.

Hoimar von Ditfurth
Genetische Erinnerung*, S. 184; aus: Im Anfang war der Wasserstoff. Deutscher Taschenbuch Verlag, München 1981, S. 284-286. Copyright © 1992 by Hoffmann und Campe Verlag, Hamburg.

Norbert Elias
Vom Schlafzimmer*, S. 75; aus: Über das Verhalten im Schlafraum. In: Über den Prozeß der Zivilisation. Soziogenetische und psychogenetische Untersuchungen. 1. Band. © Suhrkamp Verlag Frankfurt am Main 1976, S. 222-227, 230.

Theodor Fontane
Nur Mut!*, S. 13; aus: Lerne denken mit dem Herzen. Selbst-

bildnis, Lebensweisheit, Weltbetrachtung. Ausgewählt von Karl Christoffel. Verlag Lambert Schneider Heidelberg (ohne Jahresangabe), S. 104-105.

Sigmund Freud
Wunscherfüllungen*, S. 114; aus: Über den Traum. In: Gesammelte Werke. Band II/III. Herausgegeben von Anna Freud u. a. S. Fischer Verlag, Frankfurt am Main 1942, S. 695-699; *Rückzug**, S. 183; aus: Vorlesungen zur Einführung in die Psychoanalyse. In: Gesammelte Werke. Band XI. Herausgegeben von Anna Freud u. a. S. Fischer Verlag, Frankfurt am Main 1940, S. 84-85.

Erich Fried
Kleine Trompete*, S. 153; aus: Kinder und Narren. © 1965 Carl Hanser Verlag, München – Wien.

Max Frisch
Das Märchen von Rip van Winkle, S. 147; aus: Stiller. Roman. © Suhrkamp Verlag Frankfurt am Main 1954.

Wilhelm Genazino
Kurz vor vier*, S. 225; aus: Leise singende Frauen. Rowohlt Verlag, Reinbek bei Hamburg 1992, S. 153-154.

Iwan Gontscharow
Ein Weckversuch*, S. 143; aus: Oblomow. Revidierte Übersetzung aus dem Russischen von Reinhold von Walter. Insel Verlag Frankfurt am Main 1981, S. 218-221. © 1971 Paul List Verlag GmbH & Co. KG, München.

Albert Paris Gütersloh
Im hintersten Hinterkopf*, S. 124; aus: Traum. In: Der innere Erdteil. Aus den Wörterbüchern. Deutscher Taschenbuch Verlag München 1970, S. 113-115. © Piper Verlag GmbH, München 1966.

Georg Friedrich Wilhelm Hegel
Verstehen sie das?*, S. 213; aus: Enzyklopädie der philsophischen Wissenschaften III. In: Werke in 20 Bänden. Suhrkamp Verlag Frankfurt am Main 1970, S. 87.

Heinrich Heine
Verbotene Träume*, S. 109; aus: Memoiren des Herrn von Schnabelewopski. Historisch-Kritische Gesamtausgabe der Werke. Bd. 5. Bearbeitet von Manfred Windfuhr. Hoffmann und Campe Verlag Hamburg 1994, S. 184-188.

Hermann Hesse

Schlaflose Nächte, S. 38; aus: Die Kunst des Müßiggangs. Herausgegeben von Volker Michels. © Suhrkamp Verlag Frankfurt am Main 1976, S. 41-45.

Eike Christian Hirsch

Langschläfer, S. 26; aus: Kopfsalat. Spottreportagen für Besserwisser. Copyright © 1988 by Hoffmann und Campe Verlag, Hamburg, S. 109-110.

Ludwig Hohl

Schlaffest, S. 20; aus: Die Notizen oder Von der unvoreiligen Versöhnung. © Suhrkamp Verlag Frankfurt am Main 1981, S. 418-420.

Christoph Wilhelm Hufeland

Wie man alt wird*, S. 196; aus: Die Kunst, das menschliche Leben zu verlängern. Insel Verlag Frankfurt am Main 1995, S. 172-178.

Jean Paul

Die Kunst, einzuschlafen, S. 57; aus: Dr. Katzenbergers Badereise. Herausgegeben von Norbert Miller. R. Piper Verlag, München 1987, S. 169-178.

Michael Jungblut

Die Kunst, mit offenen Augen zu schlafen*, S. 237; aus: Die ZEIT. Nr. 26/1977. Abdruck mit freundlicher Genehmigung des Autors.

Erich Kästner

Lob des Einschlafens, S. 19; *Eine Frau spricht im Schlaf*, S. 178; aus: Gesammelte Schriften für Erwachsene. Band 1: Gedichte. Droemersche Verlagsanstalt Th. Knaur Nachf., München/Zürich 1969, S. 150-151, S. 191-192. © Atrium Verlag, Zürich und Thomas Kästner.

Heinz Knobloch

Das ansteckende Gähnen, S. 236; aus: Rund ums Bett. Sibylles Kopfkissenbuch. Verlag für die Frau, Leipzig 1970, S. 47. Abdruck mit freundlicher Genehmigung des Autors.

Günter Kunert

Traumfortsetzung, S. 219; aus: Tagträume in Berlin und anderswo. Kleine Prosa. Erzählungen. Aufsätze. © 1972 Carl Hanser Verlag, München – Wien, S. 123-124.

Kurt Kusenberg
 Die großen Bettliebhaber*, S. 80; aus: Lob des Bettes. Rowohlt
 Verlag, Hamburg 1956, S. 46-50.

Bernhard Lassahn
 Käpt'n Blaubär bei den Schnarchindianern, S. 156; aus: Käpt'n
 Blaubärs Gutenachtgeschichten. Ravensburger Buchverlag, Ra-
 vensburg 1997, S. 92-94. © by WWW Westdt. Rundfunkwer-
 bung Köln. Lizenzagentur: Ravensburger Film + TV GmbH.

Georg Christoph Lichtenberg
 Ein kleiner Unterschied*, S. 229; aus: Sudelbücher. In: Schriften
 und Briefe. Erster Band. Herausgegeben von Franz H. Mautner.
 Insel Verlag Frankfurt am Main 1983, S. 566.

Thomas Mann
 Süßer Schlaf, S. 16; aus: Altes und Neues. S. Fischer Verlag,
 Frankfurt am Main 1953, S. 666-670.

Curt Maronde
 Thema mit Variationen*, S. 154; aus: Über den Schlaf. Fischer
 Taschenbuch Verlag, Frankfurt am Main 1977, S. 65-67.

Christian Morgenstern
 Stör' nicht den Schlaf der Liebsten, S. 15; *Palmström schläft nach
 Norden*, S. 63; *Der vorgeschlafene Heilschlaf*, S. 205; aus: Ge-
 sammelte Werke in einem Band. Deutscher Bücherbund, Stutt-
 gart, Hamburg. R. Piper Verlag, München 1965, S. 159, S. 242,
 S. 243.

Karl Philipp Moritz
 Woher gewisse Gedanken kommen*, S. 88; aus: Über den Ein-
 fluß der Finsterniß. In: Magazin zur Erfahrungs-Seelenkunde. 5.
 Band. Verlegt bei Franz Greno Nördlingen 1986, S. 164-169.

Friedrich Nietzsche
 Logik des Traumes, S. 112; *Des Tages erster Gedanke*, S. 213;
 aus: Menschliches, Allzumenschliches. Alfred Kröner Verlag
 Stuttgart 1954, S. 24-27, S. 330.

Nordamerikanisches Märchen
 Der Mann, der im Schlaf aß*, S. 230; aus: Der Mann, der ein
 Opossum aß. In: Nordamerikanische Märchen. Herausgegeben
 und übersetzt von Frederik Hetmann. Fischer Taschenbuch Verlag Frankfurt am Main 1973, S. 62-64.

Blaise Pascal
  Der Traum des Lebens, S. 108; aus: Die Macht des Scheins. In:
  Das Unvergängliche. Auswahl und Übersetzung von Walter
  Warnach. Herausgegeben von Hans Hümmeler. Verlag L.
  Schwann Düsseldorf 1947, S. 78-79.

Fernando Pessoa
  Könnte ich doch aufhören*, S. 44; aus: Das Buch der Unruhe.
  Aus dem Portugiesischen von Georg Rudolf Lind. Fischer Taschenbuch Verlag Frankfurt am Main 1987, S. 178-180. © 1985
  by Ammann Verlag & Co. Zürich.

Marcel Proust
  Eine Frage der Lage*, S. 93; aus: In Swanns Welt. Auf der Suche
  nach der verlorenen Zeit. Erster Teil. Deutsch von Eva Rechel-
  Mertens. © Suhrkamp Verlag Frankfurt am Main 1953, S. 11-16.

Sigismund von Radecki
  Schlafchancen*, S. 231; aus: Nur ein Viertelstündchen. In: Im
  Vorübergehen. Kösel Verlag München 1959, S. 168-173. Ab-
  druck mit freundlicher Genehmigung von Ruth Weilandt.

Hans Schiebelhuth
  Der große Schlafdieb, S. 49; aus: Großer Schlafdieb. Eine Am-
  menballade. In: Gedichte 1916-1936. Werkausgabe. Bd. 1. Herausgegeben von Manfred Schlösser. Agora Reihe Bd. 20. Agora
  Verlag, Darmstadt (heute Berlin) 1965, S. 244-247.

William Shakespeare
  Der König kann nicht schlafen*, S. 37; aus: König Heinrich IV.
  In: Die großen Dramen. Fünfter Band. Insel Verlag Frankfurt am
  Main 1981, S. 193-194. © Rütten & Loening Berlin GmbH
  1979.

Kurt Tucholsky
  Herr Wendriner kann nicht einschlafen, S. 46; aus: Gesammelte
  Werke in zehn Bänden. Band 4. 1925-1926. Herausgegeben von
  Mary Gerold-Tucholsky und Fritz J. Raddatz. Rowohlt Verlag,
  Reinbek bei Hamburg 1960, S. 393-395.

Mark Twain
  Ein Schlafwandler am Steuer*, S. 171; aus: Leben auf dem Mis-
  sissippi. Aus dem Amerikanischen von Helene Ritzerfeld. Insel
  Verlag Frankfurt am Main 1977, S. 75-78.

Ludwig Uhland

Die köstlichste Gabe der Natur*, S. 13; aus: Erstes Nachtblatt. In: Ausgewählte Werke. Herausgegeben von Hermann Bausinger. Winkler Verlag München 1987, S. 226-227.

Paul Valéry

Daß man wieder derselbe wird*, S. 214; aus: Weitere Windstriche. In: Werke. Frankfurter Ausgabe in sieben Bänden. Band 5. Herausgegeben von Jürgen Schmidt-Radefeldt. Aus dem Französischen von Bernhard Böschenstein und Peter Szondi. © Insel Verlag Frankfurt am Main und Leipzig 1991, S. 249.

Karl Heinrich Waggerl

Mein Bett, S. 73; aus: Liebe Dinge. Miniaturen. © Otto Müller Verlag, Salzburg, 1956, S. 29-35.

Robert Walser

Man strenge sich nicht an*, S. 64; aus: Der Räuber. © Suhrkamp Verlag Frankfurt am Main 1972, S. 110-111.

Karl Julius Weber

Das Schlafkissen*, S. 70; Postscriptum*, S. 229; aus: Demokritos oder hinterlassene Papiere eines lachenden Philosophen. Fünfter Band. Riegersche Verlagsbuchhandlung Stuttgart 1868, S. 254-257.

Thomas Willke

Der Schlaf der Tiere, S. 22; Wer nicht schläft, bleibt dumm*, S. 191; aus: Der Schlaf der Tiere. In: Kosmos, November 1998. Herausgeber: Kosmos, Gesellschaft der Naturfreunde, Deutsche Verlags-Anstalt Stuttgart 1998, S. 18-23, S. 23, 25. Abdruck mit freundlicher Genehmigung der natur media gmbh, München.

Juliane Windhager

Der Faulste im Land, S. 146; aus: Der Faulste im Land. In: Lob der Faulheit. Literaturalmanach 1986. Herausgegeben von Jochen Jung. © 1986 Residenz Verlag, Salzburg und Wien, S. 127-128.

Lin Yutang

Die Kunst des Schlafens, S. 205; aus: Glück des Verstehens. Weisheit und Lebenskunst der Chinesen. Aus dem Englischen von Liselotte und Wolff Eder. Klett-Cotta im Ullstein Taschenbuch Verlag Frankfurt/M Berlin Wien 1981, S. 252-256. © Lin Yutang, New York 1960. Klett-Cotta, Stuttgart 1966.

Stefan Zweig
  Mesmers magnetischer Schlaf*, S. 174; aus: Der Mesmerismus
ohne Mesmer. In: Die Heilung durch den Geist. Fischer Taschenbuch Verlag Frankfurt am Main 1983, S. 96-102.

Die mit einem * versehenen Titel stammen vom Herausgeber.

Inhaltsverzeichnis

ÜBER DAS TRÄUMEN

SCHNARCHSÄCKE UND TOTAL VERPENNTE TYPEN

GEISTERSCHLÄFER UNTERWEGS

WARUM WIR SCHLAFEN
EIN UNGEKLÄRTES PHÄNOMEN

OHNE RISIKEN UND NEBENWIRKUNGEN

WIE MAN AUS DER KISTE KOMMT

ZUGABE oder DAS BERÜHMTE VIERTELSTÜNDCHEN

NF 17/2/4.00

NF 18/1/4.00

NF 19/1/4.00

Die schönsten Liebesgedichte. Herausgegeben von Sigrid Damm. it 1872. 167 Seiten

Die schönsten Liebesgeschichten. Ausgewählt von Elisabeth Borchers. it 2213. 375 Seiten

NF 19/2/4.00